杭州职业技术学院职业体验（启蒙）专著研究

高职学生职业发展与人职匹配分析指引

江 平 杨乐克 著

中国纺织出版社有限公司

内 容 提 要

人职匹配程度是评价毕业生就业质量、衡量高职学生职业发展的重要指标。研究高职学生在人职匹配的基础上做好职业发展，有利于缓解社会就业压力，提高就业质量，优化社会人力资源，促进社会进步。

本书全面系统地介绍了高职学生职业发展及人职匹配的理论基础，总结了高职学生职业发展现状，探索如何以人职匹配理论来指导高职生的职业发展实践，促进高职学生获取就业机会，提高就业质量，推动职业教育高质量发展。

图书在版编目（CIP）数据

高职学生职业发展与人职匹配分析指引 / 江平，杨乐克著 . -- 北京：中国纺织出版社有限公司，2022.12
（杭州职业技术学院职业体验（启蒙）专著研究）
ISBN 978-7-5229-0271-5

Ⅰ.①高… Ⅱ.①江… ②杨… Ⅲ.①高等职业教育—职业选择—研究 Ⅳ.① G717.38

中国版本图书馆 CIP 数据核字（2022）第 252348 号

责任编辑：朱冠霖　责任校对：王蕙莹　责任印制：王艳丽

中国纺织出版社有限公司出版发行
地址：北京市朝阳区百子湾东里 A407 号楼　邮政编码：100124
销售电话：010—67004422　传真：010—87155801
http://www.c-textilep.com
中国纺织出版社天猫旗舰店
官方微博 http://weibo.com/2119887771
三河市宏盛印务有限公司印刷　各地新华书店经销
2022 年 12 月第 1 版第 1 次印刷
开本：710×1000　1/16　印张：18.5
字数：300 千字　定价：88.00 元

凡购本书，如有缺页、倒页、脱页，由本社图书营销中心调换

前言
PREFACE

党的二十大报告提出:"实施就业优先战略,强化就业优先政策,健全就业促进机制,促进高质量充分就业。"高职院校学生作为即将踏入社会的青年人才,承载着国家的未来和民族的希望,高职学生的就业问题也是国家和社会重点关注的问题。国家出台了一系列促进高职学生就业的政策。然而,面对日趋严峻的就业形势,人们普遍关注就业去向落实率的高低,而忽略对就业质量的关注。

解决高职学生就业质量的问题与解决高职学生就业去向落实率的问题,具有同等重要的意义。人职匹配程度是评价毕业生就业质量、衡量高职学生职业发展的重要指标。研究高职学生在人职匹配的基础上做好职业发展,利于缓解社会就业压力,提高就业质量,优化社会人力资源,促进社会进步。因此,研究高职学生职业发展与人职匹配势在必行。

本书从研究背景、意义、思路、方法、重难点、创新点出发,全面系统地介绍了高职学生职业发展及人职匹配的理论基础,通过问卷调查等方式总结了高职学生职业发展现状,探索了以人职匹配理论来指导高职学生职业发展实践,给出在职业发展中高职学生应如何结合发挥人职匹配的指引作用,促进高职学生获取就业机会,提高就业质量,推动职业教育高质量发展。

江平

2022年11月

目录 CONTENTS

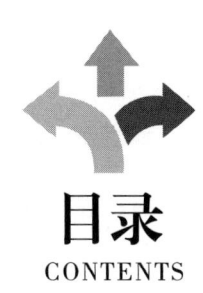

第一章	绪论	1
第一节	问题提出与研究意义	3
第二节	研究思路与研究方法	6
第三节	研究重点与研究创新	12
第二章	职业发展的理论基础	15
第一节	高职学生职业生涯规划基础理论	17
第二节	高职学生职业生涯决策基础理论	35
第三章	职业发展的理论分析	67
第一节	高职学生职业发展现状调查	69
第二节	高职学生职业发展研究分析	74
第四章	人职匹配的理论基础	95
第一节	人职匹配理论的缘起与内涵	97
第二节	人职匹配理论的主要派系与发展	100
第五章	人职匹配的理论分析	109
第一节	性格探索理论	111
第二节	兴趣探索理论	132
第三节	能力探索理论	148

第四节　价值观探索理论…………………………………… 155

第六章　高职学生的职业发展环境分析……………………… 171
第一节　职业生涯认知分析………………………………… 173
第二节　职业环境宏观分析………………………………… 178
第三节　职业环境中观分析………………………………… 183
第四节　职业环境微观分析………………………………… 199

第七章　基于人职匹配的高职学生职业发展指引…………… 211
第一节　人职匹配对高职学生职业发展的重要意义……… 213
第二节　人职匹配要素与高职学生职业发展的关系……… 246
第三节　基于人职匹配理论的高职学生职业发展对策…… 253

参考文献……………………………………………………… 277

附　录………………………………………………………… 279

后　记………………………………………………………… 288

第一章

绪论

【生涯寄语】

广大青年要肩负历史使命，坚定前进信心，立大志、明大德、成大才、担大任，努力成为堪当民族复兴重任的时代新人，让青春在为祖国、为民族、为人民、为人类的不懈奋斗中绽放绚丽之花。

【本章导图】

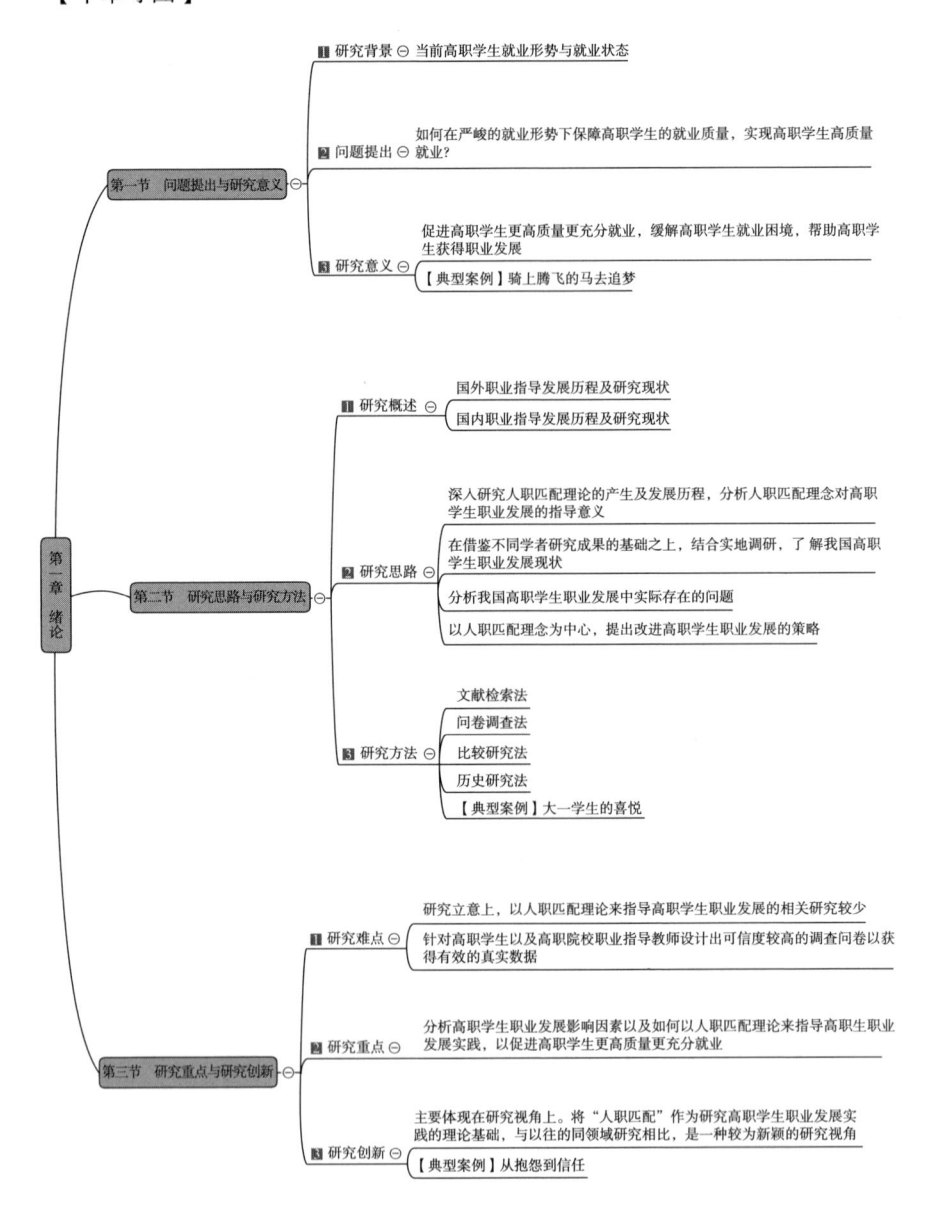

第一章 绪论

第一节 问题提出与研究意义

1. 研究背景
   - 当前高职学生就业形势与就业状态
2. 问题提出
   - 如何在严峻的就业形势下保障高职学生的就业质量，实现高职学生高质量就业？
3. 研究意义
   - 促进高职学生更高质量更充分就业，缓解高职学生就业困境，帮助高职学生获得职业发展
   - 【典型案例】骑上腾飞的马去追梦

第二节 研究思路与研究方法

1. 研究概述
   - 国外职业指导发展历程及研究现状
   - 国内职业指导发展历程及研究现状
2. 研究思路
   - 深入研究人职匹配理论的产生及发展历程，分析人职匹配理念对高职学生职业发展的指导意义
   - 在借鉴不同学者研究成果的基础之上，结合实地调研，了解我国高职学生职业发展现状
   - 分析我国高职学生职业发展中实际存在的问题
   - 以人职匹配理念为中心，提出改进高职学生职业发展的策略
3. 研究方法
   - 文献检索法
   - 问卷调查法
   - 比较研究法
   - 历史研究法
   - 【典型案例】大一学生的喜悦

第三节 研究重点与研究创新

1. 研究难点
   - 研究立意上，以人职匹配理论来指导高职学生职业发展的相关研究较少
   - 针对高职学生以及高职院校职业指导教师设计出可信度较高的调查问卷以获得有效的真实数据
2. 研究重点
   - 分析高职学生职业发展影响因素以及如何以人职匹配理论来指导高职生职业发展实践，以促进高职学生更高质量更充分就业
3. 研究创新
   - 主要体现在研究视角上。将"人职匹配"作为研究高职学生职业发展实践的理论基础，与以往的同领域研究相比，是一种较为新颖的研究视角
   - 【典型案例】从抱怨到信任

第一节 问题提出与研究意义

一、研究背景

就业乃民生之本。国家"十四五"规划中明确提出"以实现更加充分更高质量就业为主要目标,深入实施就业优先战略,健全有利于更加充分更高质量就业的促进机制,完善政策体系、强化培训服务、注重权益保障,千方百计扩大就业容量,努力提升就业质量"。随着我国社会市场经济结构的不断转型及高等教育持续大众化发展,参与就业竞争的毕业生越来越多,就业市场供需双方的地位逐渐发生变化,就业形势日益严峻。

为满足国家发展需要,提高国民素质,推动社会进步,我国在1999年开始了高职院校的扩招,对我国高等教育大众化发挥了重要作用,到2002年,我国高等教育毛入学率就已经达到了15%,标志着高等教育从精英化培养模式跨入了大众化阶段。与此同时,大学毕业生的就业压力也与日俱增。根据2022年教育部统计数据显示,2022年我国大学毕业生总人数达1076万,同比增长167万,创历史新高。如此庞大的毕业人数,必将造成高质量就业更加困难,由于国际形势经济发展情况和新冠肺炎疫情的影响,很多中小企业举步维艰,也会导致毕业生在找工作的时候就业机会减少(图1-1)。

二、问题提出

在自主择业、双向选择的就业制度背景下,市场调节已经成为影响高职学生就业的主导力量,社会经济环境对高职学生就业的影响力越来越大。受全球经济大环境影响,我国经济正处于结构性减速阶段,经济结构深入调整,由工业制造

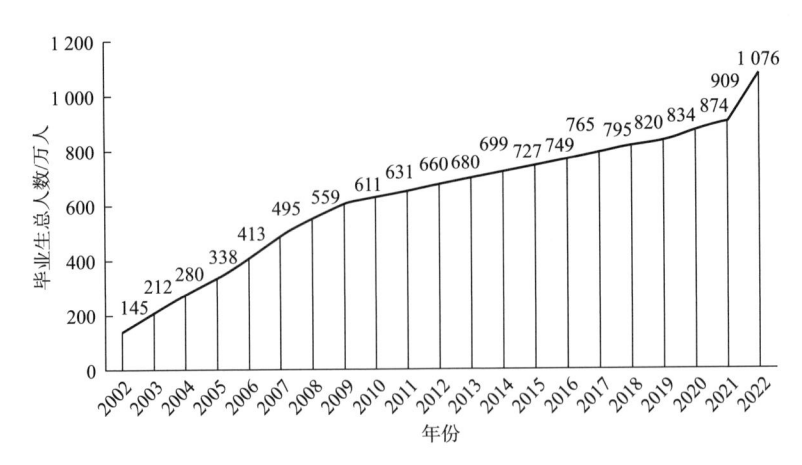

图 1-1　2002~2022年我国高职院校毕业生总人数

业向服务业转变，廉价劳动力和低效产能开发已逐渐终结，技术创新成为促进国家经济发展的重要驱动力。因此，能否实现技能型专业人才的持续供给并合理分配，是影响经济增长的重要因素。积极缓解高职学生就业困境的重要意义，也就不言而喻。

当前，高职毕业生约占高等院校毕业生人数的半数，做好高职学生就业工作意义重大：在国家层面，可为适应市场经济结构调整，促进可持续发展，提供高素质人才；在高职院校层面，在当下构建基于能力体系的技能型人才培养，更能体现高职院校的最主要社会职能；在高职学生层面，能够接受满足自我需要，实现自我价值。

随着我国高等教育高速发展、国内外经济形势日益复杂以及严峻的就业形势的多重影响，高职学生去向落实率的高低是人们普遍关心的问题。根据中国高职院校毕业生就业服务信息网的数据显示，近三届高职院校毕业生去向落实率均在90%以上，高于普通院校平均值，总体来说去向落实率较高。但对高职学生的就业质量却关注不够。如何在严峻的就业形势下保障高职学生的就业质量，实现高职学生高质量就业，成为亟待解决的难题。

三、研究意义

在当今职业化社会中，就业状况能够反映出国家的经济和社会发展水平，也直接影响人们的生活质量。高职院校作为高素质技术技能人才的培养基地，其意义不仅在于向学生传播科技人文知识，还在于能够提供积极有效的职业指导来应对社会多变的职业实际需求，以此充分发挥高职院校的社会服务职能。高等教育发展也必然受到国家发展、社会对人才需求和学生自我要求等方面的影响。

在大学阶段，开展以坚持人职匹配为核心的职业指导，增强学生职业生涯发展意识，培养职业综合素质，利于促进高职学生实现充分就业和高职院校的可持续发展，可最大限度地体现高职学生的重要人力资源价值。高职学生职业指导被赋予了必然存在的理由。

当前如何促进高职学生更高质量更充分就业，而"人职能否匹配"就是衡量高职学生就业质量的关键标准。根据智联招聘发布的《2022高职学生就业力调研报告》显示，八成毕业生签约工作与专业对口。麦可思发布的《2019年中国高职学生就业报告（就业蓝皮书）》提到，2018届毕业生中，医学学科的毕业生工作与专业相关度最高，达到93%。农业学科毕业生所从事的工作与专业相关度最低，仅为57%。从这个意义上讲，提高高职毕业生专业对口及就业质量的重要策略就是完善与改进人职匹配理念下的高职学生职业指导，这对于缓解我国高职学生就业困境，帮助高职学生获得职业生涯成功具有重要意义。

【典型案例】骑上腾飞的马去追梦

王同学，某职业技术学院针织专业，来自有"毛衫之镇"美名的洪合，从小到大都和针织服装接触，周围接触的人也都是做服装的。受周围生活环境的影响，他从小就对针织服装类行业有着浓厚的兴趣，立志将来从事相关的行业。在高考填报志愿时，得知杭州职业技术学院拥有全省唯一的针织技术与针织服装专业，便义无反顾地选择了这个专业。三年的大学学习生活让他对专业有了更加深入的了解，专业知识也有了一个突飞猛进的积累与提升。

毕业后，他通过自身的不懈坚持和努力，加上家人的大力支持，从最初的针织加工厂，到后来一步步做大，创立了嘉兴"梦为马"针织服饰工作室，成功走上了自主创业之路。

他不断学习，实时掌握服装市场的潮流和发展趋势，时刻关注消费者的消费审美心理，迎合大众对于服装审美的艺术认同，从而不断更新自己的设计思路，更新技术设备，在把握现有市场份额的前提下，不断拓展自身业务范围和产品层次，拓展自身的发展空间，收到了很好的效果。经过几年的创业努力，企业不断壮大，年营业额早就超千万元。

第二节 研究思路与研究方法

一、研究概述

（一）国外职业指导发展历程及研究现状

职业指导作为一门学科，起源于西方，走过了一百多年的发展历程。按照时间顺序，可将其划分为三个发展时期：职业指导理论的奠基时期（20世纪初至30年代末）、职业指导理论的分化时期（20世纪40年代初至50年代末）、职业指导理论的整合时期（20世纪60年代末至今）。职业指导的目标形态已逐步从最初的单一性就业安置完善到当下复杂化、综合化的职业生涯发展和职业生涯规划教育，职业指导更加注重实践，更加注重培养实际操作能力来增强学生的就业竞争力。

1. 美国

美国是职业指导的起源地，最早在1894年美国加利福尼亚州工艺学校就曾推行过职业指导。1909年，帕森斯正式提出"职业指导"概念，标志着职业指导正式形成，也是首次较为系统地阐述了人职匹配理论。

在美国，高职学生职业指导是由高职院校和劳工部共同为学生提供的，其首要任务就是保证向社会有效输送高质量的劳动力资源。美国高职院校极其重视高职学生职业指导，各高职院校均设有高职学生职业指导中心，并且投入充足经费以维持运作，配有足量职业化的职业指导专职人员。美国的职业指导是全程化进行的，从中学开始就普遍开设了建立在广泛职业范围基础上的学术性课程和职业技术课程；进入大学后，职业指导服务贯穿于整个大学过程。毕业前，高职院校会对毕业生进行综合性就业素质评估，根据每个人的具体情况，针对性地给予择业建议，充分与学生交流思想，帮助学生实现顺利就业。

正是由于美国对职业指导的高度重视，再加上拥有强大的社会组织网络、雄厚的师资力量、持续的资金支持以及各种灵活的教学活动，各种有利配置使得美国的职业指导教育尤为成功，有力地推动了美国经济社会的持续发展。

2. 德国

德国职业指导工作历史悠久、特色鲜明，最初是从社会角度出发为社会上有需要的人们（如失业青年和准备就业的青年）提供职业咨询和指导的社会服务事业。早在1922年德国就颁布了关于职业指导制度的相关法律条例，经过多年推进发展，至今早已形成一整套完善的职业指导体系，其基本要素主要包括政府、高职院校、社会职业咨询机构和高职学生几个方面。

政府在德国高职学生职业指导服务体系中处于主导地位，并且法律明确规定：劳动部门有提供职业指导的义务，联邦劳动总署是职业指导的主要负责部门。高职院校是高职学生职业指导的主要实施者，在各高职院校中均设有职业指导中心。社会职业咨询机构主要通过向企业收取服务费的形式来实现企业与高职院校、高职学生之间链接，达到补充作用。

高职学生作为接受职业指导的主体，自主择业，应对竞争，端正就业心态。在如此设置下，实现了德国每一个高职院校和社区都覆盖了职业指导网络，并以丰富的职业指导内容、多样的职业指导方式、现代化的职业指导手段，能够做到有效地为青少年、社会求职者、转岗人员提供职业指导服务。

3. 日本

日本最早于1915年提出职业指导，1920年成立职业指导公立机构。受欧美等职业指导理论的影响，1929年，文部省训令发文强调了职业指导的重要性，此后职业指导被正式引进日本高职院校并迅速得以普及。

日本的职业指导是一种主要以就业信息为中心内容的指导模式。日本政府非常重视高职学生职业指导，但是并不直接参与其中，只是通过法律和政策引导实现对高职院校职业指导的间接控制。高职院校根据职业市场需求，及时调整高职院校专业设置，培养出来的高职学生与用人单位之间自主择业、双向选择。日本在社会上还存在很多经营各种就业信息的专业机构，主要工作内容有：收集企业最新招聘信息并传递给高职学生，发行职业指导期刊，对高职学生及用人单位进行职业指导。日本高职院校的职业指导过程可以简单概括为学生首先明确自身职业意向，学校帮助学生进行各种测试和分析，最终实现职业目标。

纵观国外职业指导理论发展与实践历程，我们不难发现，在对职业指导深入研究的同时，结合我国的具体国情，构建并完善具有中国特色的高职学生职业指导体系，对于促进我国职业指导发展具有非常重要的借鉴和指导意义。

（二）国内职业指导发展历程及研究现状

职业指导在我国起步总体较晚。我国最早的职业指导实践可以追溯到20世纪初期，清华大学校长周寄梅先生在1916年首次在高职学生职业选择中应用了心理测试手段，这标志着符合我国国情的职业指导体系开始构建。我国最早提倡职业指导的是中国近现代爱国主义者和民主主义教育家——黄炎培先生开创的中华职业教育社，较为系统地介绍了西方国家职业指导理论与发展，并结合我国当时发展状况，论证了我国开展职业指导的必要性，开展了一系列实践活动。后来由于我国长期处于内忧外患的环境中，职业指导便中断发展。直到党的十一届三中全会后，我国经济体制由计划经济向市场经济过渡，在改革开放的指引下劳动力市场得以建立，发展多种教育形式成为可能。这样的时代背景为我国职业指导提供了良好的发展机遇。1987年，原国家教委第一次将"职业指导理论研究与实验"列为了重点课题。1999年高职院校扩招后，高等教育由精英化教育向大众化教育转变，逐年剧增的高职学生数量与增长缓慢的人力市场需求之间产生巨大矛盾，这就越加引起了对高职学生就业以及高职院校职业指导工作的注意，职业指导也开始了蓬勃发展的新阶段。经过多年积累，我国在职业指导方面也取得了很多有价值的研究成果。

在理论研究和著作方面，代表作有金树人所著的《生涯咨询与辅导》，吴宝龙、张立新、张立莉主编的《职业生涯规划与自我修炼》，钟古兰、杨开所著的《高职学生职业生涯发展与规划》，柏永辉所著的《我的第一本人生规划手册》等。这些著作较为系统地介绍了国外职业指导的理论成果，介绍了职业指导的产生、功能、原则，较为系统地阐释了职业指导的基本原理和基本方法，为职业指导理论工作者、教育工作者及各级各类职业指导机构工作人员提供了参考。

二、研究思路

在人职匹配理念下研究我国高职学生的职业发展,主要涉及两个大的方面:即"目前我国的高职学生职业指导发展现状及存在问题"和"人职匹配理念对高职学生职业指导的定向及指导作用"。具体而言,首先,要深入研究人职匹配理论的产生及发展历程,分析人职匹配理念对高职学生职业发展的指导意义;其次,在借鉴大量不同学者的研究成果的基础之上,结合实地调研,了解我国高职学生职业发展现状;再次,分析我国高职学生职业发展中实际存在的问题;最后,以人职匹配理念为中心,提出促进高职学生职业发展的策略(图1-2)。

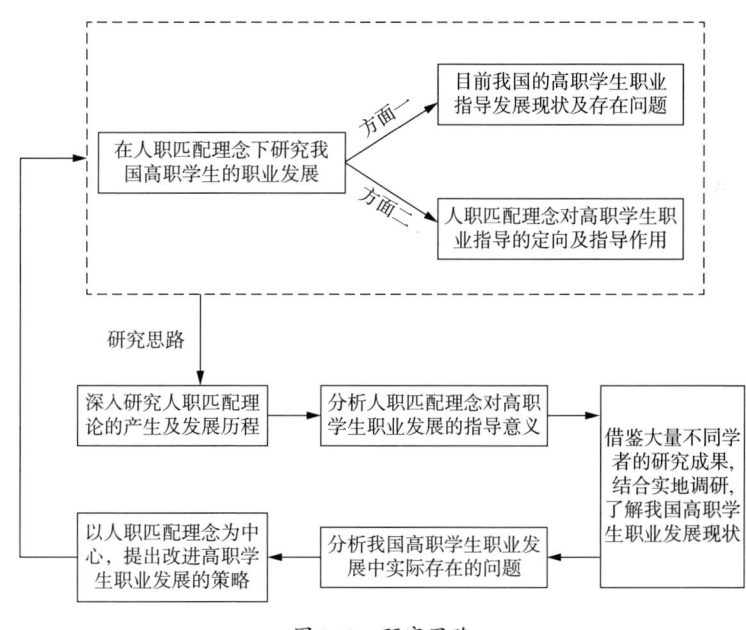

图1-2 研究思路

三、研究方法

通过检索文献,运用问卷调查法、比较法、历史研究法等对我国高职学生职业发展以及人职匹配理论进行梳理和分析,并对新时期我国高职学生职业发展现状和存在的问题进行较为全面的分析研究,从而提出建议和改进措施。其中,访谈和调研对象包括在校高职学生、相关企事业单位人力资源部门人员、高职院校职业指导教师等。

1. 文献检索法

通过学校图书馆、资料中心、互联网等途径搜集有关人职匹配理论、高职学生就业和高职学生职业指导的专著、论文、调查报告和档案文献等资料，并进行归纳总结，以概括分析我国高职学生职业发展的现状及存在的问题。

2. 问卷调查法

通过对所选高职院校的在校高职学生、职业指导教师及相关人员的调研，运用问卷调查，分别设计关于高职学生职业发展与指导的学生卷和教师卷，调查目前我国高职学生的就业以及职业指导现状，总结存在的问题。

3. 比较研究法

将国内外关于人职匹配的理论以及高职学生职业发展与指导的实践经验进行横向比较，总结归纳先进之处，为提高我国高职学生职业发展提供宝贵经验。

4. 历史研究法

在充分掌握相关研究成果的基础上，纵向对我国高职学生职业发展轨迹进行梳理和总结，分析导致当前我国高职学生职业发展成效不佳的原因，为解决问题找到思路。

【典型案例】大一学生的喜悦

潘同学，某职业技术学院制药专业，是分院团总支学生的一员，参加了"关于临安竹产业的发展和大学生创业的调查"暑期实践小分队。在到达后的第一次队内会议中，队长章同学说："这次活动开展有两个比较棘手的难题，一是要去临安电视台说服他们来报道我们的活动，二是要去临安林业局找他们拿一些关于近些年临安竹产业发展的文献资料。"这是他们人生中第一次参与社会实践，完全想不到什么好点子去解决这些难题。

那天早上，大家先去了电视台，找到了台里的相关负责人，向他们介绍了该项目的基本情况和实施方案。或许是初次接触这样的场面，潘同学有点紧张，言语表达上有些慌乱，最终没能说服电视台负责人。

中午的小组总结会上，大家情绪都比较低落，气氛显得很沉重，因为害怕下午的林业局之行再受打击。有几个成员提出下午不要去林业局了，去临安人流量大的地方做些调查问卷，再去一些竹产品加工厂和竹林区考察考察就算了。听到这些话，一直沉默的潘同学更加内疚了，但他不想放弃，所以说了一句："不行，我想再试试。"看到他这么说，大家也没再说什么。

　　下午到了林业局，是一位50多岁的老科长接见的大家。潘同学汲取了上午失败的经验和中午的总结，从我们大学生为什么选择去做农业调查项目、做这样的项目有多大意义、该项目建设对临安竹产业发展有何意义等角度出发，多方面讲述了他们的项目。老科长在认真听取了大家的叙述后说："听得出来，你们在做这个项目之前做了很多准备工作，希望我给你们的资料能够帮助到你们。"在顺利拿到大家需要的资料之后，早上的阴霾一扫而空，而大家也对接下来的活动开展有了更多的信心。

　　人的一生，需要面对很多选择，勇敢面对，才有机会成功；选择逃避，注定将一事无成。

第三节 研究重点与研究创新

一、研究难点

研究难点有两方面，其一，在研究立意方面，以人职匹配理论来指导高职学生职业发展的相关研究较少；其二，针对高职学生以及高职院校职业指导教师设计出可信度较高的调查问卷以获得有效的真实数据。

二、研究重点

研究重点是分析高职生职业发展影响因素以及如何以人职匹配理论来指导高职生职业发展实践，以促进高职学生更高质量更充分就业。

三、研究创新

研究创新之处主要体现在研究视角这一方面上。在研究视角方面，将"人职匹配"作为研究高职学生职业发展实践的理论基础，将这两点结合起来进行研究，与以往的同领域研究相比，是一种较为新颖的研究视角。目前国内对于高职学生职业指导的研究主要集中在介绍国外职业指导理论和总结国内职业指导实践上。在"人职匹配"这一视角下，研究我国高职学生职业发展，可以更好地促进高职学生就业，指引高职生了解自己，了解工作和积极追求两者之间最理想合适的匹配方式，从而缓解社会就业压力，提高就业质量，优化社会人力资源，促进社会进步（图1-3）。

【典型案例】从抱怨到信任

付同学，某职业技术学院旅游专业，有一次她带游客出海捕鱼，因为正值旅

第一章 绪论

```
         创新之处
            │体现
            ▼
          研究视角 ──视角一──▶ 人职匹配 ──┐
                   ──视角二──▶ 高职学生职业发展实践 ──┤──▶ 一种较为新颖的研究视角
                                                    │作用
                                                    ▼
  ┌─────────────────────────────────────────────┐
  │ 可以更好地促进高职学生就业,指引高职生了解自己、了解工作和积极 │
  │ 追求两者之间最理想合适的匹配方式,从而缓解社会就业压力,提高就业 │
  │ 质量,优化社会人力资源,促进社会进步                       │
  └─────────────────────────────────────────────┘
```

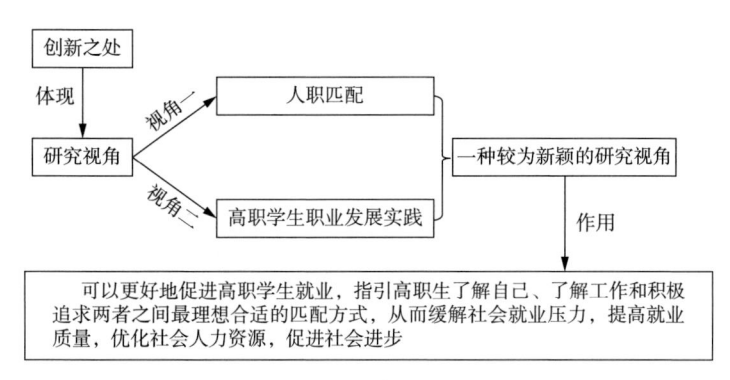

图 1-3 创新之处

游旺季,旅游团队特别多,游客都在码头上排队等待上船,付同学向团队成员讲解了出海捕鱼的安全注意事项,游客听得很认真。

此时,个别游客戴上帽子后忘了系上带子,导致帽子飞走了,付同学就组织几个游客去找回来。付同学所带的团队等了很久(有20多分钟),有几个游客就开始表现出不耐烦的情绪。付同学微笑着向大家解释,让大家耐心等待,并上前和当地负责出海捕鱼项目的渔民沟通,询问能否加快进度,让游客尽早出海捕鱼。

总算可以上船了,游客们都很开心,对捕鱼充满了期待,非常开心地乘坐小船出海捕鱼去了。结果回来的时候一条鱼都没有捕到。这时候游客又不开心了,抱怨声不断,说让他们在那么大的太阳下等,还说是导游故意不带他们去鱼多的地方捕鱼的,其中夹杂了一些无理取闹的话。付同学心里也很恼火,出了这样的事情不是她能够掌控的,同时也觉得很委屈。突然之间,她很想爸爸妈妈,很想回家。

但冷静下来后,她知道自己应该有担当,如果自己对此事置之不理,这个事情就会成为游客心中一个解不开的结,后面的行程游客肯定会很不配合。

于是,付同学就到小商铺买了一箱水,分发给团里的每一个人。之后与团队中一位地位举足轻重的奶奶沟通,认真地倾听她的不满。付同学之后再三表示了自己的歉意,并且保证回去之后一定会向旅行社反映情况。

就这样,团队中的抱怨声逐渐减少了。后来这个团队中的游客的家人去嵊泗玩,还专门指名让付同学做地接。

第二章

职业发展的理论基础

【生涯寄语】

把学习和择业与崇高理想结合起来，既志存高远，又脚踏实地，在实践中经受考验，全面磨炼和提升自己，在报效祖国、服务人民的过程中获得社会的承认，体现自己的人生价值。

【本章导图】

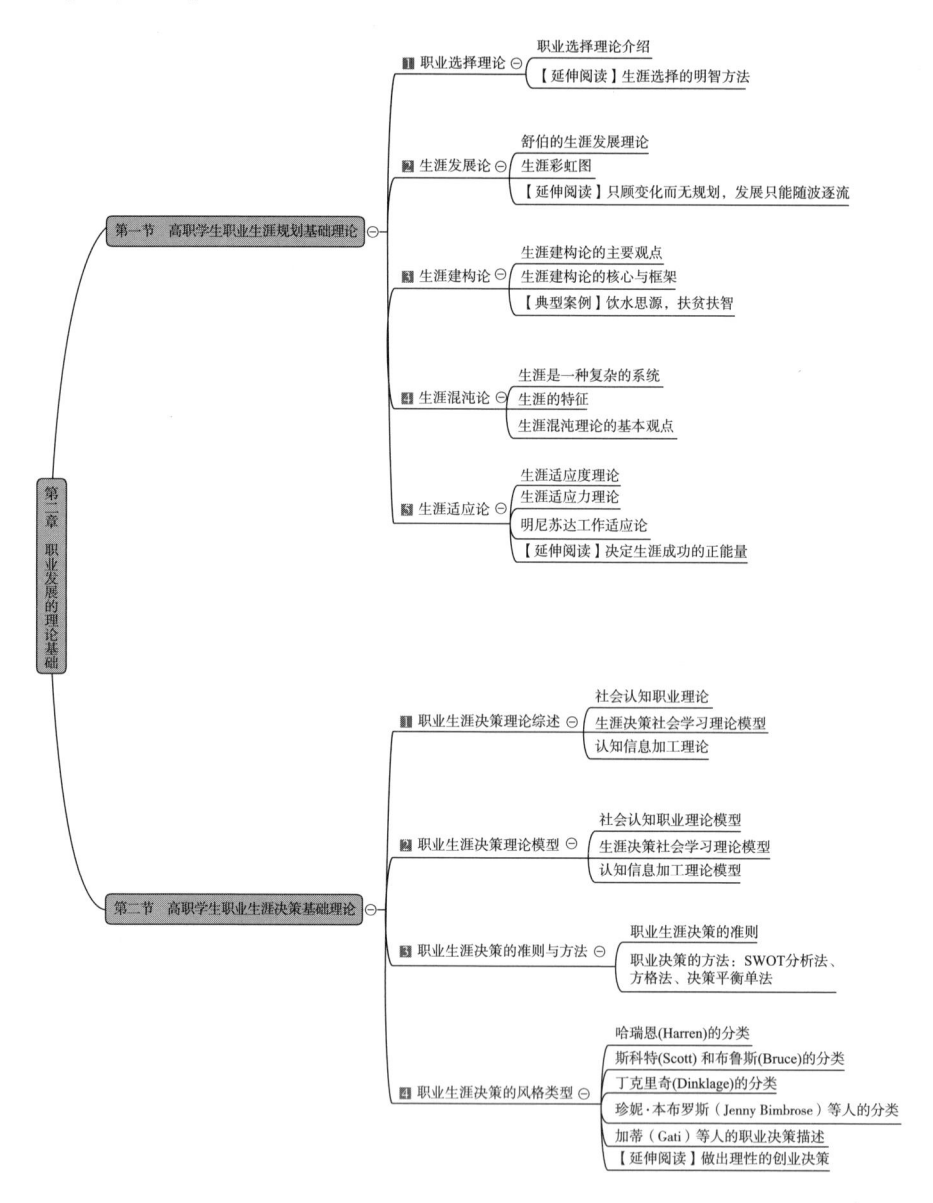

- 第二章 职业发展的理论基础
  - 第一节 高职学生职业生涯规划基础理论
    - ① 职业选择理论
      - 职业选择理论介绍
      - 【延伸阅读】生涯选择的明智方法
    - ② 生涯发展论
      - 舒伯的生涯发展理论
      - 生涯彩虹图
      - 【延伸阅读】只顾变化而无规划，发展只能随波逐流
    - ③ 生涯建构论
      - 生涯建构论的主要观点
      - 生涯建构论的核心与框架
      - 【典型案例】饮水思源，扶贫扶智
    - ④ 生涯混沌论
      - 生涯是一种复杂的系统
      - 生涯的特征
      - 生涯混沌理论的基本观点
    - ⑤ 生涯适应论
      - 生涯适应度理论
      - 生涯适应力理论
      - 明尼苏达工作适应论
      - 【延伸阅读】决定生涯成功的正能量
  - 第二节 高职学生职业生涯决策基础理论
    - ① 职业生涯决策理论综述
      - 社会认知职业理论
      - 生涯决策社会学习理论模型
      - 认知信息加工理论
    - ② 职业生涯决策理论模型
      - 社会认知职业理论模型
      - 生涯决策社会学习理论模型
      - 认知信息加工理论模型
    - ③ 职业生涯决策的准则与方法
      - 职业生涯决策的准则
      - 职业决策的方法：SWOT分析法、方格法、决策平衡单法
    - ④ 职业生涯决策的风格类型
      - 哈瑞恩(Harren)的分类
      - 斯科特(Scott)和布鲁斯(Bruce)的分类
      - 丁克里奇(Dinklage)的分类
      - 珍妮·本布罗斯（Jenny Bimbrose）等人的分类
      - 加蒂（Gati）等人的职业决策描述
      - 【延伸阅读】做出理性的创业决策

第一节 高职学生职业生涯规划基础理论

一、职业选择理论

职业选择是指人们从对职业的评价、意向、态度出发，依照自己的职业期望、兴趣、爱好、能力等，从社会现有的职业中挑选其一的过程。职业选择的目的在于使自身能力素质和职业需求特征相符合。选择职业是人生大事，因为职业决定了一个人的未来。选择职业就是选择将来的自己。选择什么样的工作，很大程度上就等于选择了什么样的人生。那些事业有成的人，并不一定比别人聪明，他们成功的关键在于找到了适合自己特点的职业。合适的职业使他们的个人才能得到充分发挥，为他们带来了无限的创造机会，也带来了事业的成功。

因此，在选择什么样的职业之前，不能只根据工资待遇等物质条件做决定。最重要的是先问问自己，自己有哪些特点，想过什么样的人生。例如，一个人充满热情和抱负，喜欢接受新鲜事物和工作挑战，却选择了一份十分安逸清闲的工作，那每天的工作都会成为这个人理想与现实的痛苦拉锯战，其结果也只能是两种：要么妥协了，热情渐渐被消磨，志气一点点被削弱；要么经过复杂的心理斗争，最终还是选择辞职继续为自己的理想而奋斗。

在职业选择理论中有几个著名的理论，如帕森斯特质因素理论、霍兰德人格类型理论和施恩的职业锚理论，这几个理论会在第四章进行具体介绍。

【延伸阅读】生涯选择的明智方法

1.把精力集中在最重要的选择上

我们知道，拥有选择的机会对主观幸福感非常重要，但是选择本身也有劣势，选择越多，这些劣势也就越明显。拥有选择的优点是显而易见的，但缺点却以微妙的方式逐渐积累。也就是说，并非某个特定的选择出了问题，而是所有选择共同导致了最后的结果。

放弃选择的机会并不容易。要做到这一点，关键是要意识到，大多数时候对我们最重要的，是某个决定导致的主观感受而非客观结果。要应对过量选择带来的问题，必须首先明确究竟哪些选择对生活来说是最重要的。

2. 成为选择者，而不是捡拾者

选择者是这样一种人：他们知道何为重要的决定，知道何种情况下不应该做出选择，知道何时应该寻找新的选项，也知道如何选择更能凸显自己的不凡之处。能为自己和他人创造选择机会的正是选择者。不过面对海量选择时，我们通常会被迫成为捡拾者，只能被动地从已有选项里挑选。做选择者固然好，但要想多点自主选择，少点被动捡拾，我们就得学会在选择时自发地运用固有的习惯、习俗传统以及社会规范。

选择者有时间修正目标，捡拾者则无余地做出调整；选择者有时间避免从众，捡拾者则只能随波逐流。做出明智的决定需要消耗时间专注思考，只有选择者才能做到。

3. 做一个满足者，而不是最大化者

在选择过量的社会里，最大化者会受更多的苦。最大化者常有不切实际的期望，他们害怕后悔，不愿失去机会，害怕跟别人比较。当选择的结果不尽如人意时，最大化者将会非常失望。

学会接受"够好"的选择，既可以减轻负担又能增加满足感。尽管在客观上，满足者可能不如最大化者做得那么好，但是如果"最好的"可望而不可即，最后还是只能选择"够好的"，满足者就会比最大化者感到好受很多。

就算再苛求的人也不至于在生活的各个方面都做一个最大化者，人们至少有那么几个方面会比较容易感到满足。关键是要学会拥有知足常乐的心态，享受这个过程，让它渗透到生活中的点点滴滴，而不是让其任意发展。一旦成为一个懂得满足的有心人，和别人的各种比较就不再重要了，后悔也减少了。这样一来，即便身处这个复杂且选择过剩的社会，内心也会更平静。

然而，要成为一个满足者，需要慎重地反思自己的目标和雄心，这是做选择时能够设定"够好"的标准。要知道什么是"够好"，需要了解自己，知道自己在乎的究竟是什么。

4. 别太在意机会成本

做决定之前想想别的选项并没有错，如果无视这些"机会成本"，可能会高估最佳选项的优点。另外，我们对机会成本考虑得越多，就会越不满意最终的选择，所以反倒是不要多想那些已经被否决的选项为好。

光是想想那些被淘汰的选项的优点，就会削弱对最终选项的满意度，鉴于此，有人建议我们干脆把机会成本统统忘掉好了。可是如果不跟别的选项比较，我们就无法知道自己所选的到底有多好。例如，所谓的"好投资"，就是相比其他投资，这项投资的回报率更高。由于缺少绝对标准，适当考虑机会成本也是必需的。但也要谨记过犹不及。在这方面，次级决定可以帮上一些忙。当我们决定不去做某些决定时，就不需要考虑机会成本。

5. 做不可逆的选择

当我们可以对某个选择反悔，满足感就会降低，要是某个选择是不可更改的，我们就会采用多种心理机制，对自己的选择感到好受一点。如果某个决定是可逆的，这些心理机制就没什么效果了。

做重大决策最能体现不可逆选择的威力。寻找终身伴侣跟到商场购物不同，两者不能相提并论。面对更具吸引力的选择，收获幸福和安宁的唯一途径就是对自己说："我已经选择了自己的终身伴侣，就算那个××长得再好看，也与我无关。"一旦做了不可逆的选择，就可以把更多的精力放在改善已有的关系上，而不是进行无谓的猜测。

6. 培养感恩之心

我们对事物的评价很容易受比较的影响，比较的对象甚至可以是虚构的。同一种体验可以好坏并存，而我们是否对其满意，取决于我们关注的是哪一面。如果总是想象有更好的替代品，我们的选择就会显得很糟糕，而当我们想到有比它更差的选项时，我们的选择就会显得很不错。

下意识地用感恩之心看待我们的选择或体验，减少对消极方面的失落感，就能让心情变得更好。感恩之心并不是自然自发产生的。感恩也需要训练，如果你给自己的目标过于笼统，就不会真的去做。

7. 告诉自己不后悔

无论是感到自己可能后悔还是真的追悔莫及，后悔带来的刺骨之痛都会影响人们的选择。虽然后悔在很多的时候都有其合理性和启发性，但当它强烈地影响了我们的选择时，就该想方设法减少它。生活是如此复杂，任何一个我们以为能改变一切的决定，其实都渺小无比。

8.为适应做好心理准备

我们会适应任何有规律可循之物。生活艰难时，适应能使我们免受困难的冲击。生活不错时，适应就会让我们踏上"享乐跑步机"，消耗我们从积极体验中获得满足的能力。我们没有办法阻止适应的发生，我们能做的，就是对不同阶段的体验做出符合实际的期望。

学会在愉悦感减弱后依然感到满足，当适应发生时才不会感到失望。我们也可以采用满足者的策略，通过减少做决定所花的时间和精力，来减少适应带来的失望。

9.控制过高的期望

我们对体验的评价大多受到期望的影响，若想增加选择的满足感，最简单的方法就是不要对它们期望太高。然而说比做容易得多，尤其是在这个鼓励高期望的世界，到处都是选择，以至于让人以为总能找到完美选项。

10.学会避免社会比较

我们通过与他人比较来评价自己。虽然社会比较能提供有用的信息，但也常常减少我们的满足感。所以少一点比较，我们的满足就会多一点。学会接受"够好"，就足以降低对他人在做什么的关注。用绝对的标准来衡量问题时，人们对结果的感觉会没那么好。不采用绝对标准，是避免社会比较的好办法。所以你应该关注让你快乐以及让你的生活有意义的事物。

11.把选择的限制看成解放而非束缚

随着我们面对的选择越来越多，选择的自由最终会变成选择的暴政。常规的选择过程花费太多的时间和精力，使每一天都变成煎熬。在这种情况下，我们应该学会把选项的限制看成是解放而不是束缚。社会为选择提供规则、标准和规范，而个人经验则形成习惯。遵循规则使我们得以避免一次又一次地做出费劲的决定，帮我们省时省力，把时间花在那些尚无规矩可循的选择上。

短期来看，初级决定也就是关于生活中什么时候需要深思熟虑，什么时候可以走捷径的决定，为生活增添了一丝复杂性。但长期来看，很多日常的麻烦将因此而消失，我们会发现自己有更多的时间和精力去思考那些保留下来但还没有做出选择的问题。

综上所述，我们：

想过得更好，就应该在选择的自由上自愿接受一些限制，而不是完全拒绝束缚；

想过得更好，就应该追求"足够好"，而不是"最好"；想过得更好，就该降低对选择结果的期望；想过得更好，做决定时就不应该给自己留退路。

二、生涯发展论

生涯发展论关注的焦点是生涯发展问题。舒伯（1953～1990年的系列成果）提出的生涯发展理论，让生涯发展的概念替代了职业辅导的模式。其主要观点是：生命可以分为成长、探索、建立、保持、衰退五个阶段，个体在生命全程中要扮演子女、学生、休闲者、公民、工作者、持家者六个角色，它们相互影响交织出个人独特的生涯类型。

从舒伯的生涯彩虹图（图2-1）中可以看到，生涯规划变得立体化了，也可以看到在个人发展中，不同时期不同角色的意义和相互间的影响。从长度上看，它包括了一个人从生到死的全部生命历程；从空间上看，它并不局限于对职业角色的关注，同样重视非职业角色对一个人生涯的影响。舒伯认为，持家者、公民、休闲者、学生、子女等的角色和工作者的角色都是一个人自我概念的具体表现。这里的"自我概念"指个人对自己在兴趣、能力、价值观以及人格特征等方面的认识，是个人生涯发展历程的核心。工作与生活满意的程度，有赖于个人能否在工作上、职场中以及生活形态上找到展现自我的机会。

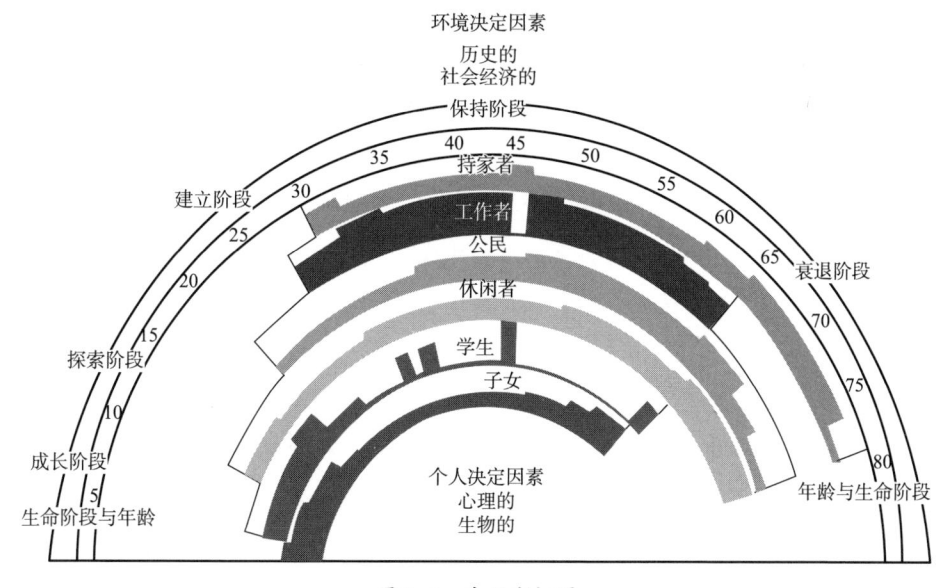

图2-1 生涯彩虹图

【延伸阅读】只顾变化而无规划，发展只能随波逐流

很多行业进化速度非常快，且竞争异常激烈，每个人都希望能应对各种状况。越是发展快速、变化万千的行业，越需要尽早规划。

1.把握趋势做规划，胜过随波逐流

不懂预测未来的随波逐流，才真正是在浪费发展的时间和精力，更糟的是会错过好机会。市场不断变化，产品时刻推陈出新，其中所呈现出的"趋势"是可预测的，而你需要做的就是在一个方向上累积足够多的信息、知识和技能，对未来的趋势做出配套的发展规划，让自己的发展先行一步，而随波逐流只会让自己在面对机会时措手不及。

2.前进的方向来自清晰的职业目标

因为有先前的经验和积累，才会对自己的未来发展有进一步的想法，有了目标才能有前进的方向，这样才知道该往哪里推进你的事业。面对瞬息万变的"变化"，你只有提前通过规划、制定具体的目标才能在风浪中掌握住自己的航向，找到属于你的"新大陆"。

3.大方向不变，灵活调整阶段目标

明确了终极职业目标，大的发展方向不变，你要做的是根据每个发展阶段的不同需求、不同实际状况，对阶段性目标进行微调，增加或减少阶段性任务。但这并不会影响你的发展，如果调整得当，或许还能让你的发展加速。只有明确目标下的发展微调，才能算是随机应变，处变不惊。

没有预见、没有规划、没有目标的"随机应变"都是效率极低的随波逐流，难以从中获得真正的成长。以不变应万变的智慧就是让你未雨绸缪地做好职业规划，沉下心在一个专业领域坚持走下去，保持"时刻准备着"的状态，无论迎面而来的是机会还是困难，你都能胸有成竹地应对。

三、生涯建构论

美国学者萨维科斯（Mark L. Savickas）通过多年职业心理学和职业辅导实践研究，从个体建构主义、社会建构主义和后现代主义的哲学视角出发，于2002年提出了生涯建构理论。他认为，职业生涯个体是通过一系列有意义的职业行为与工作经历来构建自身职业生涯发展过程的，个体应综合考虑自己过往经验、当前感受和未来的理想抱负做出职业选择，而职业生涯发展就是为这一人生主题所展

开的、内涵丰富的主观建构过程。❶

（一）生涯建构论的主要观点

萨维科斯基于生涯建构理论曾提出过16个关于人生发展的探索性命题，后来结合迈克·亚当斯一般人格结构理论，融合并发展个体—环境匹配理论和职业人生主题理论，把16个人生主题进一步凝练概括为生涯建构理论的三个核心内容：不同个体间的特质存在差异，个体在不同生涯阶段所面临的任务和应对的策略具有承前启后的发展性和生涯发展是一个充满内动力的变化过程。由此，生涯建构理论分别用职业人格类型、生涯适应力和人生主题回答了个体职业行为中"是什么""怎么样"以及"为什么"三个核心问题。❷

1.借助职业人格来形成对职业的自我概念

生涯建构理论认为，不管是个体—环境心理学讨论的个体职业特质差别，还是霍兰德所强调的职业兴趣类型倾向，都是生涯发展中不可忽视的重要因素。然而，个体的这些"表象"或"名声"所呈现的自我特质还不足呈现个体的全部职业自我。生涯建构是个体主观的、内在的并以自我独特方式逐步推进的过程，个体的职业人格特质还应包含自我能力、内在需要、价值观和发展期望等，这些因素都是形成或描述职业自我概念所必须考虑的，也深深影响着个体生涯建构的过程和结果。

2.用适应来实现发展

伴随职业外部环境的剧变，职业流动性增加、职业生涯变动频繁和知识经济时代的组织形式变更，舒伯认为可以采用生涯适应力来代替生涯成熟度，用以联结并解释职业生涯各个发展阶段的特点与个体需完成的生涯任务。萨维科斯在舒伯理论的基础上，通过实践与研究对生涯适应做了概念化、实操化以及理论模型构建等系列工作。萨维科斯提出，生涯适应所聚焦的是个体生涯发展中的应变过程，即个体与环境之间如何在各种转换中实现顺利过渡和相互匹配，包括从学校到职场、从一份工作到另一份工作、从一种职业到另一种职业等角色或任务的转换。

---

❶ 关翩翩,李敏.生涯建构理论：内涵、框架与应用［J］.心理学进展，2015：02177.

❷ Savickas M. L. Career adaptability: An integrative construct for life-span, life-space theory［J］. The Career Development Quarterly, 1997, 45: 247-259.

3.把职业生涯发展动态视为人生主题

生涯建构理论的一个重要贡献是把个体职业生涯的动态发展凝练为人生发展的主题。在人生主题视角下，生涯个体通过具体的职业实践来整合关联个体所处的主、客观世界，个体在具体工作中发挥个人能力、实现自我价值和人生发展。

人生主题是生涯构建中的一个重要组成部分，是个体生命过程中反复出现的一些模式和风格，这些模式和风格组织和解释着个体的生命历程。人生主题理论通过个体的职业实践赋予其职业行为的意义，它强调职业行为的过程，关注产生职业行为的原因，而且关注个体做什么行为以及如何做出这种行为。在当今时代，每个个体的生命意义，都属于他自己，个体在主观上引导调节和维持职业行为，即个体赋予生涯发展意义而非实现事实发展的过程，个体是否赋予人生主题一个完整的健康的自我概念是走向职业生涯成功的重要标志。[1]

（二）生涯建构论的核心与框架

1.生涯适应力

生涯适应力是指个体在应对各种工作任务及角色转变中进行自我调整的准备状态或社会心理资源，体现了个体在生涯发展过程中面对外部挑战所具备的核心能力。适应力是生涯建构理论的最关键要素，从抽象到具体可分三个层次来理解（图2-2）：首先是最抽象的层次，生涯适应力由生涯关注、生涯控制、生涯好奇和生涯自信四个部分构成，分别对应着"我有未来吗？""谁拥有我的未来？""未来我想要做什么？"和"我能做到吗？"四个重要职业生涯发展问题；中间层次是生涯适应力的主要内容，萨维科斯将其归纳为：态度、信念和能力；最底层是具体层次，由各种具体的个体职业行为与应对策略构成，尤其是面对外部职业环境变化所做出的自我调整行为及其策略。

2008～2012年，萨维科斯联合了多国学者对生涯适应力的操作化定义进行了补充、完善，通过定量和定性研究，共同开发了生涯适应力量表[2]。其后，萨维科斯利用其《职业行为学报》主编身份，组织了多次生涯适应的专题研讨，致力于生涯建构理论的跨文化研究与检验，推广其理论应用。

---

[1] 王姗.生涯建构理论在职业生涯教育中的应用[J].社会科学前沿, 2018, 7 (8): 1129-1134.

[2] Mark L. Savickas et al. Life designing: A paradigm for career construction in the 21st century [J]. Journal of Vocational Behavior, 2009, 75 (3): 239-250.

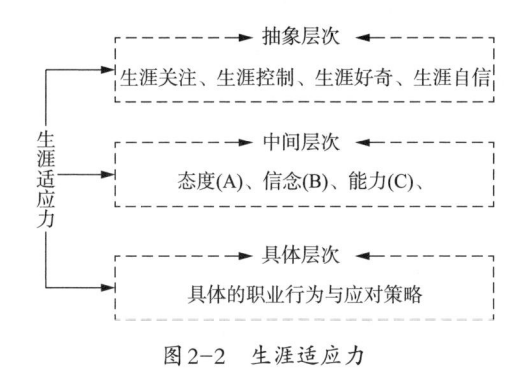

```
                    ┌──→ 抽象层次 ←──┐
                    │ 生涯关注、生涯控制、生涯好奇、生涯自信 │
    生               └─────────────────┘
    涯    ┌──→ 中间层次 ←──┐
    适──→ │ 态度(A)、信念(B)、能力(C)、 │
    应    └─────────────────┘
    力               ┌──→ 具体层次 ←──┐
                    │ 具体的职业行为与应对策略 │
                    └─────────────────┘
```

图2-2 生涯适应力

2.自我建构的生涯适应模型

伴随生涯适应力量表的编制成功，围绕"适应"而展开的框架模型也随之被构建出来。生涯适应模型认为，个体要达到每一个生涯阶段的稳定适应状态，都包含以下四个方面：①个体主观上的适应意愿或准备状态；②生涯适应力有助于进行自我调整的社会心理资源；③通过特定应激反应或职业行为选择来发挥作用；④最终实现个体与环境互动整合的相对适应结果。这四个方面，分别代表着适应的动机、能力、态度或行为及其结果，并且上述过程的各个环节都会受相应情境因素的影响（图2-3）。

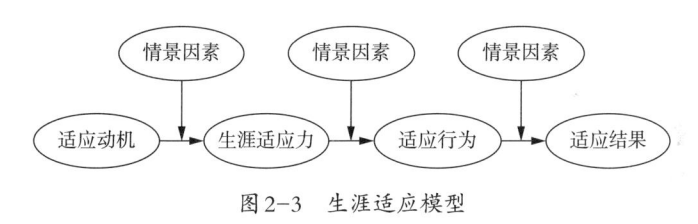

```
  情景因素      情景因素      情景因素
     │            │            │
     ↓            ↓            ↓
 适应动机 → 生涯适应力 → 适应行为 → 适应结果
```

图2-3 生涯适应模型

其中，适应动机是适应力产生的内在动力，既可表现为人格、价值观等个人特质，也可以是具体的目标需求、偏好与自我认知等。适应性动机较强的个体往往拥有更积极的心态，他们能主动地迎接及适应外部环境的变化，如灵活调整目标的人们就比笃定坚守认定目标的人们具有更显著的适应动机。生涯适应力被称为类特质心理资本的概念，其在短期内具有一定的稳定性，且受个体内在的主观方面和外部情境因素的制约。生涯个体的自我调整能力能驱使人们产生特定的行为或行为倾向，如积极主动的生涯规划、职业探索或组织社会化行为等。生涯建构的结果反映了个体在所处职业生涯阶段中相对适应的程度或状态，评价指标可能是多种多样的，如大学毕业生找到一份满意的工作、企业雇员对主观职业成功感受或强度较低的工作压力等。这个模型为职业行为研究提供了新的阐释思路，同时也触发了一系列验证生涯建构理论的研究。

【典型案例】饮水思源，扶贫扶智

"我今天要讲的是关于教育观念的，你们大部分人都是我的长辈，但我仍然要把或许你们听起来有些幼稚的想法说出来。"尽管没有话筒，白玛央金真诚坦率的开场白还是令台下上百名村民安静下来。这是2016年2月发生在西藏自治区山南市桑日县绒乡扎巴村的一幕。

这个从村里走出来的大学生用接地气的扎巴方言，针对本村"上学还不如打工"的现象和风气，以自己的学科专业、亲身经历向全村父老乡亲展开讲述。

白玛央金的家乡扎巴村是一个位于西藏南部的半农半牧山村，在国家"免学费、免住宿费、免伙食费"的少数民族教育扶贫政策支持下，她以优异的成绩考上了大学。

走过藏区和内地的"求学之路"，白玛央金深刻感受到基础教育的重要性，每年寒暑假她都会辅导村里的孩子学习，给他们讲讲外面的世界，被村里人戏称为"孤儿院院长"。

每次要出发去异乡求学，孩子们都会问她，"什么时候回来，回来后可以继续教我们吗？"而每次，白玛央金的回答都是肯定的。

在扎巴村，"读书无用""因学致贫"的落后教育观念一度存在。深知"知识改变命运"的白玛央金带着本村10名大学生挨家挨户宣传教育的重要性，并组织成立了社会实践团队进行支教助学，为全村中小学生授课，拓宽学生的视野，激发学生对学习的热情。孩子们的成长也让家长体会到教育的重要性，渐渐改变了陈旧的观念。

"走出去是为了更好地回来。"12岁开始就背井离乡在外求学的白玛央金心中一直牢记着这句话。她希望通过自己的努力，让更多孩子走出大山，用科学文化知识回报家乡。

四、生涯混沌论

（一）生涯是一种复杂的系统

生涯混沌理论认为，生涯是一种复杂的系统，它是动态的、开放的[1]，也是适应性的，是个体甚至人类自身的分形[2]。个体生涯与现实有着复杂的联系，我们必须以现实的复杂性来对待它。个体身上所产生的各种各样的影响，都可视为这个人的"构成要素"或"亚系统"，它们既可以在不同的普遍性水平、以不同的方式形成，也可以在不同的普遍性水平、以不同的方式被解释。例如，个体的一次醉酒事件可能在某个特定的普遍性水平被解释成是不善于处理人际问题的结果，从而使这个人回避强调人际关系的职业。作为一种复杂的系统，生涯系统是动态的、开放的。任何个体的生涯都不是静态不变的，而是不断发展变化的，有其自身的发展动力和外在动力。它只有不断接受内外部的各种影响，并与之不断地交流才能维系自身。因此，就其本性而言，生涯需要参与内、外部世界的给和予的过程，从而使构成个体及其生涯发展背景的亚系统、系统和超系统之间具有交互作用性和相互依赖性。个体生涯也是一种适应性系统，是个体通过学习而对环境和自身变化作出的适应性应对，它具有自我改变和创造的能力；从生涯的复杂形式来看，生涯既是个体经验的分形，也是整个人类经验的分形，具有自我相似性。

（二）生涯的特征

生涯混沌理论从混沌理论出发，揭示了人类生涯的各种特征，并以此来说明人类生涯的本质。

1.独特性

生涯混沌理论认为，由于奇异吸引因子的存在，所有人的经验在历史上都是独特的。例如，假定办公室秘书每次开会都严格地以同样的方式做着同样的事，

---

[1] Dr. Robert G.L. Pryor and Jim E.H. Bright. Order and Chaos: A Twenty-First Century Formulation of Careers [J]. Australian Journal of Psychology, 2003, 55 (2): 121–128.

[2] Bloch, P. D. Complexity, Chaos, and Nonlinear Dynamics: A New Perspective on Career Develop-ment Theory [J]. The Career Development Quarterly, 2005, 53: 194–207.

我们仍然可以说，他在每次会议中的经验都是独特的，因为每次会议影响个体的时空环境都已发生改变，这就意味着此人在每次会议中的经验都不会一样。在生涯混沌理论中，个体生涯的独特性需要在每个个体生涯亚系统的特殊建构和结构以及与个体系统和超系统的相互作用中来理解。

2. 关系性

作为一种复杂的系统，生涯不会在个体孤立的状态下发生，它要在与外界或内部能量或组成要素间进行不断的交流和联系的关系网中才能维系自身。生涯既是个体系统的一部分，也是围绕它的教育、职业、社会和文化等相互交织的关系网的一部分，受它们的影响，也对它们发挥着影响。

3. 分形性

混沌理论认为，复杂事物的空间结构是一种分形，即复杂事物的部分与整体具有相似的形。当个体作为系统出现时，任何人的生涯都是其个人整个生活经验的分形，与整个生活经验有某种相似性。因此，在考察个人生涯的过程中，人们会发现其整个生活的模式和动力。除此之外，将个体作为人类大系统的亚系统时，我们还可以认为，个体的生涯也是所有劳动者经验的分形。

4. 突创性

生涯混沌理论家认为，开放的系统具有突创性特征，必须把系统的功能看作是整体的而不是简单地视为元素的结合。作为一个系统，系统功能中"突创"的能力和状态是全新的，如同一个"格式塔"，不能等同于系统各要素之和或特定要素。生涯也是如此，生涯具有整体和突创的属性，是生涯系统中各构成要素整合的结果，是诸如兴趣、人格类型、职业类型、职业承诺等构成要素在整合中形成的全新结果，不能简单地还原成这些构成要素，并试图通过这些要素的组合来预测未来生涯。

5. 目的性

混沌理论强调，复杂的系统最终会表现为自我组织的模式，这种系统的模式功能会导致有序的发展，吸引因子表达的就是这种目标状态。因此，在某种程度上，混沌生涯观就将个体的行为视为有目的的。目的性不仅仅是学习或适应内部亚系统的构造、变化或外部超系统的发展，重要的是它还能做出创造性反应，即个体的能力不仅仅是简单地作出反应，还能产生创造性行为，改变自身和环境。正是这种创造性能力挑战了传统的关于人的生涯行为的因果解释。很显然，传统的生涯发展理论要么忽略、要么没有解释、要么不能解释包括目的性、意义和情绪在内的等人的突创属性。

（三）生涯混沌理论的基本观点

1. 自生与自驱动

生涯发展具有主动适应的特征，每个人在一定程度上都可以按自己的剧本塑造自身的生涯历程。人们能不断更新自己的生涯，在自己所处的环境内外自由移动，在各种角色间自由变换。无论个体是否接受生涯辅导或是否参与生涯教育，他们都有自己的生涯形态与发展历程。

2. 非线性动态过程

每个人的生涯发展都是在一定的环境和内部动力的推动下，经过一系列的选择而发生的。因此，动态变化性是人类生涯心理的本质特征之一，但其过程并非经典生涯心理学理论所揭示的那种线性的、确定的和可准确预测的过程，而是非线性的、不确定的和难以预测的。作为一个自适应的实体，个体时刻都在与内外环境进行开放的交换和网络化的参与，卷入度越深，可塑性越强。

3. 初值敏感

混沌理论认为，初始条件的一个非常微小的变化，经过时间的酝酿，系统的反复迭代，最终会导致结果极为剧烈的变化。在这种变化中，原因与结果间的确定关系随着时间的推移和系统的演化而消失，对长期行为的预测就变得难以进行。显然，复杂的生涯心理系统的动态变化同样对初始条件有敏感依赖性。在个体生涯中，经常是微小的随机性事件导致了生涯及其心理的重大改变。

4. 没有终极稳态

每个人都在寻找阶段性的稳态，然而稳态是暂时的，变化随时产生。

5. 吸引因子的作用无处不在

吸引因子有两类，一类近似于"定数"，它们使生涯发展保持某种稳态，霍兰德的职业人格类型就是这类吸引因子；另一类是奇异吸引因子，它是突变的推手，如意料之外的事件。[1]不同个体的生涯发展和生涯发展的不同时期有不同的吸

---

[1] Savickas M.L. The Theory and Practice of Career Construction [J]. In R.W.Lent & S.D.Brown (Eds.), Career Development and Counseling: Putting Theory and Research to Work, 2005: 42-70.

引因子。吸引因子引导个体的行为朝向某个目标，从而导致个体生涯的变化。但这种目标导向有时起着促进生涯发展的作用，有时却起着阻碍生涯发展的作用。

6.提升生涯"元胜任力"才能以不变应万变

生涯"元胜任力"是一种更通用和更超越的适应力，是应对混沌的发展环境所必备的素质。生涯混沌理论认为，只有提升生涯个体的"元胜任力"，才能在生涯发展的混沌过程与状态中应对其复杂变化。

五、生涯适应论

（一）生涯适应度理论

世界正在发生着快速变化，个体工作的变更在高度不稳定的职业环境中日益增加。频繁更换工作的员工正在增加，而对于职业范围的选择，也变得越来越宽泛。员工为了成功地更换工作或适应不稳定的就业市场，就必须要事先做好准备。目前，不少学者在员工生涯适应方面已经提出了一些模型，这些模型有利于个体在处理变化的能力上变得更为适应和灵活。1957年，舒伯提出了生命全期生涯发展理论，在其中提出了生涯成熟度的概念，并把生涯成熟度看作为青少年生涯发展的中心过程。生涯成熟度是个体职业发展中的一个重要评价指标，简单地说就是个体适当做出职业选择能力的准备程度，包括个体对做出职业决策要求的意识、对某个决策是否在现实和时间上存在一致性的意识。它是一个个体准备状态，反映了个体具备了做出一个有见识的、与年龄相配的职业决策能力，以及处理适当的职业发展任务的能力。

但在后续的研究和实证过程中，有学者证实生涯成熟度用于未成年人的生涯发展，而对于理解成年人生涯发展并没有很大用处。因此，舒伯和克纳赛尔（Knasel）于1981年首次提出生涯适应度的概念，他们共同确认并认同生涯适应度是成年人生涯发展的中心过程，每一个体都应该被看作是在寻求一个平衡，即在来自工作的压力和适应该压力环境之间寻求平衡点。同时，基于认识到职业前景的变化，他们提出需要建立新的模型来帮助成人员工处理不断变换工作和工作环境。

舒伯认为，生涯适应度概念包括五个维度：规划、探索、信息和技能、决策与现实定位。规划即是对生活事件的准备和时间安排前景以及对生涯前景进行设计；探索即是对各种可能的资源进行利用，包括获得信息的积极主动性；决策指生涯决策原则和知识及其运用；现实定位是运用自己现有的知识来处理生涯发展任务能力。更进一步说，规划和探索维度被认为是态度方面的维度，信息和决策探索维度被认为是态度方面的维度，信息和决策被看作是认知面的维度。萨维科斯认为，规划是生涯适应度的核心，规划、探索、决策共同构成了生涯适应度的三个发展维度，这样，随着个体阅历的增加，这三个维度能够成功地超越时间的发展，并且肯定能够影响到个体生涯适应度的发展。

普拉茨纳（Pratzner）和艾希礼（Ashley）给生涯适应度下的定义是："适应工作要求和工作变化能力的准备程度，由此使工作与个体的需要更加匹配"❶。生涯适应度的近期定义是由萨维科斯提出，他将其描述为处理工作角色准备和参与可以预测任务的准备程度，以及处理工作和工作条件中由变化促使的不可预测的准备程度。

（二）生涯适应力理论

生涯适应力的概念来源于美国心理学家舒伯提出的生涯发展理论。舒伯在其生涯发展理论中提出了"职业成熟度"的概念，在随后的生涯发展研究中，"职业成熟度"逐渐被"生涯成熟度"所代替。后来，舒伯及其理论后继者萨维科斯等人认为使用"生涯成熟度"来解释个体的生涯发展是可行的，但它不能很好地解释入职人员的生涯问题，其主要原因在于：在处理生涯问题时，个体会更多地依据自我认知层面的内容和自身对外界的探索，而入职人员会更多地考虑自身与外部环境的相互作用，表现出对环境的适应性。因此，他们提出了"生涯适应力"这一概念。

萨维科斯把生涯适应力定义为"个体对可预测的生涯任务、所参与的生涯角色以及生涯改变或生涯情境中不可预测的生涯问题的因应准备程度"❷。之后，生涯适应力成为研究热点并被不同研究者界定。萨维科斯和波菲利认为生涯适应力

---

❶ Pratzner F. C., Ashley W. L. Occupational adaptability and transferable skills: Preparing today's adults for tomorrow's careers. In C. H. Shulman (Ed.), Adults and the changing workplace: 1985 year book of the American Vocational Association [M]. Arlington, VA: American Vocational Association, 1985.

❷ Savickas M. L. Career adaptability: An integrative construct for life-span, life-space theory [J]. The Career Development Quarterly, 1997, 45: 247–259.

是"个体应对生涯中的任务、问题、转折并与环境交互作用时所需要的心理资源,是个体应对当前和未来生涯任务和生涯转折时的一种心理社会建构";认为生涯适应力是"个体因应生涯角色变化并与之保持平衡的能力";马逸伦认为生涯适应力是"个体面对生涯角色及生涯环境改变时与之保持协调一致的能力";张夕汉在研究中将生涯适应力界定为"个体对于自己未来生涯或者生涯转变的关注程度、自信心、好奇程度和控制力的一种综合能力"。从生涯适应力的概念演变和界定可以看出,生涯适应力强调生涯发展过程中人与环境的相互作用,体现着个体在生涯发展过程中主动去适应新的、不断变迁的生活环境的能力。在千变万化的现代化生活中,个体必须主动调节并应对各种事件,以寻求自己与所处环境之间的和谐与平衡,这是一种能力的体现,所以生涯适应力比生涯成熟度更能贴切解释当今时代的生涯发展特点。

(三)明尼苏达工作适应论

明尼苏达工作适应论最初是由明尼苏达大学的戴维斯(Dawis)与罗奎斯特(Lofquist)等学者为帮助残障人士更快地适应工作环境而做研究所提出的理论。后来,这一理论被证实同样适用于正常人,被称为出"人—境符合"的适应论。

明尼苏达工作适应理论认为,生涯个体都会积极努力寻求个人与环境之间的适应性与符合性,当工作环境能满足个人的需求,而个体又能完成相应工作及其组织的要求时,其符合性和双方满意程度随之提高。明尼苏达工作适应理论强调人和工作的动态互动,因为个人的需求会根据生涯发展的状态而发生变化,而工作要求也会随着时间的推移发生改变。生涯个体会尽力去寻找个人和环境最相符合的工作,当工作能满足其个人需求时,其个人的内心就会满意;而如果个人能力能满足工作的要求时,外在的组织也会满意,这是一个个人满意和组织满意双向互动、双向适应的过程,最终达到双方都满意的"理想"状态,在动态中找到一个最佳的平衡点,其理论模型如图2-4所示。

明尼苏达工作适应理论模型表明,生涯个体都有自己的能力系统和需要系统,而同样地,工作对个体也有相应的能力与需求,且会给生涯个体的能力与需要带来强化作用。当生涯个体的能力能够满足工作的能力要求或匹配时,组织对其就会产生满意感,这种满足程度越高,其组织的外在满意度就越高;而当个人的需要与价值观被工作强化系统所强化时,其个人对工作的满意程度就高,也

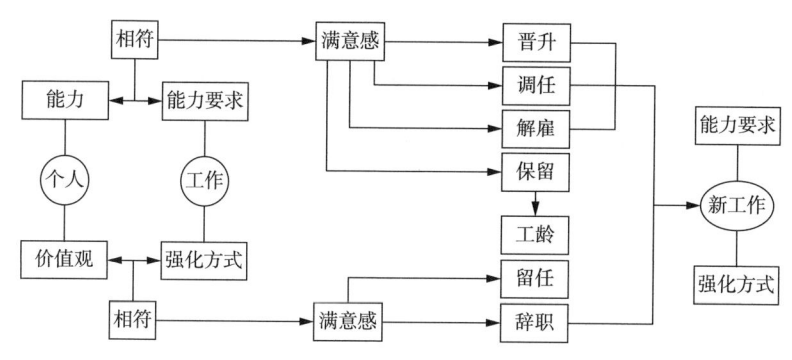

图 2-4 明尼苏达工作适应理论模型

就是说个人的内在满意就高。如果组织的满意程度高，个人的发展有可能就会升迁、调职或留任，如果组织的满意程度低，个人就有可能会被解雇。同样，当个人的满意程度即内在满意程度高，个人就会做出留职选择，如果内在满意程度低，个人很有可能就会辞职。当个人升迁、调职、解雇、辞职的时候，就会进入一个新的工作，新的工作就会形成新的能力和需要，系统外在满意和内在满意是相互影响相互制约的关系，可以是正循环，也可以是负循环。

明尼苏达工作适应理论模型完整地剖析了个体在给予和需求之间的互动关系。当个人能力小于工作的能力要求时（即不能满足或胜任工作要求），可以通过个人调整或通过其他途径的帮助，提高个人能力来满足工作或职位的要求；当个人对工作的需要大于工作能给予的时候，也可以通过个人和任职组织的调整，达到留任的效果。也就是说，这个个人与工作的双向适应过程中，每一个环节都不是孤立的，而是具有一定的联动性和相互影响的。

明尼苏达工作适应理论，区别于传统的生涯发展理论的特别之处，是不但提出个人对工作的满意度即内在的满意，还提出了外在满意的概念，即对于个人与用人组织的相互适应问题具有现实的指导意义。当然，明尼苏达工作适应理论的局限性也很明显，即它是即时的、工作适应阶段的而非生涯发展的，它所关注的是个体当下的工作适应与满意问题，仅仅聚焦于工作选择与适应本身，并没有考虑到其他因素。

【延伸阅读】决定生涯成功的正能量

1.决心

决心是最重要的积极心态，是决心而不是环境在决定我们的命运。

2. 企图心

企图心，即对达成自己预期目标的成功意愿。要想成功，仅仅希望是不够的。

3. 主动

被动就是将命运交给别人安排，消极等待机遇降临，一旦机遇不来就没办法。凡事都应主动，被动不会有任何收获。

4. 热情

没有人愿意跟一个整天都提不起精神的人打交道，没有哪一个领导愿意去提升一个毫无热情的下属。

5. 爱心

内心深处的爱是你一切行动的源泉。不愿奉献的人，缺乏爱心的人，就不太可能得到别人的支持；失去别人的支持，离失败就不会太远。

6. 学习

信息时代的竞争，已经发展为学习力的竞争。信息更新周期已经大大缩短，危机每天都伴随我们左右。

7. 自信

什么叫信心？信心就是眼睛尚未看见就相信，其最终的回报就是你真正看见了。

建立自信的基本方法有三：一是不断地取得成功；二是不断地想象成功；三是将自己在一个领域取得成功的"卓越圈"运用心理技术，移植到你需要信心的新领域中来。

8. 自律

人人崇尚自由，然而，自由的前提是自律。成功需要很强的自律能力。

9. 顽强

在追求成功的过程中，一定会遇到许多艰难、困苦、挫折与失败。你不打败它们，它们就会打败你。成功有三部曲：第一，敏锐的目光；第二，果敢的行动；第三，持续的毅力。用敏锐的目光去发现机遇，用果敢的行动去抓住机遇，用持续的毅力把机遇变成真正的成功。持续的毅力就是你顽强的意志力。

10. 坚持

假使成功只有一个秘诀的话，请问那会是什么？那应该是坚持！

第二节　高职学生职业生涯决策基础理论

一、职业生涯决策理论综述

（一）社会认知职业理论

1.理论背景

社会认知理论是美国心理学家班杜拉在20世纪70年代提出的个体认知学习与行为受个体因素和环境因素的影响，从社会心理学角度探讨个体因素、行为与环境之间的相互决定关系，提出了三元交互决定理论、观察学习、结果期望和自我效能感等理论概念。

20世纪80年代，心理学家伦特、布朗和哈克特等人在班杜拉社会认知一般理论的基础上，将影响个体职业生涯决策和发展的诸多要素重新梳理整合，提出了影响职业生涯选择与职业行为绩效的要素及其相互关系的理论，这一理论被称为社会认知职业理论。

社会认知职业理论构建了系统的理论框架，用其解释不同因素是如何作用于个体职业选择并影响其职业发展行为及其绩效。

2.理论要点

（1）个体职业选择与职业目标的确立受职业兴趣（动力）的直接影响，而个人职业目标又会影响职业选择行为，进而影响其职业生涯成就（绩效表现）。

（2）个体通过提升自我效能和结果预期，可有效激发职业兴趣、促进职业目标确立和推动职业选择行动。

（3）学习经验是影响个体自我效能和结果预期的关键，其受个体因素和环境因素的限制与影响。

（二）生涯决策社会学习理论

1.理论背景

生涯决策社会学习理论是美国生涯发展研究学者约翰·克朗伯兹及其同事在1976年将班杜拉社会学习理论应用于生涯发展教育与职业咨询辅导领域提出的。在1979年出版的《社会学习理论和生涯决定》一书中，系统阐述了影响个体生涯选择的因素及其相互作用以及生涯决策的过程与步骤。在此基础上，1999年克朗伯兹进一步提出了偶发事件学习理论，也称为"机缘规划理论"。

生涯决策社会学习理论与社会认知职业理论相似，也是应用班杜拉的社会学习理论对高中生认知学习行为进行系统的实验研究，研究影响学生行为决策的因素、决策过程与决策模式。为解决传统静态的"职业匹配"决策模式无法解释生涯决策动态调整性、某些个体存在生涯决策障碍与无法做出有效决策等弊端，生涯决策社会学习理论在继承社会学习理论基本观点基础上，结合影响个体行为决策的心理与社会因素进行迭代研究。相对于传统的"生涯规划—等待时机—采取行动"生涯规划固有模式，生涯决策社会学习理论提出了更贴近现实情境的"保持开放—采取行动—创造幸运"生涯规划真实模式。

2.理论要点

生涯决策社会学习理论基本假设有：

（1）个体独特的学习经验可有效解释其人格与行为的全部组成部分，而这些经验受先天因素和发展过程的影响。

（2）兴趣的产生是学习的结果，可通过积极的学习经验来培养。

（3）学习经验决定个体从事某项职业，而非其兴趣与能力导致。

（4）生涯发展过程中不确定性的偶发事件（因素）不可避免，无处不在。

（5）某些个体不能有效做出生涯决定的主要原因是缺乏和生涯有关的学习经验。

（三）认知信息加工理论

1.理论背景

1991年，盖瑞·彼得森、詹姆斯·桑普森和罗伯特·里尔登在其著作《生涯发展和服务：一种认知的方法》中详细阐述了生涯发展的新方法——认知信息加工（Cognitive Information Processing，简称 CIP）方法❶，这种方法和模式通常称为生涯发展与决策的认知信息加工理论（模型）。认知信息加工理论是将信息加工认知心理学的研究方法和主要观点运用到生涯发展与咨询领域，主要解释个体形成生涯发展认知的过程、做出生涯决策的机理，为生涯辅导提供理论和方法的支持。

信息加工认知心理学主要研究的是：①依据计算机和人工智能信息采集、储存与加工的原理，解释个体是如何感知、识别、理解和运用信息的；②从信息注意和选择的角度，提出了信息过滤理论、信息衰减理论和信息的分析综合理论；③从问题解决的角度，认为个体解决问题的过程主要分为三个阶段：了解问题的空间范围、在记忆中搜索相关知识并形成解决问题的预备状态和不断进行反馈与评价，衡量问题解决的操作过程与目的状态和开始状态的差距。其中，信息加工认知心理学认为，问题解决具有条件性、目的性、程序性和认知性，解决问题有其系统的模式、方法、流程与策略。

在上述理论的指引下，心理学家通过在生涯发展领域的实验研究得出，个体的认知（指思维方式或加工信息的机制）对其生涯认知与决策具有重要影响及意义，基于在解决生涯问题和制定生涯决策过程中大脑接收、编码、储存和利用信息与知识的过程与机制，形成了生涯发展的认知信息加工理论。认知信息加工理论主要用来解释，生涯发展的个体如何做出生涯决策以及在生涯问题解决和生涯决策过程中是如何利用信息的。

2.理论要点

以盖瑞·彼得森（Gary Peterson）为首的认知信息加工理论研究者认为，认知科学或信息加工的研究主题与方法，可用于生涯选择与发展问题解决领域是基于以下基本假设：

（1）个体的生涯选择是基于认知与情感历程的交互作用，对生涯方向与目标的最终确定，是两者交互作用的结果。

（2）个体的生涯选择过程本质可看作是一种问题解决的历程。个体解决生涯

---

❶ Gary W. Peterson, James P. Sampson Jr., et al. Reardon.Career development and services: A cognitive approach [M].Pacific Grove, CA: Brooksd; ole.1991.

发展问题的能力，就如同解决数学或物理等问题的能力一样，是可以培养的。只不过，生涯问题较之数理问题更为复杂、更具不确定性而已。

（3）生涯问题的解决能力依赖认知管理与知识。个体生涯难题的解决需要在对自己和工作世界的知识积累基础上，发挥认知管理功能对这两类知识进行统合，进而得到有效的"解"。

（4）生涯问题的解决需要高负荷的大脑记忆工作。一方面，自我知识与工作世界知识的涉及范围广且极其复杂，另一方面，需要同时、综合处理这两个领域的知识信息。

（5）成为好的生涯问题解决者，需要引发希望通过更清楚、深入地了解自己与工作世界，进而才能做出满意的生涯选择的生涯发展动机。

（6）生涯选择与发展所依赖的认知信息（自我知识与职业知识），其内容与结构会随个体与外部环境的发展变化而变化，个体的相关记忆结构（图式）得到不断的成长与改变，个体对其的统合、整理与利用也需要随之持续进行。

（7）生涯认同（指自我知识记忆结构的发展程度）主要依赖"自我知识"，是自我知识中各图式的复杂性、统整性及稳定性的函数。

（8）生涯成熟（指个体能独立、负责和合理地做生涯决定的能力）是由个体解决生涯问题的能力决定的，主要表现为其能有机地统整、利用有关自我与职业世界最佳的信息。

（9）生涯辅导的目标之一，是为当事人提供学习条件，指导其提升认知技能和发展其记忆结构，从而促进其信息加工能力的成长。

（10）生涯辅导的最终目标，是使当事人成长为好的生涯问题解决者，提升其做生涯决定的能力，即提升其生涯成熟度。

二、职业生涯决策理论模型

（一）社会认知职业理论模型

社会认知职业理论（SCCT）将影响个体职业目标选择、职业行动和职业成就（绩效）的个体因素与环境因素进行有机统合，通过自我效能、结果预期和个人目标三个核心概念将个体职业心理、社会环境背景和学习经验联结起来，来阐释个体职业选择和职业发展的内在逻辑关系，如图2-5所示。

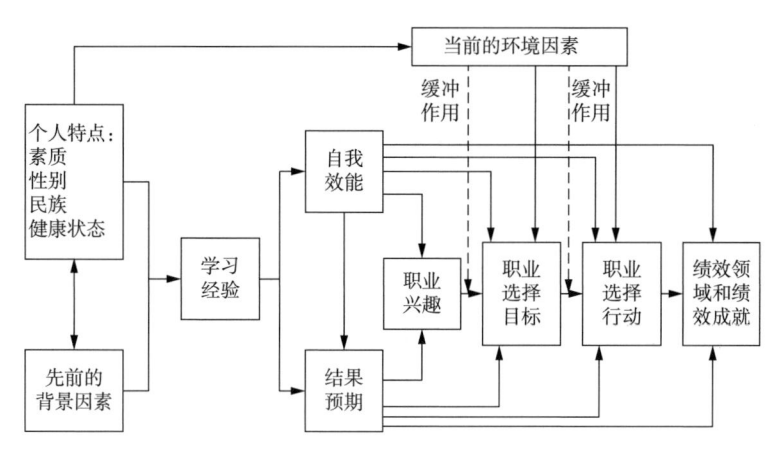

图 2-5 社会认知职业理论模型

1.SCCT的三个核心概念

SCCT认为，在个体的职业发展中起决定作用的三个个体是自我效能、结果预期和个人目标。这三个变量之间是相互影响和互为促进的。其中，自我效能是指个体对自我所能达到的行为结果的能力信念（如"我能胜任吗""我能完成或实现吗"）。自我效能与具体要完成的活动内容直接相关，其形成与改变主要受既往表现与成就、观察学习、社会劝说及身心状态四个方面的影响。结果预期是指个体对所实施特定行为之后产生结果的判断或信念（如"如果这么做，会发生什么或会带来什么"）。个人目标是指个体实施特定活动或行为的主观意图或目的（如"我为何要这么做"），分为职业目标和绩效目标两种。

2.SCCT的三个子模型

社会认知职业理论模型具体可分为三个子模型：职业兴趣模型、职业（目标）选择模型和工作（表现）绩效（成就）模型。三个子模型相互关联，逐层推进，系统地阐述了个体是如何形成职业兴趣、如何做出职业选择及其如何影响个体行为与职业表现（成就）的。

（1）职业兴趣模型❶。对特定职业的自我效能与结果预期会塑造并发展个人的职业兴趣。如果人们认为自己擅长于从事某种职业，或预期从事该职业将带来满意的回报，将会形成对该职业的兴趣并坚持下来。职业兴趣形成后，与自我效能和结果预期一起，将促进职业技能提升并产生相应的职业目标；职业目标又将促

---

❶ 高山川，孙时进.社会认知职业理论：研究进展及应用［J］.心理科学，2005，28（5）：1263.

成行动并达到一定的绩效成就，绩效成就又会反过来强化个体对该职业的自我效能和结果预期，形成一个动态、持续与良性的反馈循环。自我效能和结果预期并不能脱离社会、经济等环境因素而单独产生并发挥作用。例如，性别和地域文化等环境变量通过特定的社会化过程，使男女个体分别形成对于男性活动（如建筑工程）或女性活动（如护士）的自我效能、结果预期及职业兴趣。

（2）职业选择模型。在SCCT理论中，个体职业选择与发展过程分为三个阶段：选择职业目标、开展职业行动与获得职业绩效（成绩）。在此职业选择与发展三个阶段中，自我效能和结果预期对其都有直接影响，而当前环境因素只影响职业目标选定和职业行动。

在SCCT理论中，个体职业选择与职业目标的设定直接源于职业兴趣。除了职业兴趣的影响，自我效能和结果预期也会影响职业选择。例如，个体对某职业的胜任性信念和职业回报可达预期，就会促成选择该职业并将该职业设定为个人目标。另外，个体在职业选择过程中，还受当前职业环境因素的影响。例如，当前所拥有的可能工作机会，来自家庭成员的情感与经济支持，以及职业的社会声望等，都会影响个体做出自己的职业选择和目标制订。

（3）工作绩效模型。SCCT理论认为，工作绩效主要由个体的职业能力（技能）、自我效能、结果预期以及工作绩效目标之间的相互作用来决定。一般来说，个体的职业能力直接影响工作绩效与职业成就，而较高的自我效能和结果预期会影响职业能力的发挥。同时，工作绩效也会反作用于自我效能和结果预期。研究表明，自我效能并非越高越好，当其稍高于个体实际能力水平时，才会最大化地发挥其能力进而创造价值。

（二）生涯决策社会学习理论模型

1.影响生涯决策的因素

克朗伯兹的社会学习理论认为，个体生涯发展决策根本上是由个体的内在因素和所处的外部社会环境因素共同决定，具体分解为四个主要因素：遗传天赋和特殊能力、环境条件和特殊事件、学习经验以及工作（任务）取向技能[1]。同时，这四个方面的因素交互作用，对个体生涯决策产生影响，其中个人成长经历中独

---

[1] 金树人.生涯咨询与辅导[M].北京：高等教育出版社，2007.

特的学习经验尤为重要。

（1）遗传天赋和特殊能力。遗传因素是指通过遗传而继承的个体特质，主要包括：种族、民族、性别、外表及其特征（如身高、体质、外貌）等。这些遗传因素往往无法通过个人主观努力而根本改变，在一定程度上会影响个体选择的广度、深度和自由度。

特殊能力是指受遗传基因影响所形成的先天能力特征，主要包括：智力、认知能力、音乐能力、美术能力、动作协调能力等。这些特殊能力会直接影响个体学习经验的获取、积累与发挥，影响伴随学习经验获得而带来的兴趣与知识技能的培养，从而影响个体的职业表现以及对未来职业的选择。

（2）环境条件和特殊事件。环境条件是指个体所处的外部环境，主要包括：社会、文化、政治、宗教、经济、家庭、政策制度、教育培训、职业机会等社会环境和自然资源条件、自然力量等不受人类影响的自然环境。这些外部环境因素往往表现为就业机会的多寡、职业报酬水平、生存环境质量和受教育程度等方面，在一定程度上会影响个体生涯选择的范围与具体领域，进而影响其生涯决策与发展空间。

特殊事件是指社会环境和自然环境中发生的、不受个人主观控制的事件，主要包括：社会变迁、经济波动、政策法规、科技发展、家庭变故等社会发展事件和自然灾害、自然环境变化等自然环境事件。这些特殊事件往往会要求个体被动适应，从而对个体的生涯决策和既有的生涯决策产生影响。

（3）学习经验。克朗伯兹生涯决策社会学习理论认为，每个人都有其独特的学习经验，学习经验是个体进行生涯选择时重要的衡量与决策标准[1]，在其进行生涯选择与决策过程中发挥着至关重要的作用。这是生涯决策社会学习理论中最重要、最核心的内容。个体在日常工作、学习生活中，所受到的刺激与强化的类型、性质以及两者配合出现的时机常常影响个人生涯偏好和生涯决策技能的发展。生涯决策社会学习理论将学习经验分为两类：工具式学习经验和联结式学习经验。

工具式学习经验是个体在日常行为活动中主动作用于外部环境获得满意结果而形成的学习经验。工具式学习经验有三部分主要内容，它们分别是指：

---

[1] 郭欣，姿淑华，王顺吉.对当前高职学生职业生涯规划教育的几点思考［J］.教育探索，2012（11）.

①前因。"前因"包括了我们前面提到的各种环境状况和事件，以及个人在生活中遇到的刺激（即工作或问题）。

②内隐与外显的行为。"行为"包括内在的认知和情绪反应，以及外在的行动。

③后果。"后果"包含了直接由行动所造成的影响，以及当个体体验到这些后果时的认知与情感反应。

例如，高职学生小欧的弟弟学习成绩不佳，找小欧寻求帮助，小欧通过分析弟弟的学习习惯和方法等问题，为其制订针对性的学习计划，弟弟的学习成绩得到明显提高。由此，小欧坚定了学好教育学将来去做教师的打算。小欧通过该活动所获得的经验就属于工具式学习经验。这类学习经验往往会对同性质的生涯决策产生直接影响。克朗伯兹认为，凡是成功的生涯计划、生涯发展和职业或教育的表现所需的技能均能够通过连续的工具式学习经验而获得。

而联结式学习经验，是个体将中性情境或中性刺激与积极的或消极的情绪联结起来所形成的泛化的学习经验。联结式学习经验突出强调环境中的某些刺激会引起个体情绪上的积极或消极反应。类似条件反射的形成原理，在中性刺激或中性环境出现时，引起个体产生情绪上的积极或消极反应，当环境或刺激消失后，类似的中性环境或中性刺激也可引起个体出现原本只有条件刺激才能引发的反应，进而形成反应的泛化，进而会出现对某些刺激或环境的刻板印象。例如，小元参加服务生的培训后，认为服务生这个职业对礼仪行为要求甚高、事务繁杂而创造出的价值并不高。小元在此过程中所获得的经验就属于联结式学习经验。这类学习经验往往通过刻板印象或定势思维，影响个体对职业的判断、选择和生涯决策。克朗伯兹指出，我们对于职业的刻板化印象，诸如"医生都是有钱人""军人和教师都是清苦的"等，都是通过这种联结学习的经验而习得，在个体成长过程中，也许一生都难以改变，对其生涯的选择有着深远的影响。

（4）工作（任务）取向技能。工作（任务）取向技能是指通过上述各种因素（遗传天赋、特殊能力、环境条件、特殊事件、学习经验等）的交互作用，个体在行为活动过程中所形成的、特有的任务取向技能，包括专业技能、沟通能力、人际交往能力、解决问题能力、工作习惯、认知思辨能力、时间管理技能、情绪管理能力和职业价值观等。个体习得的工作取向技能在性质与质量上会有不同，而这些工作取向技能又会影响其他各项因素，在各类因素交互作用的过程中，交织着个体的能力、态度、情感、价值观以及认知过程，由此对个体的生涯决策产生影响。

2.影响因素的复杂相互作用

以上各类影响因素之间会产生复杂的相互作用，从而对个体生涯决策产生直接或间接的影响。其相互作用是如何对生涯决策产生影响的，其结果如何，是该理论的第二大核心内容。

生涯决策社会学习理论认为，影响因素的复杂交互作用结果对生涯决策的影响分为四类。

（1）自我（观察）评判推论。这一影响是指个体会参照习得的学习经验，按照个人标准或他人标准观察自己并对自身的综合表现进行认知和评价。评判的参照可能是自身兴趣、表现或成绩，也可能是别人表现。自我（观察）评判推论的最直接结果是产生"偏好"或"兴趣"，而这些偏好或兴趣恰恰是生涯决策的标准。

（2）外部世界观点推论。这一影响是指个体通过对自己所处环境的观察，结合已有的学习经验，推论或预测未来以及推测或评估其他环境中会发生什么事件。个体对未来预测和环境发生事件评估推论的准确性取决于其学习经验的丰富性和全面性。

（3）任务取向技能。任务取向技能是个体对环境的认知和评判能力的综合体现，主要用来解释环境与自我观察和外部世界观点推论的关系，并做出未来事件的外在的和内在的预测。任务取向技能对生涯决策的科学性、可行性和合理性具有直接影响。

（4）行动。由以上各种影响因素相互作用所产生的最终的、综合的影响结果是个体所实施的行为。个体利用自身所拥有的天赋特质与特殊能力，综合习得的学习经验、自我认知与评判、环境推论，发挥任务取向技能，引导自己实施走向未来的行为。

3.生涯决策的步骤

克朗伯兹和贝克提出的决策模式包括七个步骤。

（1）界定问题：描述必须要完成的决策，估计完成所需时间并设定确切的时间表。

（2）拟订行动计划：描述决策所需采取的行动，并估计所需时间及完成的期限。

（3）澄清价值：描述个人将采取哪些标准，以作为评价各种可能选择的依据。

（4）描述可能做出的选择，确认选择方案。

（5）依据所定的选择标准、评分标准，逐一评价各种可能选择，找出可能的结果。

（6）比较各种可能选择符合价值标准的情况，从中选取最能符合决策者理想的选择。

（7）描述将如何采取何种行动以达成选定的目标。

4.生涯决策的障碍

克朗伯兹1983年开始注意决策的个人规则及相应的困难，他认为在进行职业决策时可以遇到以下五种困难。

（1）人们可能不会辨认已有的可解决的问题。

（2）人们可能不努力做决策或解决问题。

（3）因为错误的原因，人们可能会消除一个潜在的满意的选择对象。

（4）因为错误的原因，人们可能会选择较差的选择对象。

（5）在感到没有能力达到目标时，人们可能会经受痛苦和焦虑。

在进行职业决策时，我们要重视以上困难，特别是要克服不努力作为决策或解决问题的困难，要积极面对可能出现的问题，通过自身的努力寻求自己最优的选择。

（三）认知信息加工理论模型

1.认知信息加工的流程

认知是指知识的获得。认知信息加工最基本的单元是知识。认知信息加工理论认为，认知过程中获得与加工的知识分为四类：陈述性知识、个人性知识、程序性知识和策略性知识。

陈述性知识，又称事实知识或语义知识，是指"事实"或"概念"，是可清晰描述表达的知识。在生涯发展领域，陈述性知识大多指工作世界的事实性、描述性的信息，如"中医药行业具有较好的发展前景""医生必须经过专业的医学教育与实习"等。个人性知识，是指个体生活中所经历的事件与形成的主观经验或观点，如"我父亲是销售人员，销售这个职业必须交际应酬"。个人性知识是随个人的成长而不断发展变化的。程序性知识，是指运用性、流程性或动态性的知识。例如，描述汽车构造与功能是属于陈述性知识，而要灵活驾驶使用汽车，则需要运用程序性知识。策略性知识，是指如何运用既有知识来解决遇到的问题，包括对问题解决过程状态的自我监控。策略性知识，按知识的性质又可分为演绎性知识与启发性知识两种。演绎性知识是指解决问题时所运用的一些特殊的规则或运算法则。而启发性知识是指解决问题过程中所运用知识的一些计划、策略或经验法则。

信息加工的过程是指知识获得、储存、提取与应用的历程，如图2-6所示。信息加工是由左至右按时间顺序发生的，信息传递过程很多是可逆的（以双箭头表示），后面阶段的信息对前面阶段信息的处理会产生影响。

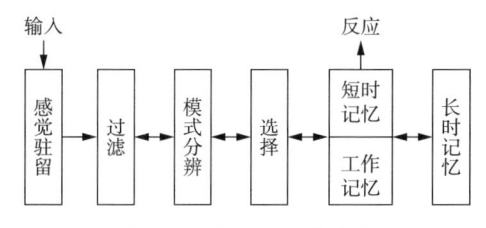

图2-6 信息加工的过程

其中，"感觉驻留区"是个体各种感觉感知（如视觉与听觉）信息的接收站，此处所接收信息属于感觉信息的最原始形式，个体对所有外界输入的感觉信息都会在此区"停留"（一般时间0.25~4s），供个体去分辨。"过滤区"是指个体对感觉信息的量进行限制，是个体对各种感觉感知信息的过滤站。感觉驻留区的信息若被过滤而未能进入模式分辨区，就会消失。而进入"模式分辨区"的信息或模式若是其熟悉的，可以运用既有记忆中的知识分辨并归类相关信息，若不熟悉，则会予以命名新记忆。"短期记忆区"是信息的暂存区，其储存信息的数量和时间都有限（一般人平均记得七个数字，时间10~15s），若信息未得到练习或强化而进入长期记忆区，就会消失（遗忘）。"长期记忆区"是信息的长期存储区，其存储数量和时间都无限制（至少长达25年）。"工作记忆区"是形成问题及解决问题的信息处理区，其处理的信息包括短期记忆区与长期记忆区中的信息。

2.认知信息加工的模式

认知信息加工理论认为，个体的生涯发展问题及其解决，也类同于上述的认知信息加工流程，为提升个体生涯发展问题的解决能力，可从增进其信息加工的能力来实现。认知信息加工理论的研究者（彼得森等学者）根据生涯辅导咨询的特性，构建出"信息加工金字塔"模型（图2-7）。该模型共分三个层面：最基础部分位于金字塔的底部，属知识层面；中间部分是决策层面；金字塔的顶端，即最上层是执行层面。

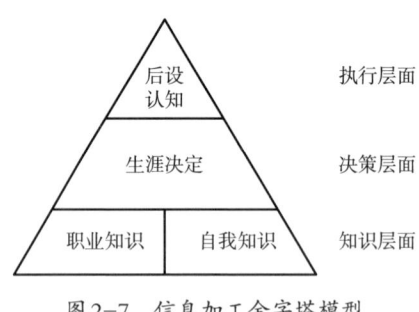

图 2-7　信息加工金字塔模型

（1）知识层面。信息加工的知识层面，类似于计算机处理信息的数据文件。知识层面主要包括两大部分：职业知识与自我知识。"职业知识区"储存了与个体所处的外部工作世界有关的各种信息，"自我知识区"储存的是有关经验、兴趣、能力、价值与需求等个体特质的信息。这些信息以图式的形式储存于长期记忆区中，当个体进行生涯决策时，会从中提取并加以处理。

职业知识区所储存的信息是个体对外部职业世界认识的各种图式，可分为两类：个别职业知识与职业之间结构关系的知识。个别职业知识是指个体对某一个职业（包括但不限于：工作内容、职责、发展趋势、薪资条件、所需教育与职业训练、工作环境和前景等）所了解并记忆的信息内容。个别职业知识的形成与来源有多种方式：①通过个体的亲身接触或体验所形成的个人经验，主要包括兼职打工、实习实践和职业角色榜样的观察学习等途径；②通过网络、报纸杂志、文献或文学作品等非正式文献类的内容载体，如小说或文章、视频中有关职业的描述，不同职业者的感受或职业生涯回顾等；③正式出版的职业知识书籍与行业调研报告，如国家职业分类大典、职业生涯案例集等；④学校或人力资源机构提供的相关职业发展课程、信息等。职业之间结构关系的知识，又称为类别知识，主要区分不同职业的异同及其之间内部联系，如《中华人民共和国职业分类大典》中对职业的分类与描述。

职业知识的本质是语义知识。语义知识至少包括四个部分：事实、概念、事实与概念的联结及可验证性。例如，"职业辅导教师"这个职业知识，其事实包括职业倾向测验等测量工具（包括兴趣测验、性向测验、人格测验等），概念上是指在学校里为学生提供职业教育、指导与解决职业发展困惑的老师，事实与概念的联结是指职业辅导老师使用职业倾向测验来帮助学生澄清并解决问题，可验证性是指职业辅导老师懂得如何正确使用职业倾向测验工具而其他老师则不一定。

自我知识区所储存的信息主要是个体的生活经历、职业经验、兴趣能力、价值与需求等相关知识信息。个体通过对这些自我的认知信息进行统合，可形成其对自我的认知推论。自我认知相关知识信息，大多可借助标准化的心理测量工具获得并系统深化其内涵。

自我知识来源于情节记忆（认知心理学中了解自我知识的基本概念）。情节记忆的基本构成单位是事件或情节。事件是特定时间与空间下的产物，是构成情节记忆的信息图式。情节记忆与前述"职业知识"的语义知识形式的差别甚大。情节记忆具有五个方面的特性：①情节记忆信息的获得主要源于个体的直接经验；②自我知识的图式组织是按时间序列推移的，具有时程性；③情节记忆来自个体直接经验的积累，其验证也要通过个人经验的自我验证；④自我知识信息虽具事实性，客观存在，但会受个体的心情、压力和主观意愿的影响而改变，不利于当前状况的经验往往会被选择性遗忘或重新包装的形式出现；⑤利用情节记忆而获得的自我知识，可实现或有助于个体重新认识自我，预测个人行为的走向。

自我知识是通过信息的输入，通过感官接收，整合于已有的自我认知图式，以事件或情节的形式储存于记忆。自我理解与自我知识信息的形成，主要通过解释与重组两个信息加工流程。当个体有新的感觉信息输入时，会在已有长期记忆中的事件中寻找匹配的特征，找到一致的特征，解释即告完成，其对此事件的解释成功存储入情节记忆，以备提取与调用。个体储存在记忆中的自我知识，并非知觉的原版信息，而是一种对事件的解释与转换。原版的知觉信息经过解释之后，有可能被隐藏、压制、扭曲、遮盖或塑造；同样的信息刺激，会有不同的解释版本。自我知识，实际上是一种个体对自我经历事件的综合性、主观性的解释。个体的自我知识随着时间推移，会由低级的、具体的情节记忆转变为高级的、抽象概念，进而综合形成复杂的、根深蒂固却未必客观的自我概念。个体在成长过程中，伴随新事件不断形成新的经验和新的自我认知图式，新图式与已有图式相互作用，会产生新的理解过程，从而形成自我认知图式内容的重组。重组的历程，可看作是在新事件、新信息的刺激下，个体在既有事件经验的基础上产生新的自我觉察与认知。解释与重组的自我知识形成过程，是动态、不断交替的一个螺旋上升的循环过程。

（2）决策层面。信息加工金字塔模型的中间层是决策层面，其类似于计算机程序，用来处理储存在记忆区中的数据信息，得出结果。职业生涯决策过程就是通过分析个体掌握的职业和自我认知的知识与信息，运用一定的方法进行综合与评价，形成决策的过程。认知信息加工理论认为，生涯决策过程是一个循环往复、不断迭代的过程，具体可分为五个步骤：沟通（Communication）、分析（Analysis）、综合（Snthesis）、评估（Valuation）、执行（Execution）。将该五个步骤的英文缩写字母组合在一起来表述，通常称为"CASVE循环"（Peterson, Sampson&Reardon, 1991），如图2-8所示。

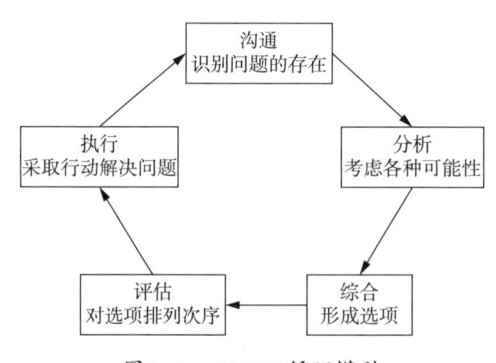

图 2-8　CASVE循环模型

步骤一：沟通。

"沟通"是指生涯个体"接收"到生涯需要做出决策的有关问题（个体生涯发展过程中遇到的问题或理想生涯情境与现实存在差距问题）的信息，经过信息"编码"过程，形成"这个问题必须解决或需要做出决定了"信息的过程。"沟通"以与生涯存在的问题或现实与理想生涯情境之间差距的充分"接触"为基本特征，通过"沟通"，生涯个体能识别出理想与现实情境之间存在差距的信息[1]。

---

[1] Reardon, Lenz, Peterson, et al. Career development and plin-ning [M].侯志瑾，伍新春，等译.北京：高等教育出版社，2005.

这些信息可通过内部或外部途径的信息"沟通"来识别，内部主要是通过消极情绪、规避行为和生理不适反应的提示等途径获得，外部则主要通过个体所处环境出现的积极或消极事件、他人暗示、提示或指导等途径获得。俗话说"旁观者清，当局者迷"所言，"沟通"是让"当局者清"。"问题"的出现，表明理想状态与实际状态中间有了落差（Johnson、Laird，1983；Kaufman，1972）。这个落差越大，其所伴随的情绪状态（如焦虑、失望、不满、忧郁等）也就越强。而解决问题的前提是"与问题充分沟通"，厘清问题的本质。

步骤二：分析。

"分析"是以确定生涯问题产生的原因及问题各部分之间的关系为根本出发点，对问题所有方面进行充分理解、系统梳理和深入剖析的反思过程。好的生涯问题解决者需要一段时间去思考、观察和研究，以便充分了解差距或问题。在此基础上，分析如何有效做出反应，是否能通过提升完善自我的知识能力或采取一定方法措施或行动来弥补差距并解决问题，预测问题解决程度或不解决可能带来的结果。"分析"阶段，生涯个体会用到已拥有的自我知识、职业知识和问题分析能力，这些知识与能力会直接影响"分析"结果的有效性。

步骤三：综合。

"综合"以形成一个可供选择的解决生涯问题的选项或方案清单为基本特征。这一步骤，主要是通过将前面两个步骤结果信息进行综合的信息分析加工，结合生涯个体的实际情况与价值倾向，形成各种可能的选项，梳理出消除问题或弥补差距的所有可能决策方案。"综合"阶段本质上是"扩大并缩小决策选项"的阶段，可分为"综合细化"和"综合具体化"两个步骤。"综合细化"是利用"分析"的结果，运用发散思维尽可能多地形成解决问题的选择清单，即产生足够多的、尽可能细化的生涯决策选项。"综合具体化"是生涯问题解决者运用聚合思维对上述步骤中产生的众多选项进行综合分析，摒除、删减不适合自己或不太适宜的决策方案，以形成较优的、自己相对认可接受的决策方案清单。

步骤四：评估。

"评估"以对可能的决策方案进行排序为基本特征，力图找出最佳选择以开展行动尝试、形成最终决策的阶段。"评估"是生涯个体根据自身与外部影响因素，建立评估指标体系及影响决策的权重，利用其评估出各个决策方案的利弊得失，对各种决策选项进行排序，排列其优先级，从而找到最优选择的过程。

"评估"是具体抉择的取舍过程。取舍，对生涯决策者而言是最难权衡的，往往会面临价值冲突或不确定的实际情况。因此，评估的结果科学性、可行性和适用性如何，一方面取决于生涯个体的自我与职业认知清晰度，另一方面也受所采用评估方法的技术影响。

在此步骤中，通常得出的第一方案是最符合生涯问题解决者实际的、最能解决理想状况与现实状况差距问题的。至此，生涯问题的解决暂时完成。在实际行动中，若第一决策方案行不通或遇到不可逾越的障碍，再依次动用第二、第三方案。如果这些方案都无法执行或无法真正解决问题时，需要再次启动"沟通""分析""综合"和"评估"步骤。个别生涯问题解决者，在第一方案受挫时，就可能会选择回到先前的沟通阶段，重新开始决策历程。

步骤五：执行。

"执行"以实施生涯问题解决的执行方案采取行动为基本特征，是对解决问题的首选方案进行尝试或可行性验证的阶段。"执行"阶段是将上述步骤中形成的最优选择转化为有计划、有策略的行动过程，包括形成制订并管理目标，确立行动计划与步骤以达成目标的过程。

在"执行"过程中遇到不确定性的问题，或在取得一定结果产生新问题的基础上，生涯个体可重复上述五个步骤进行生涯问题的进一步解决。这就是生涯决策的动态循环。

（3）执行层面。信息加工金字塔模型的最上层是执行层面，相当于计算机工作过程中的命令控制功能，以使计算机按指令来执行程序处理任务。信息加工理论认为，人脑的执行机制与过程类似计算机，人脑控制并主宰着对认知与行动策略的选择与排序，称为"后设认知（也称为元认知）"（Gagne，1985）。后设认知是一种"对认知历程的觉察"，在认知历程中扮演着综合性监督的角色，同时也可监视问题解决策略的执行状况，判断其能否达成预设的目标。一般认为，后设认知是认知的更高层次，可通俗理解为"对认知的认知"。

在生涯决策领域，认知信息加工理论认为，生涯决策者需要具备一定的后设认知技能，即思考生涯问题并解决问题和制定决策的技能，在执行层面主要关注的是"反思并控制做出的决策"。后设认知技能主要包括三类：自我语言、自我觉察和控制与监督。

①自我语言：语言可看作是个体内在思维的一种外化表达，透过语言的描

述可探索思维的内涵与特征。自我语言,简单地说,就是一种"自言自语式"的自我内在对话。个体思维的内涵受某些原则的控制与指导,这些思维原则可看作是信念。一个独立、负责任的生涯问题解决者,在其生涯问题解决过程中需要具备这样的信念:"我是一个有能力解决自己问题的人。"这种信念称为自我效能(Bandura,1977、1982)。高自我效能者,往往会用积极的自我语言来表述并增强自己的信心,如"我很确认自己的决定是对的"。反之,低自我效能者(常表现为生涯犹豫者),常常会用消极的自我语言来表述并自我禁锢,如"我也不知道这样的决定是否正确"。

认知信息加工理论认为,较低的自我效能对做生涯决定的信息加工能力有消极影响(Hackett,1985)。低自我效能者常常表现为生涯"犹豫",其问题可能并非来自缺乏自我知识、职业知识,或缺乏信息加工的技能,而往往是源于对解决自己的生涯问题缺乏信心。而高自我效能者具有较低程度的生涯犹豫倾向,往往具有较多的生涯选择可能,能主导自我在自己的领域坚持不懈。

②自我觉察:也称自我意识,是指生涯个体在解决自我生涯问题和做出生涯决定时能够有效意识到自我,可分为对自我行为的觉察与对自我情绪的觉察两个部分。有效的自我行为觉察是指生涯个体能够觉察到自己是某行为任务的执行者❶。认知信息加工理论认为,在生涯决策与执行过程中,自我觉察到自我行为是用心与专心的非常重要,有利于提升生涯决策质量。自我情绪觉察是指生涯个体不仅能觉察到做生涯决定过程中的行为,也能觉察到自我情绪的影响。在生涯问题解决的过程中,情绪因素是一个非常重要的影响因素,无法做出有效生涯决定的原因往往是受焦虑等负面情绪的影响。负面情绪往往会导致生涯个体做决策时阵脚大乱,甚至无法做出有效决策(Mitchell&Krumboltz,1980)。认知信息加工理论认为,优秀的生涯问题解决者往往具有较强的自我觉察能力,能清醒意识到自己的行为与感受对自我与他人的影响,有利于做出对自己和社会都有利的生涯选择。

③控制与监督:"自我觉察"是"控制与监督"的先决条件。监督是指生涯个体能根据生涯决策的实际进程判断何种任务何时完成、完成某一任务还需要何

---

❶ Peterson G W, Sampson J P Jr, et al. Becoming career problem solvers and decision makers: A cognitive information processing approach.In D.Brown&L.Brooks[M].San Francisco, CA: Jossey-Bass, 1996.

种条件或信息等的能力。控制是指生涯个体有效掌控生涯问题解决和决策制定过程的能力。好的生涯个体通过自我觉察能注意到行为的具体部分，若有不当或偏差可随时予以控制调整。在生涯问题的解决过程中，控制与监督的后设认知技能可有效帮助生涯个体监控决策的全过程，如决策时需要哪些信息，哪些信息需要补充，在哪个步骤需要暂时停顿或是否必须回到先前的阶段重新考虑，权衡决策中的被动性与情绪影响等。

三、职业生涯决策的准则与方法

（一）职业生涯决策的准则

个体在做职业决策时，需要遵循四个方面的准则：择世所趋，择己所爱，择己所长，并在保证了前三个法则的基础上，追求发展和收益最大化，即择己所利。

1. 择世所趋

任何职业的兴起、发展、衰落及消亡均是由社会需要的变化引起的。因此，个体在进行职业决策时，不仅要了解当前的社会职业需求状况，还要善于预测职业随社会需要而变化的未来走向，以便能使自己的职业决策有一定的远见。否则，一味死盯在眼前热门的职业上，可能会出现不利长远发展的职业决策偏差甚至失误。

2. 择己所爱

职业决策长远来说，首先要考虑自己的兴趣爱好，或者对哪种职业比较感兴趣，才能保证持久的投入，收获职业带来的成就感和幸福感。研究表明，一个对所从事职业感兴趣的人，能够发挥其才能的80%～90%，且能保持长时间高效率、不疲劳；而对所从事职业不感兴趣的人，则只能发挥其才能的20%～30%，且容易精疲力竭。一般来说，只有从事自己喜爱的、感兴趣的工作，工作本身才能给你一种满足感，你的职业生涯才会变得有趣且能创造更多的价值。因此，择己所爱是职业决策的重要依据。

3. 择己所长

在社会与职场的激烈竞争中，职业个体必须善于从与竞争者的比较中来认清自己在竞争中的优势和劣势。然后在此基础上按照"择己所长、扬长避短"的原则进行职业决策。个体在职业决策时，应特别注意选择能发挥自己优势特长的职业，如天赋条件、个性特质、专业知识与技能和特殊经验等。

4.择己所利

职业是个人谋生的手段，其目的之一在于追求实现个人价值。职业个体在做职业决策时，必须考虑职业带来的收益与回报，且尽可能地最大化个人价值。明智的职业决策是在由收入、社会地位、成就感和工作付出等变量组成的函数中找出一个最大值。当然，这里所指的利益，不是单纯的薪酬待遇等，而是要综合权衡多方面的因素，充分考虑国家和社会的需要，综合自己的爱好特长、个人需要和理想志向，进而做出合理的职业决策。

（二）职业决策的方法

职业决策不仅是一种即时的职业选择行为，还是一个动态的决策过程。要做出正确的职业决策，个体首先要获取大量有关自身和职业选择的信息和知识。但是仅仅知道如何在决策情景中使用这些信息和知识仍不能做出正确的决策，还需要了解和掌握职业生涯决策方法❶。

职业决策有很多种方法，下面简要介绍几种常见的方法。

1.SWOT分析法

SWOT是英文单词Strengths（优势）、Weaknesses（劣势）、Opportunities（机会）、Threats（威胁）的首字母组合。SWOT分析法又称为态势分析法，它是由旧金山大学的管理学教授于20世纪80年代初提出来的，主要用于战略分析领域。所谓SWOT分析，就是将与研究对象密切相关的各种主要内部优势、劣势、机会和威胁等，通过调查列举出来，并依照矩阵形式排列，然后用系统分析的思想，把各种因素相互匹配起来加以分析，从中得出一系列相应的结论，而结论通常带有一定的决策性。其中，S、W是内部因素，O、T是外部因素。

一般来说，在使用SWOT分析法进行职业决策时，需通过以下几个步骤。

（1）分析评估自己的优势和劣势。首先，把自己感兴趣的职业一一列出，然后基于列出的职业分析评估自己的优势和劣势，在分析有可能实现弥补和提高的劣势基础上，放弃那些自己不可能擅长的方面。常见的优势，如有工作或实习经

---

❶ 陈丽敏.浅谈职业决策的方法［J］.人才资源开发，2016（7）：105.

验、教育背景、丰富的专业知识和技能、特定的可转移技巧、人格特质、有一定的社会关系网络。常见的劣势，如缺乏工作经验、毕业于一般学校、缺乏专业知识、较差的领导能力、较差的沟通能力和合作能力、负面的人格特质、没有社会关系。

（2）分析外部环境存在的机遇和威胁。个体感兴趣或目标职业都存在于宏观的社会与经济环境和中观的行业环境之中，其所面临的发展机会和客观威胁会有不同。而这些机会和威胁会影响职业决策者个人的未来职业生涯发展，找准并全面列出这些外部环境给予的机会和威胁，才能客观地做出合理的职业决策。常见的发展机会，如市场需求量大、用人标准由学历导向转为能力导向、政策利好和行业发展前景好等。常见的外部环境威胁，如人才竞争激烈、门槛不断提高、工作经验要求高、政策风险大和职业晋升发展的通道少等。

（3）构造SWOT矩阵。将上述四个方面的评估与分析，通过调查和重新梳理概括，依据一定的标准（如轻重缓急、严重程度、重要性程度或影响程度）对其各项内容进行排序，构建出SWOT分析的信息矩阵。一般来说，决策者需要把主要的、紧迫的、有直接影响的内容信息排在前面，把那些次要的、不紧急的、间接的内容信息排在后面。SWOT矩阵如图2-9所示。

	优势	劣势
内部因素	个体可控并可利用的内在积极因素，如丰富的工作经验、优良的教育背景、丰富的专业知识和技能、特定的可转移技巧（如沟通、团队合作、领导能力等）、人格特质（如自我约束力、创造性、乐观等）、广泛的个人关系网络	个体可控并努力改善的内在消极因素。如缺乏工作经验、学习成绩差、专业不对口、缺乏专业知识、领导能力、人际交往能力、沟通能力和团队合作能力较差，负面的人格特征(缺乏自律、缺少工作动机、害羞、情绪化等)
	机会	威胁
外部因素	个体不可控但可利用的外部积极因素，如就业机会增加、再教育的机会、专业晋升的机会、专业发展带来的机会、职业道路选择带来的独特机会	个体不可控但可使其弱化的外部消极因素，如就业机会减少、由同专业毕业生带来的竞争、缺少培训造成的职业发展障碍、工作晋升机会十分有限或者竞争激烈、专业领域发展有限

图2-9 SWOT矩阵

（4）SWOT的定量分析。SWOT分析既可以做定性分析，也可以做定量分析。

定性分析,一般是根据各目标的SWOT矩阵,根据自身实际和价值倾向对其作出横向比较,从而得出定性的决策结果。定量分析是指对SWOT矩阵中的各项因素赋予一定的权重值,其中优势和机会中的因素项赋予正数的分值,劣势和威胁中的因素项赋予负数的分值,在此基础上可对权重值再赋予加权系数(也可以不加权),然后将其全部最终分值进行相加。按照此方法,依次对感兴趣的目标进行SWOT量化分析,最终得分最高的目标即是职业决策的最优选项。需要注意的是,权重值与加权系数不随便赋予,而要根据各项因素对决策者的重要程度或影响程度而自主设定的,分值标准可参照最高十分制或百分制,加强系数要统一,可为五倍或八倍等自主确定。

(5)SWOT的行动策略制订。通常而言,当作出最终职业决策、选定职业方向后,利用SWOT矩阵进行行动策略的制定,主要有四种策略:①充分利用自我优势与外部机会的S—O战略:扬长发展,抓住机会,竞争发展;②充分发挥自我内部优势、规避外部威胁与风险的S—T战略:深入分析,合理规划,动态调整;③补足短板、应对机会的W—O战略:提升自我,把握机会,重在发展;④规避或消除自我劣势与外部威胁的W—T战略:客观分析,理性选择,跨越障碍。

2.方格法

依据卡茨的生涯决策模式理论,可采用方格法进行职业决策。方格法是一种简单易行的决策方法。使用方格法进行职业决策时,一般通过如下几个步骤进行:

(1)列举待评估的职业决策方案。根据前期自我探索与职业探索的实际情况,将产生的可供选择的职业选项梳理出来,逐一列出。

(2)评估职业选项的回报情况。根据自己的判断(判断标准可依据自身兴趣、职业发展潜力、行业前景、报酬和成就等因素),对上述列举的职业选项进行回报性高低的评价。可用"优、良、中、差"的等级标准或十分制标准进行赋值,给出每个职业选项的回报评价。

(3)评估职业选项的机会情况。同样地,根据自己的判断(判断标准可依据自身优势、专业技能、知识经验、职业门槛、职业发展前景、人才市场需求及竞争程度等因素),对上述列举职业选项的获得性和发展性的机会高低进行评价。采用与回报评价相同的标准,即可用"优、良、中、差"的等级标准或十分制标准衡量职业机会并进行赋值,给出每个职业选项的机会评价。

(4)填写方格并做出分析。依据前述两个步骤中不同职业选项的回报与机会评价情况，将其填写在职业决策的方格中，如图2-10所示。通过观察各职业选项在方格中的位置，越靠近右上方，说明其实应该是优先选择的（即右上角的方格是最优选择）。这样，职业决策者就能简单直观地判断出职业决策的优劣。

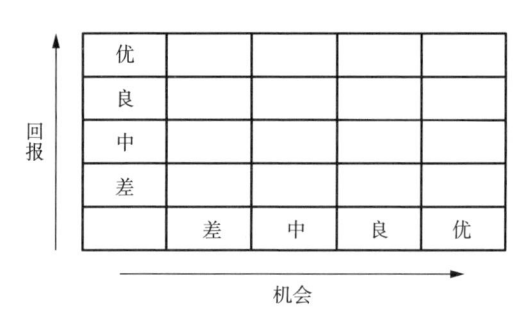

图2-10 职业决策方格

3.决策平衡单法

职业决策的平衡单法最初是由詹尼斯和曼提出来的。决策平衡单法是将决策所考虑的诸多重大因素集中到四个维度：自我物质方面的得失、他人物质方面的得失、自我赞许与否、社会赞许与否。中国台湾生涯辅导专家金树人通过研究，将后面的两个维度"自我赞许与否"和"社会赞许与否"修正为"自我精神方面的得失"与"他人精神方面的得失"，构建了以"自我—他人""物质—精神"为坐标的职业决策考虑因素的四个象限，如图2-11所示。

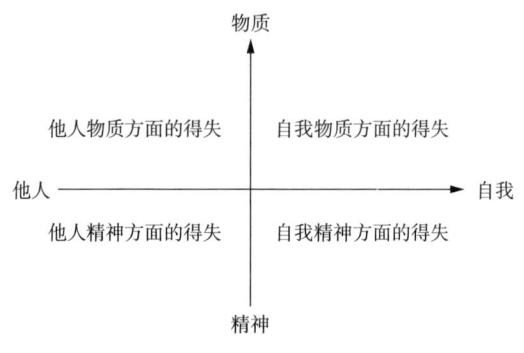

图2-11 职业决策考量的维度

职业决策平衡单法帮助决策者从四个维度出发，依据自身实际构建考虑因素，根据各项因素对自己的影响程度进行赋值并加权，系统分析每一个职业目标选项的情况；最后根据加权后的分数情况，得出各个职业目标选项的优先顺序，做出最终的决策。

职业决策平衡单可参考表2-1所示，表中的考虑因素可根据自身实际进行调整或重新构建，职业目标选项也可根据自身目标选项的多少进行调整。

表2-1 生涯决策平衡单

考虑因素 （权重-5~+5）		职业目标选项一				职业目标选项二			
		得（+）		失（-）		得（+）		失（-）	
		原始分	加权分	原始分	加权分	原始分	加权分	原始分	加权分
个人物质方面的得失	1.收入								
	2.工作的困难								
	3.升迁的机会								
	4.工作环境的安全								
	5.休闲时间								
	6.生活变化								
	7.对健康的影响								
	8.就业机会								
	9.其他								
他人物质方面的得失	1.家庭经济								
	2.家庭地位								
	3.与家人相处时间								
	4.其他								
个人精神方面的得失	1.生活方式的改变								
	2.成就感								
	3.自我实现的程度								
	4.兴趣的满足								
	5.挑战性								
	6.社会声望的提高								
	7.其他								
他人精神方面的得失	1.父母								
	2.师长								
	3.配偶								
	4.其他								
合计									
得失差数									

职业决策平衡单的使用步骤如下。

（1）列出待分析的职业目标选项。决策者根据意向或综合自我探索与职业认知情况得出的职业目标选项（通常3～5个），填写在平衡单的第一行中。

（2）修正完善所考虑的因素。根据职业决策需要考虑的四个维度，决策者结合自身实际情况，在平衡单的第一列"考虑因素"表格中，修正梳理后填入表格。

（3）根据考虑因素权衡利弊得失后进行打分。根据各职业目标选项对决策者而言在各项考虑因素方面的利弊得失情况，决策者进行打分（原始分），填写在相应的表格中。打分标准可采用最高五分制或十分制（自己确定并统一打分标准），其中"得"用正数打分，"失"用负数打分。

（4）各项考虑因素的加权计分。各项考虑因素对决策者的影响及重要程度而言是有差别的。因此，决策者可根据自身实际情况，考虑各项考虑因素对自己的重要性与迫切性，给每个"考虑项目"赋予权重（加权范围通常是1～5倍）。利用各项考虑因素的原始分乘上权重，即可得到各项因素的加权分数。

（5）统计得分情况作出决策。先将平衡单中的各列求和，然后将每个目标职业选项的正负总数相加，算出其得失差数，即各个目标职业选项的最终总分。然后将最终总分高低排序，得分越高，越满足决策者的实际需求。

四、职业生涯决策的风格类型

为有效评估测量个体的生涯决策水平及效能，细分决策任务，更好地区分并辅导生涯决策困难群体，常常需要判断其职业决策风格类型。根据生涯个体的职业决策风格，因人制宜制订个性化的生涯辅导科学方案，可取得较好的生涯咨询效果。依据不同的标准，不同的生涯学者对生涯决策风格的类型有不同的分类。

（一）哈瑞恩（Harren）的分类

哈瑞恩认为，职业决策风格是一种稳定的人格特质，它反映的是个体在做决策时所表现出的特定行为模式。哈瑞恩根据决策者对自我与环境认知水平的差异导致决策风格的不同，将其分为三种类型：理性型、直觉型和依赖型（也称被动型）。

1. 理性型

这种类型的生涯个体能够按照科学程序，往往是在系统收集足够的自我认知和外部环境信息的基础上，对其进行理性的逻辑分析，系统权衡各个决策的利弊得失，客观理性地做出决定。

2. 直觉型

这种类型的生涯个体往往是依据自己的情绪感受或直觉反应，靠个人情感、灵感或感觉而非理性分析做出决定。这种决策风格的个体往往比较冲动，很少重视利用所收集的相关信息和采用一定的决策方法和步骤，但他们能认可并对自己做出的决策负责。

3. 依赖型

这种类型的生涯个体在决策时往往依赖他人建议、看重他人期望或者依赖他人帮助才能做出决定，常表现为决策的等待、被动和顺从。这类人往往会以他人意见、评价观点和社会规范作为决策的依据或标准。

（二）斯科特（Scott）和布鲁斯（Bruce）的分类

美国生涯学者斯科特（Scott）和布鲁斯（Bruce）根据生涯个体对待生涯决策的态度与行为反应，在上述哈瑞恩生涯决策风格"三分法"的基础上，将生涯决策风格的类型划分为以下五种。

1. 理智型

这类生涯决策者在决策时表现出来的主要特征有：调研探索周密、深思熟虑和重视逻辑性。这类决策者通常会以客观事实为依据并评估生涯决策的长期效用与影响。理智型决策风格通常被认为是比较好的决策方式，因为其强调全面系统地收集信息、客观理性的思考分析和科学研究的决策流程，其决策的结果相对全面而客观，是一种较好的决策模式与思维习惯。理智型决策风格也并非理想完美，即使采用系统逻辑、客观理性的决策方式与流程，也难免会出现因主观直觉判断被弱化而出现决策不符合个人需求的结果，易出现结果失误时寻找借口，对他人的合理性建议也不易接受。

2. 直觉型

这类生涯决策者在决策时表现出来的主要特征有：强调内心自我感受、依赖个人直觉和自我感觉判断。直觉型的决策者是以自我判断和感觉为主，在决策时即使信息缺乏也能迅速做出决策，当其发现决策偏差甚至失误时能快速调整与改变。这种决策风格，由于是以个人直觉判断而往往缺乏理性客观的分析，发生决策偏差和错误的可能性较大，不确定性和随意性也较强。因此，直觉型决策者易给人造成主观善变，他人对其决策易产生动摇和质疑。

3.依赖型

这类生涯决策者在决策时表现出来的主要特征有：依赖他人指导和建议、寻求他人帮助和很难单独做出自我决策。依赖型的决策者通常不愿承担做决策的责任，需要他人参与决策并共同承担决策后果、共同分享成果。该类型的人容易得到他人的肯定和正面评价（如善于听取意见），但存在因缺乏主见、简单效仿和易受外部影响等行为招致负面评价。依赖型决策者需要提升自我效能并合理把握他人、社会环境等对自己决策的影响程度，以提升决策效能。

4.回避型

这类生涯决策者在决策时表现出来的主要特征有：不愿做出决定、试图回避选择和犹豫拖延。回避型的决策者在面对决策问题时往往会产生焦虑、畏惧情绪，担心做出错误决策而承担后果。这类决策者，往往不能独自承担做决策的行为责任，而采取不思考未来的发展方向，不去积极做行动准备，没有明确的目标，也不积极寻求帮助。这类决策者，不仅被动而且容易被他人与社会所忽略，决策风格所带来的生涯发展缺陷与风险都较大，需要调整和改变，增强生涯发展与决策的主动意识和内在动机，才能避免因决策风格不佳而带来的不良后果。

5.自发型（冲动型）

这类生涯决策者在决策时表现出来的主要特征有：积极主动、自动自发和渴望马上做出决策。自发型的决策者，很难接受甚至容忍决策的拖延、不确定性以及由此产生的焦虑不安情绪，希望即时、快速做出决策。自发型决策者常常会在冲动情形下做出决定，缺乏充分调研和深思熟虑。此类决策者往往给人果断、善于决断或冲动的感觉。

（三）丁克里奇（Dinklage）的分类

学者丁克里奇根据个体做决策时的行为特征不同，将生涯决策风格细分为八种类型。❶

1.延迟型

延迟型的生涯决策者，在生涯决策时主要表现为：会调查研究并了解问题之

---

❶ 金树人.生涯咨询与辅导［M］.北京：高等教育出版社，2007：165-171.

所在，但经常拖延、迟迟不做决定，往往等到最后一刻才会做出决定。

2. 宿命型

宿命型的生涯决策者，在生涯决策时主要表现为：不愿意自己做出决定，通常会把做决定的权利与责任交给他人或者命运，认为无论做出什么选择结果都是一样的。

3. 顺从型

顺从型的生涯决策者，在生涯决策时主要表现为：自己会做也想做决定，但面临权威或强势者时无法坚持的决策意见，通常会顺从甚至屈从他人的决定。

4. 麻痹型

麻痹型的生涯决策者，在生涯决策时主要表现为：害怕为决策承担责任，不愿意承担决策带来的风险和后果，往往选择麻痹自己来逃避做出自己的决定。

5. 直觉型

直觉型的生涯决策者，在生涯决策时主要表现为：根据自我感觉或直觉而直接做出决定，往往只考虑自己的需求和想法而不在乎他人或外部因素的影响。

6. 冲动型

冲动型的生涯决策者，在生涯决策时主要表现为：不愿意深入思考和调查研究，往往会出于第一反应而及时做出冲动的决定。

7. 犹豫型

犹豫型的生涯决策者，在生涯决策时主要表现为：考虑因素过多，在面临诸多选择时犹豫再三而无法做出最终决定，常常处于纠结和内心痛苦挣扎的状态。

8. 计划型

计划型的生涯决策者，在生涯决策时主要表现为：遵循决策的方法和步骤，按部就班，既倾听自己内在的声音，也考虑他人意见和外部环境的要求，善于做出全面、恰当的决策。

（四）珍妮·布罗斯（Jenny Bimbrose）等人的分类

珍妮·布罗斯等学者在2007年通过50名被试者3年的跟踪研究后提出，职业决策风格应当分为四种类型：策略型风格、评估型风格、机会型风格和志向型风格（表2-2）。

策略型风格的决策者能够根据外部环境因素和自身的实际状况进行系统的

分析权衡，明确利弊得失，进而在所有方案中选择出最佳方案；评估型风格的决策者在做决策时主要依靠对自我价值观、知识技能、兴趣爱好和个人需求等评估结果做出选择；机会型风格的决策者则不关注目标的选择和制订，而强调在行动过程中寻找和利用机会，做决策往往是跟着机会走，具有一定的随机性和不确定性；志向型风格的决策者在制订决策时考虑长远，十分重视自己的选择能否匹配或有助于实现自己的理想志向。

表2-2 珍妮·布罗斯职业决策风格类型分类

类型	特点
评估型风格	注重对个人需求、价值观、知识结构、技能特点的评价为基础来制订决策计划和目标
策略型风格	注重对环境、自身特点和所选结果的优劣，权衡得失，选择最优方案的决策风格
志向型风格	注重个人的主观愿望、心理需求等因素，倾向选择与自己理想、志向相符的目标
机会型风格	注重职业选择过程中的机会寻找和利用，而不是计划的实施和目标的选择行为

（五）加蒂（Gati）等人的职业决策描述

上述对职业决策风格的分类方式，主要倾向于将决策者按相应特征划分到某一特定类别中，但事实上一个人可能同时兼有多种职业决策风格的特点。在做不同决策甚至做同一个决策时，决策者也会同时采取几种不同的决策策略。因此，加蒂等学者提出了用职业决策描述的概念替代职业决策风格，来概括职业决策行为的复杂、多维度特征，以更好地解释个体的职业决策行为及绩效。职业决策描述共分11个维度，每一个维度都包含两个对立的极端[1]。

1.信息收集维度

这一维度描述的是职业决策者在收集和整理信息过程中细致性、彻底性和全面性程度。该维度的两个极端是信息收集非常系统而全面和信息收集很少或基本没有。

---

[1] 赵亚波，宋轶凡，施俊琦.职业决策风格介绍［J］.管理，2012（12）：119.

2. 信息加工维度

这一维度描述的是职业决策者在多大程度上会将收集到的信息进行梳理和细分，然后根据信息细分情况会多大程度上进行信息加工与分析处理。该维度的两个极端分别是系统深入的信息剖析加工和粗略性的整体梳理。

3. 控制源维度

这一维度描述的是职业决策者相信职业决策与职业生涯发展由自我掌控的程度有多大。该维度的两个极端分别是完全由内部控制和完全由外部控制。

4. 努力程度

这一维度描述的是职业决策者为决策过程所投入的时间和精力的总量多寡。该维度的两个极端分别是努力非常多和基本不会投入。

5. 拖延程度

这一维度描述的是，职业决策者会在多大程度上逃避或拖延职业决策的进程。该维度的两个极端分别是拖延犹豫甚至不能做出决策和积极主动做出选择。

6. 最终做决策的速度

这一维度描述的是在完成收集和加工职业决策信息后，职业决策者做出最终决策时所需要的时间长短。该维度的两个极端分别是可以快速果断做出最终决策和需要很久甚至不得已时才能做出最终决策。

7. 和他人讨论

这一维度描述的是在职业决策的各个阶段和步骤中，职业决策者和他人讨论商议的频次。该维度的两个极端分别是经常讨论和极少讨论。

8. 对他人的依赖

这一维度描述的是职业决策者是愿意自己独立承担起做职业决策的全部责任，还是倾向于指望或依赖他人帮助、建议而才能做出职业决策。该维度的两个极端是完全依赖别人和自主承担全部责任。

9. 让他人满意的愿望

这一维度描述的是职业决策者在做职业决策时在多大程度上试图满足那些对自己而言很重要的人（如家庭成员、亲戚朋友等）或社会的期望。该维度的两个极端是有迎合、顺从、取悦他人的强烈愿望和完全不考虑他人的感受与看法。

10. 对理想职业的渴望

这一维度描述的是职业决策者会在多大程度上为自己的理想职业而奋斗。该维度的两个极端分别是只追求理想职业和不太考虑理想职业。

11.愿意妥协的程度

这一维度描述的是当选择自己偏爱的职业遇到困难或障碍时,职业决策者在多大程度上愿意调整改变目标。该维度的两个极端是完全可以接受妥协而改变自己的选择和不会妥协做出调整。

后来,有研究者在这11个维度的基础上又增加了一个维度:使用直觉。这一维度描述的是职业决策者在多大程度上依赖自我的内在直觉来做决定。

上述职业决策描述是从多个维度来分析决策者的职业决策行为特征,这种分析方式更贴近职业决策过程的实际,能更准确地描述与分析职业决策者的职业决策风格。在此基础上,结合职业决策风格与职业决策困难、职业决策自我效能感等变量的相互影响关系,可分析出哪种职业决策方式更有利于做出较优的职业决策,进而有效指导决策者的职业决策。

【延伸阅读】做出理性的创业决策

在创业开始之前,高职学生需要评估自己的优势和劣势,看看自己是否具备创业的素质和能力。高职学生可在认真思考后回答以下问题,来初步判断自己是否应该做出开始创业的决策。

1.自己适合创业吗

作为创业者或者小企业的领导者,在如何拓展业务、如何定位市场、如何管理财务和员工等各种细节中,经常需要做出决定,而这些决定是在压力环境下要求创业者迅速独立完成的。创业需要热情、需要理念,更重要的还需要创业者的能力。因此,创业者需要先询问自己后面几个问题:自己的策划和组织能力如何?自己的团队组建和管理能力如何?自己的决策和综合管理能力如何?自己的创业风险(资金风险、竞争风险、团队分歧风险、核心竞争力缺乏风险等)规避能力如何?

2.自己能长时间保持创业激情吗

运营一个企业,有时能把自己的意志耗尽。认真检查个人拥有的技能、经验和意志。因为有可能在相当长的一段时间内,企业的业务没有进展,有可能会出现与员工发生思想激烈碰撞的现象,不被理解、不被支持的现象也可能会经常发生,这将会使创业者感到郁闷、孤独,自己准备如何承受?能够承受得了吗?创业者强烈的创业激情和坚强的意志，能够使其企业成功，并且在遇到经济衰退等困难的时候帮助他顽强地生存下来。创业者有必要思考自己选择自主创业道路的原因，确认这些原因在今后创业的道路上无论碰到什么困难，都将激励自己勇敢地坚持下去，因为创业冲动能够使创业者长时间保持创业的激情。

3. 自己的身体和精神状态适合创业吗

创业过程充满挑战，意味着长期而艰苦的工作。同时，创业也意味着创业者需要更加努力、自觉地工作，失去很多休息时间。身体健康是承受创业高强度体力和精神压力的前提，创业者自己的身体健康状况是否允许自己从事这样的工作？因为在创业过程中，有时会令人非常兴奋和愉快，有时会给人带来烦恼和颓丧，自己有没有这样的心理准备？

4. 自己的家庭支持自己创业吗

和谐稳定的家庭是事业成功的基础。创业之初对家庭生活影响很大，对于创业者而言，创业能否成功，家庭的支持也很重要，创业者自身的家庭会支持自己吗？

5. 准备好承受创业初期的风险了吗

创业始终伴随着风险。在确定了创业目标后，创业者接下来要问的问题是：创业的风险有哪些？创业最坏的结果是什么？创业者自己能否接受？能否从坏结果中走出来？

第三章

职业发展的理论分析

【生涯寄语】

今天，新时代中国青年处在中华民族发展的最好时期，既面临着难得的建功立业的人生际遇，也面临着"天将降大任于是人"的时代使命。

【本章导图】

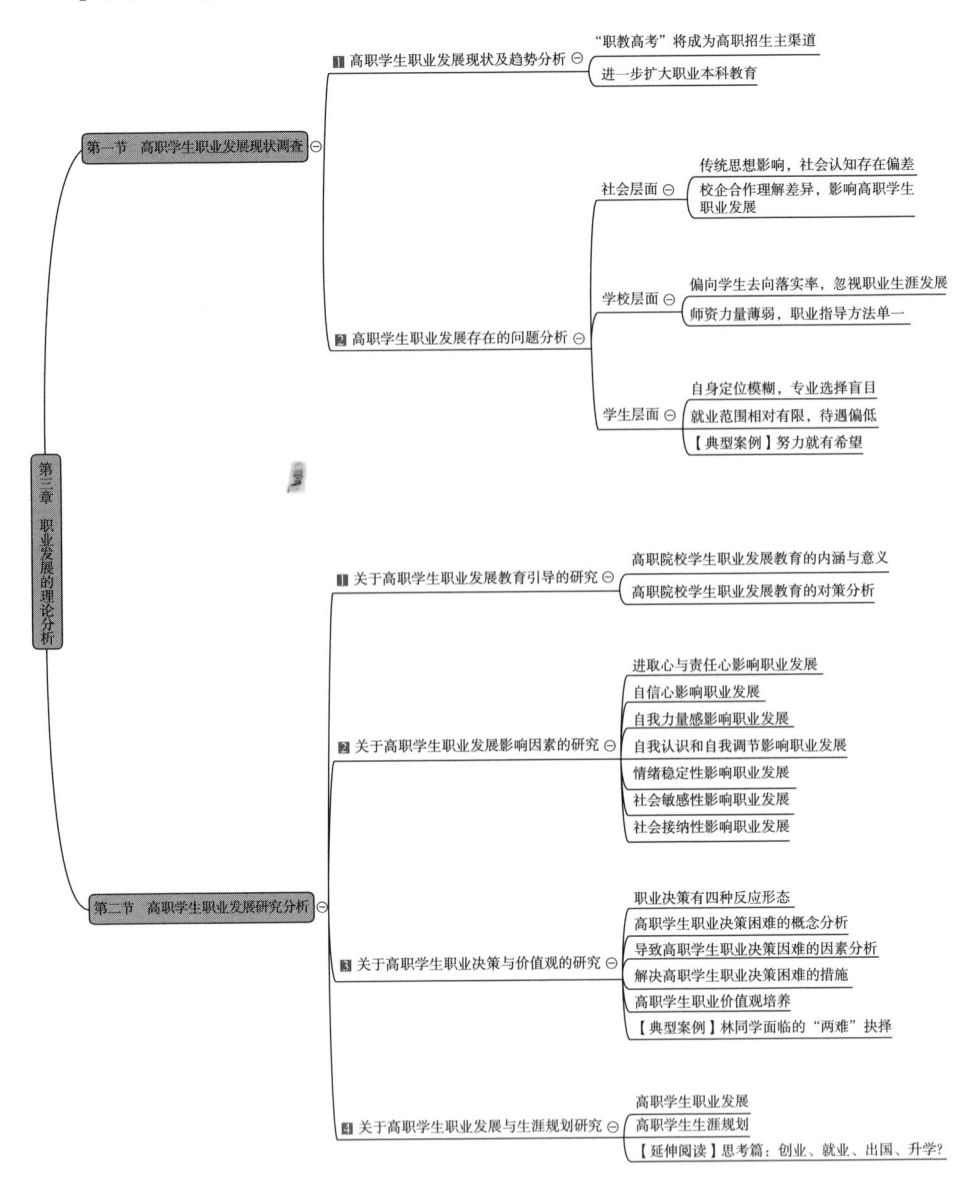

第二章 职业发展的理论分析

- 第一节 高职学生职业发展现状调查
  - ① 高职学生职业发展现状及趋势分析
    - "职教高考"将成为高职招生主渠道
    - 进一步扩大职业本科教育
  - ② 高职学生职业发展存在的问题分析
    - 社会层面
      - 传统思想影响，社会认知存在偏差
      - 校企合作理解差异，影响高职学生职业发展
    - 学校层面
      - 偏向学生去向落实率，忽视职业生涯发展
      - 师资力量薄弱，职业指导方法单一
    - 学生层面
      - 自身定位模糊，专业选择盲目
      - 就业范围相对有限，待遇偏低
      - 【典型案例】努力就有希望

- 第二节 高职学生职业发展研究分析
  - ① 关于高职学生职业发展教育引导的研究
    - 高职院校学生职业发展教育的内涵与意义
    - 高职院校学生职业发展教育的对策分析
  - ② 关于高职学生职业发展影响因素的研究
    - 进取心与责任心影响职业发展
    - 自信心影响职业发展
    - 自我力量感影响职业发展
    - 自我认识和自我调适影响职业发展
    - 情绪稳定性影响职业发展
    - 社会敏感性影响职业发展
    - 社会接纳性影响职业发展
  - ③ 关于高职学生职业决策与价值观的研究
    - 职业决策有四种反应形态
    - 高职学生职业决策困难的概念分析
    - 导致高职学生职业决策困难的因素分析
    - 解决高职学生职业决策困难的措施
    - 高职学生职业价值观培养
    - 【典型案例】林同学面临的"两难"抉择
  - ④ 关于高职学生职业发展与生涯规划研究
    - 高职学生职业发展
    - 高职学生生涯规划
    - 【延伸阅读】思考篇：创业、就业、出国、升学？

第一节 高职学生职业发展现状调查

一、高职学生职业发展现状及趋势分析

近些年，高职院校对高职学生进行了职业生涯规划教育，为此开设了相关的课程，甚至有的学校将其设置为学生的必修课程。但由于各种原因，职业生涯规划课时有限，许多高职学生对职业生涯规划没有给予足够的重视，并未真正进行职业生涯规划，从而导致职业生涯规划的应有作用不能得到充分发挥。

有调查说明，75%以上的高职学生对自己将来职业生涯没有规划，20%的高职学生不明确，只有5%的高职学生有比较明确的规划。

高职院校坚持以人为本，树立科学的人才观是实施人才强校战略的一个基本要求。我国高职教育目前虽然得到了很大的发展，但是师资开发与管理中存在的诸多问题也日益突出。因此，以科学发展观为指导，加强高职人力资源管理，建立健全现代高职院校人力资源管理制度就显得尤为重要。

（一）"职教高考"将成为高职招生主渠道

中职从单纯以就业为导向转变为就业与升学并重，相应地，高职招生也将发生重大变化。通过扩大职业本科、职业专科学校"职教高考"招录学生比例，使"职教高考"成为高等职业教育招生，特别是职业本科学校招生的主渠道。此举是教育部2022年推进现代职业教育高质量发展的突破性举措之一。自2013年教育部印发《关于积极推进高等职业教育考试招生制度改革的指导意见》以来，山东、江苏、江西、四川、重庆、福建、安徽等地已经对"职教高考"进行了试点，取得了良好的效果和经验。

（二）进一步扩大职业本科教育

支持符合条件的国家"双高计划"建设单位独立升格为职业本科学校，支持符合产教深度融合、办学特色鲜明、培养质量较高的专科层次高等职业学校，升级部分专科专业，试办职业本科教育。2021年，全国职业教育大会后，职业本科教育成为全社会关注的热点。大会配套文件《关于推动现代职业教育高质量发展的意见》明确，到2025年，职业本科教育的规模将不低于10%。

中华人民共和国成立以来，我国高职教育取得了举世瞩目的成绩。从当下经济转型、高职教育内部改革等背景来看，我国高职教育未来将呈现出高质量内涵化、体系化、类型化、校企一体、产教融合、大众化、国际化、信息化等发展趋势，这需共同推动高职教育的现代化建设。

二、高职学生职业发展存在的问题分析

（一）社会层面

1. 传统思想影响，社会认知存在偏差

根深蒂固的社会观念制约着人们的选择，这些观念存在的深层次原因导致高等职业教育的发展异常艰辛。第一，学生选择高职院校大多出于一种无奈，社会对高职毕业生的认同度不够，直接影响了高职学生的求学态度。第二，人才市场上的许多企业在用人标准上不断提高，招聘时动辄设定"本科及本科以上"的学历门槛，选聘条件一味追求高学历，只重文凭不看水平，把高职院校的毕业生拒之门外，这种非理性的用人观念十分普遍，导致人们更期望能进入学术型大学而非应用型的高职院校，从而影响到高职学生的职业发展。

2. 校企合作理解差异，影响高职学生职业发展

校企合作是我国高职院校人才培养的重要手段，顶岗实习是高职院校学生成长的重要阶段。在这一阶段，高职学生能够了解到行业企业的岗位要求、企业对人才能力结构需求、职场需要的职业素养等，有利于自身向高层次技能型人才的转变。但是，在校企合作中，存在学校、企业和学生三方理解的差异却成为校企合作中最突出的问题。高职院校能够深刻理解校企合作在人才培养中的重要性，并主导制定了校企合作期间的相关制度，是三方中推动学生顶岗实习最积极

的一方。企业普遍认为学生的专业技能不够熟练，不能适应岗位生产的需要，整个实习过程可能会影响企业的生产节奏和工作效率。因此，部分企业并没有强烈地接收顶岗实习生的意愿，只想把学生安排在技术简单的岗位实习，降低风险。学生方面，则有部分学生不能正确认识顶岗实习的价值，存在畏难心态和抵触情绪，还有少数学生和家长把顶岗实习岗位作为预设的就业方向，在选择顶岗实习单位时较为谨慎甚至挑剔。高职院校、企业、学生三方的理解差异导致顶岗实习的各项政策在实际落实时难以到位，监督检查机制运行不畅，管理过程呈现出流程化、形式化和随意化的现象。这些也影响了高职学生就业能力的提高与职业的发展。

（二）学校层面

1.偏向学生去向落实率，忽视职业生涯发展

高职院校在学生职业生涯发展教育上投入精力较少，往往以促进学生就业为重点。在校学习期间，职业生涯指导课程不仅课时量少、教学时长短，甚至部分学校未开设职业生涯指导课程。由于高职院校教育不同于普通高职院校，导致高职院校工作重点偏向就业指导，只重视提高学生去向落实率。为符合签约机构的用人要求，学校往往在人才培养过程中参照市场用人需求，不但影响了学生的一般能力培养，而且学生的综合适应能力、就业能力较差。面临就业的高职学生容易出现人职不匹配状况，职位稳定性差，离职跳槽频繁。高职院校职业生涯教育的好坏直接影响学生未来的就业。

2.师资力量薄弱，职业指导方法单一

目前，各高职院校加大了对职业生涯教育的投入，增加了职业指导教师人员数量，但在整个教师队伍比例中，职业指导教师仍是少数。高职院校在职业指导课程上配备的教师数量不足，往往是由一名或者两名职业指导教师负责多个专业的职业指导，一名教师负责多个教学任务。职业指导教师不仅要负责学生职业生涯教育课程，还要负责院系事务性工作，很难有精力去展开职业生涯教育研究，对于课程创新同样力不从心，会影响到高职学生的职业规划与职业发展。

高职院校在进行职业生涯教育时，还存在指导方法单一的问题，选择教学方式单一，大多以大班授课、讲座、人才交流会的形式开展，缺乏个性化指导大班授课和集中式讲座的模式，缺少"因人制宜"的指导，高职学生个体职业需求

无法得到解决，职业指导的有效性与针对性不强，单一的职业指导不能满足高职学生的职业发展需要。另外，职业生涯教育不同于其他学科，在进行教育的过程中，需要学生的实践探索，课堂上仅靠教师的口头叙述，学生无法深入了解职业世界。这些同样影响了高职学生的职业发展。

（三）学生层面

1.自身定位模糊，专业选择盲目

高职院校学生大多为18岁左右，心理发展还未成熟，存在自我认识不够深刻，自我规划意识较弱，社会价值观不成熟、优缺点认识模糊、职业定位不清、就业期望较高等问题。在专业选择上，高职学生多数受父母选择影响，片面追求"体面、热门、高薪"专业，这些都影响了高职学生未来的职业发展。

2.就业范围相对有限，待遇偏低

随着我国教育的发展，普通本科、硕士甚至博士生人数较以前大幅提高。在当前就业压力严峻的背景下，高职院校学生的就业机会相对较少，就业范围相对较窄，待遇偏低。这也是影响高职学生职业发展的因素。这就需要相关教育工作者有针对高职学生的职业进行针对性的职业规划，以保障高职学生的就业发展。

【典型案例】努力就有希望

四位同学，某职业技术学院机电专业，参加浙江省工程训练比赛，题目是这样的：设计一种小车，驱动其行走及转向的能量是根据能量转换原理，由给定重力势能转换而得到的。该给定重力势能由竞赛时统一使用质量为1 kg的标准砝码（Φ50mm×65mm，碳钢制作）来获得，要求砝码的可下降高度为400mm±2mm，然后做有规则的越障运动。比赛分"8"字组和"S"组。即意味着小车的好坏是看每组做的精度的，根据以往的比赛经验，小车的零部件及组装精度越高则其累积误差越小，小车走的距离就越远。

赵老师带的是"S"组，所以两个"S"组的情况他比较了解。这两组的情况相差很多，WPY这组是比较好的，他们的车一看就很精致，并且他们组的队员在比赛前一个半月就一直在调试，到比赛前最好成绩是走18个"S"（因为小车组装起来后要不断地调试才能满足比赛的要求，走出很好的路线）；而另一组是HJB

这组，虽然他们也挺努力，但比赛5天了，车子还没装好，并且一眼看上去这个车的做工似乎有些粗糙，在学校期间只能走2个"S"。大家看了都说WPY这组肯定能拿奖，而HJB这组肯定是去"打酱油"的。但HJB组没有泄气，仍然兴致勃勃地去参赛了。令人意想不到的是，最后这两组都获得了浙江省二等奖的好成绩。这主要是因为比赛的现场环境太恶劣，结果WPY这组没发挥出水平，HJB这组的做工粗糙反而成为优势，获得了很好的成绩。

其实人生也是这样，有时候感觉自己在很多方面不如别人优秀，但是只要保持一颗平静、永不言弃的心，很多时候可以做出比自己预想要好得多的成绩。

第二节 高职学生职业发展研究分析

一、关于高职学生职业发展教育引导的研究

职业发展就是在自己选定的领域里，在自己能力所及的范围内，成为最好的专家。所谓专家并不一定是研究开发人员或技术顾问。专家是在某一领域有深入和广泛的经验，对该领域有深刻而独到的认知的人。至于行政管理能力、员工培养能力、团队建设能力、规划和沟通能力等，是个体在职业发展过程中必须培养的能力要素，它们是实现职业发展的重要工具，但不是职业发展的目标。

（一）高职院校学生职业发展教育的内涵与意义

1.高职院校学生职业发展教育的内涵

职业发展教育是职业生涯发展教育的简称，它是就业指导工作与职业指导教育的延伸和发展，包括职业生涯规划教育、职业心理测评与职业咨询、求职择业指导、就业创业教育等内容。高职院校学生职业发展教育是有目的有计划地对高职学生进行职业意识、职业知识、职业能力培养的实践活动，既包括教育教学活动，也包括咨询、指导、技能训练、社会实践和服务等活动。而高职院校学生职业发展教育是指对高职院校的学生进行包括指导学生树立正确的人生观和职业观；指导学生全面认识自己，指导学生全面认识社会，指导学生全面认识职业、培养职业兴趣，并指导学生形成职业能力等方面的教育。

2.高职院校开展学生职业发展教育的意义

（1）培养学生的职业意识。职业意识是指人们对职业劳动的认识、评价、情感和态度等心理成分的综合反映，是支配和调控全部职业行为和职业活动的调节

器，它包括创新意识、竞争意识、协作意识和奉献意识等方面。高职教育作为高等教育的重要组成部分，它与中学的普通教育存在着本质的不同，它不再像普通的中学教育是为了学生的升学做准备，更重要的是为将来的职业做准备，学生不但要掌握即将从事的职业所需要的知识、技能，而且要具有所从事的职业所需要的职业道德，能对所从事的职业有着充分、客观的认识，也就是说，每个高职学生都应具有职业意识，而学生如何才能具有职业意识恰是职业发展教育的功能之一。

（2）提高学生的职业规划能力。职业规划能力包括自我认知能力、自我管理能力、自主学习能力、沟通交际能力、耐挫折能力等。新时代的技能型人才已经不再是简单的体力劳动者。要成为符合新时代社会化生产要求的技能型人才，就需要高职学生能为自己的未来职业发展做好长期规划。这就需要高职学生具有职业规划的能力。职业规划能力既不是通过简单的学习就能获得的，更不是与生俱来的。只有通过职业发展教育，不断地理论学习和实习实践，才能渐渐培养出职业规划的能力，获得长远的职业发展。

（3）为学生的就业和创业打下基础。高职教育的最终目的是为社会培养人才，高职教育通过各门课程的设置教学活动及其他活动的开展为社会提供服务。学校是为学生的就业做准备，而学生职业发展教育对学生的就业和创业具有不可磨灭的作用。因为通过职业发展教育学生能学到就业所需的知识和技能，如自荐表的制作、面试的技巧等。在职业发展教育中教会学生如何为创业做准备，如学会对创业政策进行分析、了解创业资金积累的途径与方法等。

（二）高职院校学生职业发展教育的对策分析

1. 加大宣传力度，使老师和学生充分认识职业发展教育的必要性与重要性

针对目前在教师和学生中存在的对职业发展教育认识不足的情况，各学校应加大宣传力度，如通过学校广播站、板报、网络等媒介去宣传职业发展教育对学生以后发展的重要性，让学生在入学的时候就慢慢地去了解职业发展教育，因为这对于他们来说是一门全新的课程。因为我国不同于其他发达国家，他们是在中学就对学生进行职业发展教育。而我们却把职业发展教育移到了大学里，对于学生而言，要接受这一新的事物需要一定的时间。对于广大的老师而言，很多上专业课的老师对职业发展教育也认识不足，把职业发展教育等同于就业教育的比比皆是，学校可以通过校本培训、学校论坛等方式进行宣传，让老师去充分了解职

业发展教育。

2. 丰富教育内容，满足学生的不同需求

在解决完认识问题以后，应该根据时代的发展，不断地丰富其教育内容，不能简单地停留在仅仅为学生找工作提供服务的内容上，应该挖掘出新的内容来满足学生的内在不同需求。可以采取对学生进行职业测评（职业兴趣、职业能力）的方式，让每个学生对自己所缺乏却又是职业所要求的能力能清晰地认识。

3. 注重专兼职师资队伍建设

师资队伍的好坏是影响教学效果的原因之一，因此，在提高职业发展教育的有效性时应该关注师资队伍的状况。学校可以通过派专职教师去企业参加锻炼，去参与企业的招聘，了解企业对招聘的要求。同时也可以通过专职教师与兼职教师的交流，让兼职教师学习一些教学的技能，使他们更能满足教师这一职业的需求。

4. 改革评价制度，针对不同专业学生确定不同的评价目标体系

改革现有的评价制度，探索不同专业的不同评价目标体系是解决当前评价问题的出路。因此，高职院校应针对不同专业的学生以后的不同就业岗位进行测评，根据不同的岗位需求设计不同的评价目标体系，提高评价的针对性，实现评价的有效性。

5. 职业发展教育应分专业开展

针对当前采用大班教学的方式，建议采用分专业教学的方式开展职业发展教育，因为针对不同的专业而言，就业形势不尽相同且就业要求也不一样。例如，对于从事会计的人而言，要求从业者必须细心，因此教师在平常就可以对学生提出此要求，让他们在平时的学习和生活中都应注意要做事细心、认真。

6. 寻求多种教学方法，提高学生的学习兴趣

在教学中，通过多种教学方法的呈现，既可避免学习的单调、枯燥，同时也可使学生从不同的方法中得到不同的体验。例如，可以通过案例教学法让学生了解一些就业成功与失败的案例，让学生去分析其成功或失败的原因，让学生既学习其成功经验，同时从其失败中吸取教训。另外，还可以通过参观的方式让学生去观察现在企业需要的是哪方面的人才，以便于在以后的学习中找到奋斗的目标。

7. 开展职业发展教育科学研究活动，为职业发展教育服务

高职院校学生职业发展教育中所呈现的问题为开展职业发展教育提供了课

题，各学校应根据实际需要，成立职业发展教育研究课题小组，就职业发展教育的内容、方法、师资队伍建设等开展研究，可以根据高职教育的特点自编职业发展教育教材，为学生的职业发展服务。

二、关于高职学生职业发展影响因素的研究

个体心理学认为，早期记忆、出生顺序以及生活风格都会对职业选择、职业适应以及职业成就产生影响。

早期记忆为童年生活和现今生活架起一座桥梁。从个体的早期经验里，我们可以了解到一个人的生活目标和对生活的基本态度。早期记忆中的早年生活经验为个体以后的生活和选择提供追溯的线索，因此可作为职业选择的一种判断依据。

通过个人咨询"你最想做的事""你以后想做什么"等内容，来表明个体对职业的偏好。

由于出生顺序不同，个体的成长环境以及所获取的教育资源也不同，加之先天的禀赋有所差异，进而形成不同的人格特征。研究者们发现不同的行业需要不同的行业特质，而出生顺序与职业成就、行业特征之间存在一定的关联。

生活风格是个体在摆脱自卑心理、追求优越的过程中形成的个人生活方式。进行职业选择时，个体的生活风格表现出对职业的某种理解。例如，童年曾经受到他人欺负的儿童，在其成年后就可能选择做保险推销员，试图通过说服别人，为他人提供服务，帮助他们脱离困境，来表达自己的生活风格。

健康的生活风格可以逐步使人摆脱自卑达到优越，并且与他人和谐相处，对社会有所贡献。舒尔曼和莫萨克指出，职业选择显示个体的生活风格，表明个体对自我、他人以及周围环境的态度，引导个体寻求适合个体工作的环境以及工作中的人际关系：早期经历和家庭氛围会影响个体对职业的基本理解、人际关系的认识以及对职业的自我期待。

职业发展受到的影响有多方面。

（一）进取心与责任心影响职业发展

进取心能使个体具有的目标性更强，更能使人认真持久地工作。具有进取特质的个体也就是具有了事业成功的心理基石，责任心强的人常常能够审时度势的选择适度的目标，并且持久、自信地追求目标。因此，责任心强的人容易事业成功。

（二）自信心影响职业发展

自信为一个人在逆境中开拓、创新提供了信心和勇气，自信常使人美梦成真。没有信心的人会变得怯懦、平庸、顺从。

（三）自我力量感影响职业发展

虽然人的能力有差别，但自身通过总结经验，改进方法和策略，经过主观努力后，许多事情都能够完成。因此，把成功和失败归因于努力水平的高低和工作方法的优劣是很有道理的。

（四）自我认识和自我调节影响职业发展

了解自己的优劣势，以及与组织环境的关系，调节、安排好自己的生涯规划、学习时间。

（五）情绪稳定性影响职业发展

稳定的情绪对技术性工作有预测力，为工作提供了适度的激活水平。焦虑和抑郁会使人无端紧张、烦恼或无力，恐惧和急躁易使人忙中出乱。

（六）社会敏感性影响职业发展

善于把握人际交往间的逻辑关系。行动之前要思考行为的结果，设身处地地想一想他人处境，乐于与人交往，能设身处地体察他人的感受。

（七）社会接纳性影响职业发展

人人都有差别和不足，但还是要接纳他人，社会接纳性是建立在深厚的个人关系的基础上。真诚地对他人及他人的言语感兴趣，言语表达时认真倾听并注视对方。

三、关于高职学生职业决策与价值观的研究

进行职业决策（如选拔、安置、职业指导）时，就要根据一个人的个性特征来选择与之相对应的职业种类，即进行人职匹配。如果匹配得好，则个人的特征

与职业环境协调一致，工作效率和职业成功的可能性就大为提高。反之，工作效率和职业成功的可能性就很低。因此，对于组织和个体来说，进行恰当的人职匹配具有非常重要的意义。

进行科学决策，首先必须了解职业决策反应形态，每个人的生涯形态都是独特的。由于职业决策的牵动，以及决策与决策间彼此的关联与环环相扣，于是形成了个人独特的职业决策形态。

（一）职业决策有四种反应形态

第一，逃避/犹豫型。这种人是属于"船到桥头自然直"型。事前不做规划，遇到问题时也不仔细分析。此种类型最大的缺点是把自己的自主权完全交给命运。例如：数学那么难，可不可以考过，就交给命运去决定吧。第二，依赖/被动型。这种人在面对问题时，从不尝试自己解决，因此也不负责任。问题发生时，一切听从父母、老师或是专家的意见。此种类型最大的缺点是盲目听信他人意见，而不主动思考。例如：父母说女生念文秘出路较好，就听从父母的意见。第三，冲动/直觉型。这种人在遇到问题时，从不考虑可以用什么方法把问题解决，一切处理方式只凭自己的感觉率性而行。此种类型虽然主动但不积极，其最大的缺点就是自己的直觉不一定正确。例如：今天心情不好，我就穿短裤出门（不考虑天气的冷热）。第四，理性/逻辑型。这是四种类型中最好的一种，这种人在事前会先规划，遇到问题时也会谨慎考虑事情的难易度以及自己的优、缺点，企图寻求一个最适当的解决方法。此种类型的最大的优点就是自己是命运的主宰者，事情的成败好坏完全掌握在自己的手里。例如：我的数字能力不好，而且我喜欢画画，所以我选择广告设计专业。

根据不同的决策反应形态，有不同的决策方式，不同决策方式没有好坏之分，不同条件之下，需要综合运用。进行科学决策，还应注意以下几点：

第一，科学决策的前提是确定决策目标。它作为评价和监测整个决策行动的准则，不断地影响、调整和控制着决策活动的过程，一旦目标错了，就会导致决策失败。第二，一项决策在确定后，能否最后取得成功，除了决策本身外，还要依靠对决策运行的控制与调整，包括在决策执行过程中的控制，以及在决策确定过程中各阶段的控制。第三，一旦确定了职业目标，就要为实现自己的职业目标进行准备：一是获取从事该项职业的知识和技能。二是培养获取这种职业的意识以及这种职业要求的综合能力。

（二）高职学生职业决策困难的概念分析

职业决策是职业生涯规划中的前导部分，是个体对自己可能会面临的各种职业做出选择的过程，直接决定着个体职业生涯规划是否成功。职业决策困难是个体在做职业决策过程中可能遇到的各种难题。职业决策困难的实质是对决策不满意，或是由于与职业相关的学习经验不够，或是由于个体还没有学会或运用一套做职业决策的系统方法所导致的一种决策状态。决策困难是没有学会某种学习经验的自然结果。通过因素分析得到的高职学生职业决策困难可以分5个维度：自我评价能力、职业熟悉度、社会环境因素、人—职匹配、社会适应性。

高职学生职业决策困难的典型表现：缺乏对职业和自我的合理认识和定位，对于职业决策和职业选择能力不足，缺乏搜集渠道，面对各种就业机会感到迷茫。在进行职业选择时，很多学生表现出犹豫、不知所措，无法做出明确的职业决策，由此而引起一系列的反应，如焦虑、挫折感，甚至不敢正视现实、直面未来。

（三）导致高职学生职业决策困难的因素分析

1.部分高职学校还没有建立起完善、健全的就业指导机制

我国大部分高职院校虽然都有就业指导机构，但是不够专业，缺乏对学生的指导，或者是指导比较泛泛，缺乏针对性，导致高职学生在进行职业决策时实际上缺乏真正有效的指导，结果很多高职学生在进行职业决策时感到无助，并有时感到比较困难。

2.高职学生对自己的职业生涯没有规划

高职学生就业方向不明确，给自己的定位不准。部分高职学生存在眼高手低、盲目攀比、对就业缺乏理性认识的情况。另外，还有一些高职学生在就业时想一步到位，在面对并不称心如意的工作时犹豫不决。大部分高职学生虽然认为工作可以不对口，而实际上在进行职业决策时往往会受到所学专业的影响。

3.社会认可度不高，高质量就业岗位较少，高职学生对职业目标产生迷茫

从"完善职业教育和培训体系，深化产教融合、校企合作"被写入党的十九大报告，到高职院校首个"世界一流"建设方案获批通过；从国务院印发的"硬

核"文件《国家职业教育深化改革实施方案》，再到2022年政府工作报告首提对高职院校实施扩招，职业教育正在昂首迈入"黄金时代"。然而，政策重视度高、社会认可度低的"上热下冷"反差仍然存在。"上热下冷"的背后，折射出当前重学历文凭、轻职业技能的观念仍然存在。受论资排辈、唯学历论等传统用人观念的影响，职业院校的学生在薪资待遇、社会保障等方面，与本科学生还存在一定差距。由于社会认可度不高，高质量就业岗位相对少，导致高职学生想选择理想岗位机会较少，使一些高职学生存在职业目标迷茫的现象，从而导致这些高职学生产生就业决策困难。

4.部分高职学生不愿到基层就业

2021年10月，《中国青年报》教育科学部向全国职业院校学生发放调查问卷，了解职业院校学生的就业意向。问卷结果显示，超过六成的受访职业院校学生不愿选择当"蓝领"。其中，61.9%的受访职业院校学生会因一线生活枯燥单一而不愿意去制造业基层，61.04%的受访职业院校学生对制造业基层的工作前景不看好，52.87%则是觉得工作环境差，40.01%认为基层工资低，31.35%则因为工作中交友圈子太窄而不愿去一线工作。

高职院校承担着为国家培养高素质技术技能人才、能工巧匠、大国工匠的重要任务，高职院校的职业教育对技能型人才的培养与就业价值观有重要影响。然而，在培养过程中，部分学生对于职业教育的认同度、成为技能型人才的成就感不高，对工匠精神的认识和体会未达到深入程度。工匠精神在高职院校学生教学教育中流于形式，没有真正落实，也影响了工匠型人才的培养质量及高职学生的职业选择，导致部分高职学生不愿到基层就业，"逃离"制造业，"去工厂化""去基层化"的就业趋势越加明显，新兴职业更易成为高职院校学生的职业选择。

5.部分高职学生职业目标不明确导致就业稳定性不高

以舒伯的职业生涯发展理论来看，高职学生正处于职业生涯发展的"探索期"，其特点是对自我和职业的认知都比较模糊，在想象、讨论、学业和生活中尝试对职业做暂时性决定。这一时期非常需要专业的职业生涯教育和升学指导。然而，高职学生的教育缺乏相应实践，自身职业生涯规划意识也不强，专业选择盲目性较大。不少学生在接触专业学习、实习或工作就业后，才发现自己不喜欢这类工作，有的毕业后就放弃了原专业。职业目标不明确导致了高职学生职业决策的困难，就业稳定性不高。从高职院校毕业生角度来看，就业不稳定不仅影响个体当下的生活质量,更影响个体长期的职业生涯发展。个体早期频繁的职业流动不利于个体技能积累和资源积累,从而导致个体持续处于低水平就业状态。因为技能的获得不是一蹴而就的,高职院校的教育只是高职学生技能成长的初期阶段,高职学生还需要通过长期稳定的工作历练才能逐渐成长为能工巧匠、大国工匠。缺乏稳定就业的高职院校毕业生群体,难以形成一支有规模有质量的技术技能人才梯队,难以支撑我国从制造大国向制造强国的转型。

(四)解决高职学生职业决策困难的措施

1.加强对高职学生的职业道德教育

职业道德是一定社会的道德原则和规范在职业行为和职业关系中的特殊表现,包括爱岗敬业、诚实守信、奉献社会等基本要求。高职学生职业道德修养的某些缺失会影响到其职业决策和就业力,因此高职院校必须承担培育职业道德的重大责任,如高职学生在择业过程中出现失信行为已使高职学生的形象大打折扣,同时也干扰了正常的就业秩序,而这反过来又会影响到高职学生的职业决策。因此,高职院校要开展职业道德教育以提高高职学生就业竞争力。要使高职学生树立正确的人生观、价值观和择业观,在进行职业决策时要克服急功近利、心态浮躁、怕苦等不良心态。保持一颗平常心,遵守职业道德规范,减少毁约跳槽现象,牢固树立诚信意识。职业价值观教育是根据学生的年龄特征、心理特点与当前社会职业的发展状况,通过一定的手段和方法帮助学生正确地对职业价值进行认知、评价与选择的活动。

相对于普通高等院校而言,高职学生的就业压力更加严峻,因此,高职院校可以通过开展职业价值观教育,通过课堂教学、顶岗实习、社会实践活动、专题讲座等途径与方法,让学生在实际的工作过程中认识与评价工作内容、工作强度、工作关系等对自身的价值。从而通过实际的体验与反思,来帮助学生形成对职业价值的正确看法,以帮助高职学生深入理解职业价值,明确职业方向,激发他们自主、积极地进行职业选择和职业生涯发展。

2.加强对高职学生的职业和就业指导

教育部曾多次要求把就业指导教师队伍建设摆到整个高职院校师资队伍建设的重要位置,努力提高就业指导队伍的专业化和职业化水平。提高职业指导人员的素质水平,才有可能使职业指导人员对职业价值观教育在职业选择过程中的意义有更加深入的理解与认识，促使职业指导人员在职业指导教育过程中加强职业价值观教育的内容、途径与方法的开发与设计。就业指导教师既要有职业指导教师所需的技能，又要有心理健康教师所需的知识，既要有企业人力资源方面的经验，又要有专家式的渊博学识。在校企合作不断深度融合的形势下，加大力度引进或邀请企业人力资源管理专家来充实生涯辅导师资队伍，是一个很好的生涯辅导师资队伍建设方向。对高职学生开展职业生涯指导，要正确处理就业指导、职业指导、生涯辅导之间的关系。生涯辅导是长期的，是个人一生发展都面临的问题；职业指导是短期的，局限于个人面临职业选择，或是个人遇到求职困难或就业后发生适应性问题；就业指导是阶段性的，主要在政策法规和求职技巧上。生涯辅导以发展为主，职业指导以解决问题为主，就业指导以就业推荐为主。

高职院校应该明白学生就业是一个持续的过程，所以必须建立一个全员参与、全程指导的职业指导机制。就业指导要包括多个方面，除了职业价值观教育，还有就业指导、职业生涯规划、择业心理咨询、职业道德教育等内容，所以并不是简单给学生做个报告，开几次会就可以的。

3.高职学生要转变择业观念，增强职业意识

经济在发展，社会在改变，面对激烈的竞争，高职学生必须要增强职业意识，转变择业观念，在进行职业决策时要主动积极，提高自己对职业的认知能力、评价能力、选择能力。要把自己放在现实世界里进行重新认识，要对自己有一个正确的认识和评价，以便能使自己在进行职业决策时能有准确的定位，而不是到处乱撞。高职学生在大学期间应合理设计自己的职业生涯，确立明确的职业目标。要不断构建自己的人生蓝图，要试着从多角度去策划、去决策，以自己的职业生涯规划为参照，不断调整知识结构，锻炼将来从事职业要求的能力，增强学习和就业的目的性。

高职学生要提高职业决策能力和素质，首先，要有较高的业务素质和合理的知识结构，提高分析问题和解决问题的实际能力，为促进职业决策奠定好基础；其次，要提高交往艺术，善于同各种类型的人交朋友，能与同学以及其他组织和群体建立密切的关系，能从多种源头获得信息，为职业决策创造一个宽松的外部环境；最后，要善于控制自己的情绪，对工作中出现的挫折和干扰有坚强的自制力，保持高度的自信心。

4.高职学生要正确处理进行职业决策时所获得的各种信息

高职学生进行职业决策需要结合自己的性格、特长和兴趣,正确处理所遇到的各种信息与指导,要考虑到个人的实际情况,要使自己的职业决策具有可执行性,而不能简单模仿他人的决策。我们要引导高职学生的家长转变就业观念,使家庭价值取向与社会需求相结合。家长要给高职学生更多的鼓励和支持,要站在高职学生的角度去理解其职业选择和决策,而不是把自己的观念强加给高职学生,这无形中会加大职业决策的困难。

（五）高职学生职业价值观培养

随着市场经济的发展、教育体制和就业机制的变革;高职学生的职业价值观影响着技能人才的素质向深层次发展。如何引导高职学生树立良好的职业价值观,是高职院校思想政治教育和职业指导工作的首要任务。

1.职业价值观分析

价值观是指人们认识和评价周围客观事物、现象能否满足自身或社会需要所持有的内部标准。价值观在职业选择和职业评价上的体现就是职业价值观。高职学生职业价值观是在校学生在学习和社会实践过程中形成的对于职业评价、职业选择、职业价值取向的总体看法,反映了其对职业的信念和态度。正确的职业价值观直接影响学生的择业观,而适当的择业观对学生首次就业和未来职业发展有着重要意义。具体包括职业理想、职业选择、职业评价、职业价值取向等。

2.高职院校学生职业价值观现状

高职院校以技能训练为主线,客观上出现了重视对学生技能的培养,对学生的职业价值观的形成弥散在德育、班会当中,不鲜明,不具体。职业教育中教育和教学两条线,又导致了在专业教学中缺乏职业价值观的渗透,在实习实训中只注重技能训练,某种程度上造成了学生职业价值观的自由形成发展,往往沦落为世俗中追求工资、待遇、福利的职业价值观。

3.高职学生职业价值观培养途径

对高职学生职业价值观教育,不仅要继承传统的教育方法,更要不断创新教育形式,以保证教育的有效性。

（1）把职业价值观教育放在技能人才培养的首要位置,在学校的思想政治教育和职业指导教学环节进行职业价值观教育,把形成良好的职业价值观作为提升高职院校软实力的大事来做。

如发挥思想政治教育的引导作用，帮助学生树立良好的职业价值观。职业道德教育直接影响学生的未来职业生活。在思想政治教育中通过企业文化中的企业道德强化职业道德教育，培养学生的良好职业道德素质。要强化企业用人要求，就业形势政策教育，帮助学生了解社会、企业用人要求，形成良好的职业价值观念，增强自主择业、竞争择业的思想意识。

如发挥就业指导课的教育作用，帮助学生树立良好的职业价值观。就业指导课是高职学生就业指导体系的重要组成部分，也是职业价值观教育的主要途径。在就业指导课的课程设置和授课内容上要联系企业文化，有针对性地加大职业价值观的教育和内容，帮助学生树立正确的职业价值观。

（2）职业价值观培养融入日常技能训练和学习生活之中，发挥自我认知的动力作用。即将毕业的学生只有正确认识自己，准确把握自己，不断提高自身认知能力，才能形成成熟的就业意识和职业规划意识。科学的自我认知有助于强化自主意识，帮助高职学生树立正确的职业价值观。因此，在职业价值观教育中要充分发挥自我认知的动力作用。引导学生客观评价自己，帮助他们把对职业的社会认识、道德认识与职业能力、兴趣结合在一起，确立合理的职业目标，并形成稳定的职业态度和正确的择业动机，帮助他们自觉结合主客观条件选择职业生涯路线并制订科学的行动计划。帮助他们运用正确的价值观念、道德标准和行为规范参与求职活动，增强适应社会的能力，积极主动参与市场竞争。

从日常的技能训练和学习生活细节及点滴做起，培养学生的职业价值观，使之成为思维习惯，这不仅能优化人格，还能为成功的天平上增加砝码。把职业价值观教育贯穿于专业课教学和实习实训之中。从关注学生职业生涯实际需要的角度出发，通过教育、教学的交融，加强职业价值观培养。

（3）用生产实习或顶岗实习等企业实践环节，潜移默化形成良好的职业价值观。充分利用生产实习和顶岗实习这一实践教学环节培养高职学生的职业价值观。当学生走进企业，走进真实的职业环境，感知企业文化时，在知识与实践的碰撞中，修正自己价值观念上的误差，为顺利成为一名合格的职业人奠定基础。

（4）职业价值观教育与企业文化的人才标准相结合。学校在深入了解企业文化以及企业的用人标准后，制订相应的课程和训练，将职业价值观这种无形的软要素有形化。例如，让学生通过案例教学、角色扮演、情景模拟、课堂辩论、社会实践等，感知和形成良好的职业价值观。

（5）用企业典型事例激励学生，树立良好的职业价值观。通过校企合作的优秀毕业生对在校生职业价值观的形成都是一个非常有效的方式。先进人物的榜样作用，以及未来有可能到此公司工作的职业准备心理，优秀毕业生相同的学习经历、相同的知识结构，最能引起同龄人的模仿，也最具有说服力和感染力。

（6）建立企业评价机制，引领和昭示学生形成良好的职业价值观。即将走向社会的高职学生，可能成绩不一定理想，可到企业之后却干得不错。所以评价学生的维度不是唯一的，职业价值观的实效性尤为重要。我们可以探索教育评价机制与企业评价机制的关系。

（7）用网络传播企业文化，全方位渗透良好的职业价值观。课堂时间有限，受教学计划的限制，课堂上不可能传送更多的有关于企业的消息内容，建立网上联络方式极为有利。

【典型案例】林同学面临的"两难"抉择

林同学，某职业技术学院计算机专业，在校期间品学兼优，专业成绩突出。他进入一家IT企业实习，实习的具体内容和自己的专业有一定的联系。由于他工作比较出色，公司决定正式录用他，但希望他从技术支持岗位转到销售岗位，因为人力资源说他性格比较外向，适合做销售，且公司销售岗正好有需求。这件事让林同学困惑不已。

他在大学的所有努力都是为了将来从事计算机技术工作，现在从事的技术支持也与自己当初预期的职业目标大致吻合，可如果转做销售，大学所学的专业知识似乎都浪费了。而不接受这个机会也挺可惜的，毕竟不论是培训、薪酬、环境，这家公司都很不错，同时他也觉得销售工作是个挑战，可以去尝试。经过几天思考之后，他还是拿不定主意，于是找到学校就业指导中心进行职业咨询。

点评：林同学的迷茫与困惑主要是因为没有认清自我及职业，没有掌握科学的决策方法，职业目标和行动计划不够明确。职业决策是我们人生中最重要的决策之一。

有效地做出职业决策，突破职业发展瓶颈，真正实现自己的生涯目标，是我们每一位大学生将来必须面对的现实考验。案例中的林同学出现决策困难的情形属于"生涯不确定"一类，这对于大学生来说是正常的。大学生还处在生涯探索阶段，在以前的教育中缺乏与职业生涯规划相关的内容，因此难以进行生涯决策。林同学对自己的兴趣、性格、价值观等方面不够了解，对从事技术工作还是销售工作的问题缺乏深入思考。所以，当面临转岗要求时，他的想法并不是很坚定。此外，不知道如何运用职业决策的方法技巧将两个职业进行合理匹配，也是其陷入"两难"抉择的一个重要原因。林同学大学专业、职业目标和职业兴趣都是计算机技术，并且具有做技术支持的核心竞争力。尽管他性格外向，加上自己也愿意接受新的挑战，看似很适合做销售，实际上，销售这行除了要有一定的沟通能力和学习能力，还应有比较强的服务意识和成功愿望，需要掌握客户的心理，想方设法进行说服，这对于习惯与机器打交道的IT男来说显然不太适合。况且他品学兼优、能力强、容易相处，还可以逐步成为公司的技术骨干甚至上升到更高的层面，因此选择走技术支持这条路的发展空间和发展潜力可能会更大。

四、关于高职学生职业发展与生涯规划研究

（一）高职学生职业发展

职业发展有哪些必要性呢？从组织的观点看，职业发展能降低员工流动带来的成本。如果企业帮助员工制订职业计划，这些计划可能与组织密切相连，因此，员工就不大可能离开。热心于员工的职业发展同样能鼓舞士气，提高生产率，并帮助组织变得更有效率。事实上组织对员工的职业发展感兴趣对员工也有积极的影响，在这种情况下，员工认为企业把他们看作是整体计划的一部分而不仅仅是一些数字。重视职业发展对员工看待他们的工作和雇主的方式也有积极的影响。

随着社会经济的快速发展，社会分工越来越细，职业更新速度加快，职业发展的变化情况和发展趋势日新月异，职业发展的内涵也随之发生了一定的变化。高职学生了解职业发展变化情况及其发展趋势和一般规律，对于当代高职学生树立正确的择业观念，科学合理地管理个人职业发展，切合实际地选择职业具有重要的现实意义。

1.职业发展的内涵

职业发展是指个体逐步实现其职业生涯目标，并不断制订和实施新的目标的过程。职业发展又称职业生涯，是一个人从首次参加工作开始的一生中所有的工作活动与工作经历，是由一个人在一生中所担任的一连串工作职务构成的连续过

程，与组织关联密切。职业发展的形式主要有职务变动发展和非职务变动发展两种基本类型。

（1）职务变动发展。职务变动发展包括职务晋升与平行调动两种常见形式。晋升是职业成功的标志，也是职业主体劳动效率的动机来源，它能提高劳动者在工作中的积极性，促使劳动者在其职业活动中创造出更好的工作业绩，尤其是对初涉职场的新人，效果更为明显。平行调动就是职业主体在同一级别的职务上调动，尽管职务没有提升，但是在其职业生涯目标上可以得到发展，也为个人提供了更大的发展空间，并为其将来的晋升做好了准备。

（2）非职务变动发展。非职务变动发展也是个人职业发展的重要形式之一，特别是在个人晋升空间较小的情况下，非职务变动发展在一定程度上弥补了个人追求职业生涯成功的需求。尤其是对于那些组织机构扁平化，上层管理机构不断削减的单位和部门而言，非职务变动发展已经成为个人晋升的代名词。换言之，中层工作人员的职业发展主要是非职务变动发展，也就是我们通常说的轮岗和换岗。

2.职业发展的新趋势

人类社会进入21世纪以来，世界经济一体化进程加快，科学技术突飞猛进，社会分工也随之不断更新和分化，职业的数量、种类、结构、要求都处于不断的发展变化当中。从总体来看，第三产业在全球范围内迅速发展和扩大，职业更新的速度不断加快，职业分工逐步细化，社会对专业化和复合型人才的需求逐年增加。

（1）全球职业发展趋势。从世界各国经济发展的趋势来看，职业发展主要呈现出以下三种发展趋势。

第一，职业更新速度加快。职业更新速度加快，主要表现在很多传统职业的快速减少、消亡和各种新兴职业的快速增加。从生产领域来看，第三产业获得了前所未有的迅速发展。家政服务、旅游、保健、医疗、室内装修设计等许多提高居民生活质量，满足居民消费需求的新职业层出不穷。此外，第一产业和第二产业对从业人员的知识和技术的要求有了较大幅度的提高，涌现出了诸如基因和转基因工程师、生态农业工程师、园林设计师、生化试验师以及纳米、航空航天技术工程师等新职业。从新老职业对比来看，一些传统的职业不断衰退和消亡，一些新兴的职业不断涌现和兴盛，传统职业在新的条件下不断调整和革新。总的来说，新职业所占比例和绝对数量都在快速上升。

第二，职业分工逐步细化。从职业分工的发展历史和历程来说，职业分工经历了一个由简单粗放到细致明了的发展过程。职业分工从最初的第一产业、第二产业、第三产业的一般分工到不同行业的特殊分工，再到不同职业岗位的个别分工。职业分工可以说是越来越细，越来越专业和具体。例如，初期的农业如今已经分化成了粮食作物种植业、经济作物种植业、畜牧业、林业、渔业和优良种培育、饲料加工、化肥生产等职业。计算机网络出现后，网络工程师、计算机软硬件工程师、网页编辑、网络安全工程师等职业不断涌现。

第三，专业化综合化并举。职业的专业化主要体现在职业所要求的业务知识、技术方法和工作人员的专业能力上。例如，医生这一职业的职业内容与其所要求的业务知识和技术方法已经不再局限于简单地"望、闻、问、切"，还需要从业人员学习和掌握心理学、药物学、人体解剖学、医疗器械的使用等知识和技术。

职业的综合化主要表现在职业与职业之间的相互交叉重叠以及对从业人员的综合能力要求越来越高。职业发展到今天，一些行业的职业界限已经打破了传统的藩篱，变得越来越模糊，不断朝着专业化、综合化发展。同一职业对其从业人员的技能要求可能是身兼数职。如现在的高职院校教师身集教学、科研、管理等于一身，有的甚至还是经营者和市场开拓者。

（2）我国职业发展趋势。随着我国社会经济发展水平的快速提升和科学技术创新水平的不断提高，社会劳动分工的模式或社会职业结构发生了深刻的变化。尤其是进入21世纪以来，我国产业结构不断优化升级，一些老的产能过剩行业面临着淘汰或缩减，一些高科技、新能源和绿色环保行业逐渐兴盛繁荣。

第一，单一型向复合型转化。从当前用工需求和人力资源市场的调查情况分析来看，职业岗位对从业人员的要求和职业活动的内容，已经逐步由简单向复杂方面转化。过去单一技能就能胜任的工作，现在往往需要更加丰富的专业知识和技能，工作的内容也更加复杂，往往需要的是跨专业的复合型人才。

第二，封闭型向开放型转化。自从我国加入WTO以来，职业岗位的范围和服务对象发生了很大的变化，人们接收获取信息的渠道越来越丰富，不同职业人员之间的交往和协作大大增加，甚至很多职业还需要走出国门，职业交往的内容、对象和方式已由封闭型向开放型转化。

第三，传统型向创新型转化。我国经济结构已经由传统的粗放型发展调整为创新型集约型发展，要求社会成员具有创新意识，逐步淘汰传统的落后工艺和落后产能，提高科技含量，增强自主科技创新能力。因此，职业岗位的要求和对人才的需求已经由传统型向创新型转化，具备创新意识和创新能力的高科技人才将更受青睐。

3.个人职业规划

个人职业规划就是要对个人职业目标的选择以及如何积累职业目标的资本直至实现职业的过程进行管理。个人职业规划是一个动态的过程。在这一过程当中，个人不同的职业生涯发展阶段的职业目标不尽相同，每个人都需要根据自己的优势、能力、需要、动机、价值观等逐渐地形成职业自我，即职业发展目标。职业发展目标可能同时有多个，也可能不够明确，甚至某些人一生都没有明确的职业发展目标，只是在他们走到人生的十字路口时，不得已才做出选择。总的来说，个人职业规划过程主要包括以下两个方面。

（1）理性选择职业目标。能否理性选择职业目标，直接关系到个人职业目标能否直接顺利实现。职业目标定得过高，可能只是空中楼阁。反之过低，则显得毫无意义。理性选择职业目标需要依据客观现实，根据个人的实际情况，比较职业的条件、要求、性质与自身条件的匹配情况，扬长避短，选择条件更合适、更符合自己特长、更感兴趣、经过努力能很快胜任、有发展前途的职业，甚至还需要我们审时度势，及时调整择业目标，不能固执己见、一成不变。切忌追求十全十美的职业。

（2）积累职业发展资本。职业目标确定以后，接下来就是如何积累职业发展资本、实现职业目标了。这就需要我们围绕职业目标制定一个实施策略，从知识、能力、经验、人际交往等各个方面不断积累自己的职业发展资本，也就是职业生涯规划。

（二）高职学生生涯规划

1.高职学生生涯规划的内容

高职学生从本质上说就是学生，主要任务还是学习，这是高职学生区别于职业人的最大的不同。所以，高职学生生涯规划的重点是学习。我国高职学生的年龄一般在18~22岁，处于世界观、人生观、价值观和生活习惯的形成期。高职学生从中学直接进入大学，缺乏对社会的了解和接触，大学毕业后，每个学生都需要步入社会，参加工作。

大学阶段是高职学生未来职业生涯的准备期，所以，高职学生学习期间的生涯规划更多的是为将来的就业及职业发展做准备，在内容上应该高度重视对学习、成长与实践的规划。其中，学习规划要求高职学生学好自己的专业知识，练好专业技能，掌握学习方法、科研方法、合作方法等。而成长规划是帮助高职学生养成良好的习惯，包括思维习惯、理财习惯、时间管理习惯、礼仪习惯等，特别是形成正确的人生观、价值观和世界观。实践规划则是要重视参加学生社团、社会实践和实习实训等活动，以了解社会，了解所学专业在社会中的地位和作用，从而树立正确的就业观，找准自己的职业定位，顺利就业。

2.高职学生生涯规划的特点

（1）在学业规划方面。高职学生要努力学习各种技能，提高自己的动手能力和创新能力，还要在实践中根据需求做出是否升学的规划。

（2）在成长规划方面。高职学生要努力增强自己的思维能力、人际交往能力，努力提升自己的综合素质。在思想上，要充分认识到高职学生会有光明的前途。

（3）在实践规划方面。高职学生要注重知识和技能的社会实践，注重在校期间的职业体验，把自己塑造成为能够满足社会需求的高等技术应用型人才。

【延伸阅读】思考篇：创业、就业、出国、升学？

人生面临着许多选择，是追逐理想、还是接受现实；是升学继续深造、还是马上就业；是进外企、还是考公务员……人生有无限的可能，有无数的选择，你清楚自己想要什么吗？你清楚什么才是最佳的结合点吗？

也许一次选择就能改变一个人的命运，因此在诸多选择和利益权衡面前，大部分人由于对自己未来规划的不明确而犹豫不决。

专家指出，在做选择时要充分考虑当时社会的大环境以及自己所具备的条件，鱼与熊掌不可兼得，一旦决定了，就要学会放弃一些东西。

1.自主创业还是就业？

快要毕业的陆同学学的是市场营销专业，最近他一直在考虑自己创业的问题。因为他在几家公司实习后发现，自己很难适应集体，学不会像其他人一样圆滑，学不会那种为了顾全大局而忘了小我的精神。一家公司的主管曾给他这样的评价："年轻气盛不是坏事，但是要学会宽容和理解。"于是，自认为天生就不属于上班族的他决定自己出来闯荡事业，自己当老板。他认为，现在的自己既有精力又有想法，也有对口专业作为基础，创业之路应该不难。不过话说回来，给别人打工虽然辛苦，毕竟稳定很多，而自己创业的风险毕竟不小，家人也让他仔细斟酌后再做决定。

点评：哪种人适合创业？"虚荣心"很强的人适合创业，这种"虚荣心"指的是喜欢自己做主，还要有坚强的信念与承受力。创业与就业最大的区别就是，创业是寻找资源、创造资源，而就业往往是运用资源。就业时间长的人，不适合创业，原因是他在创业的时候往往还是在运用原来的资源与原来的思维模式，因为这是一个惯性；但创业的人习惯了不断地搜寻资源、整合资源，所以创业的人将他放到大公司里做，他也会感觉不合适，他会感觉大公司的规矩太多，这样多的规矩，怎样做生意呢？

2. 熟人介绍还是自己去闯？

法律专业的刘同学在学校各方面表现一直不错，学校老师和父母的朋友也都热心地为他推荐了几家颇具口碑的律师事务所，还利用他们的网络关系为他搭桥铺路，几个电话通下来，他的工作也就搞定了。他在感到幸运的同时，心底深处还是有些担心，担心"熟人介绍"将来会招来话柄，会引来工作上的不公平。有了"熟人介绍"的庇护，他的心里反倒产生了"阴影"。他正在犹豫，"为了证明自己的实力，我是否该自己出去试试呢？"

点评：通过熟人介绍的方式就业，在当今社会还是很有市场的。有"力度"的推荐，如可以影响人力资源部门决策的那种，无疑是非常管用的，但也要小心推荐引起人力资源部门的反感，造成负面的效果。整体来说，有类似资源，还是不应该错过。而且，从企业角度来说，除了对外招聘外，通过熟人介绍也是企业一条非常重要的招聘途径，可见在职场中注意积累人脉网络，对求职起到的作用不可小觑。

3. 升学还是就业？

郑同学是计算机系的学生。一开学，他就突然决定要升学，令身边很多人觉得太意外，因为在这之前，他还是一直嚷嚷着毕业后马上就找工作。为什么会有如此大的转变呢？他告诉记者，其实，他在暑期里还都在一直努力找工作，还在朋友的介绍下进入了一家软件公司实习，可真正到了找工作的环节才发现，适合他的工作并不多，自己的能力也有限。自己对月薪2000元、3000元的工作不满意，而要干月薪5000元、6000元的工作自己又不够条件。考虑之下，他决定通过升学找到更满意的工作。

但目前，他又面临这样的困扰：一些师兄以过来人的身份告诫他，他们也是到了毕业时，才后悔当初"两栖"的选择。想先安心升学，等考试结果出来再找工作也不迟，可是到了第二年的3月、4月时却发现，大公司招聘应届生的名额已经满了，小单位招聘又要求工作经验。面对升学还是就业这样的难题，究竟该如何选择呢？

点评：有观点认为，现在升学的人如此多，竞争激烈程度可见一斑，倒不如先就业，在工作的过程中如果觉得知识累积不够，发展受到限制，再来升学也不迟。专家称，"先就业再升学"不失为一个两全其美的方法。在有较好的就业机会条件下，经过一定的职场历练后，自己可了解目前市场需要什么样的人才，这样在今后读研时就有了明确的方向，不至于像无头苍蝇一样到处乱撞，而且此时自己也有了一定的经济基础，不用太担心读研带来的经济压力。

4. 外企还是国企？

李同学，国际贸易专业。"暑假里，我的同学都选择去一些外企实习，唯独我留在家里享受最后一个假期。妈妈整天唠叨我是懒人一个，在找工作这个问题上，我们家一直都是'皇帝不急，急死太监'。不是我懒，听听同学的经历，就让我对工作头晕。不管成绩多好，到了这些企业后却只是打杂的，每天不能迟到早退，每天干着无聊又重复的工作……妈妈整天为我托关系联络工作，希望我能在稳定的国有企业就职。我看着同学在外企的辛苦，也觉得妈妈的想法是正确的，但是我又怕自己适应不了国企的工作方式。"

点评：外企吸引求职者的魅力来自其诱人的薪酬福利、规范化的管理和培训发展机制。但外企不是慈善机构，获得优厚待遇的前提是忙碌而紧张的工作节奏与优秀的工作业绩。此外，个人适应变化和挑战的能力也和薪酬的高低成正比。应届毕业生在追求外企的同时应认识到，就职于国企看似到手的现金不多，但奖金、实物等福利和收入也不少。此外，一些大型民营企业用人机制灵活，近年来的薪酬待遇也充满着诱惑力。对此，专家建议，应届毕业生选择企业时，应依据个人能力和性格"择木而栖"，切忌盲目做职场追"风"一族。

5. 出国继续深造还是在国内就业？

外语系的吴同学一进大学，就开始考虑是否要出国留学，和父母也讨论过了无数次，但意见总是无法统一。为了不浪费时间，她还在大三的时候就参加了IELTS、TOFEL考试，提前准备了许多学校的申请资料。转眼到了大四，父母对她留学的态度还是模棱两可。"我到底该如何选择呢？是去国外继续深造还是索性就在国内找份工作就业呢？"

点评：越来越多的学生在大学毕业之后，选择去国外继续深造。除了那些想在国外工作或者移民的学生，以及期望为打理家族产业准备一些国际经验的学生之外，学成回国找个好工作还是绝大多数留学生的目标。如果为了这个目标，大学毕业后先在国内工作两三年再出国留学不失为一个比较理想的方式，这样既可以积累本行业的工作经验，也能从中了解熟悉目前行业的问题，使今后留学更具有针对性。

第四章

人职匹配的理论基础

【生涯寄语】

用脚步丈量祖国大地，用眼睛发现中国精神，用耳朵倾听人民呼声，用内心感应时代脉搏，把对祖国血浓于水、与人民同呼吸共命运的情感贯穿学业全过程、融汇在事业追求中。

【本章导图】

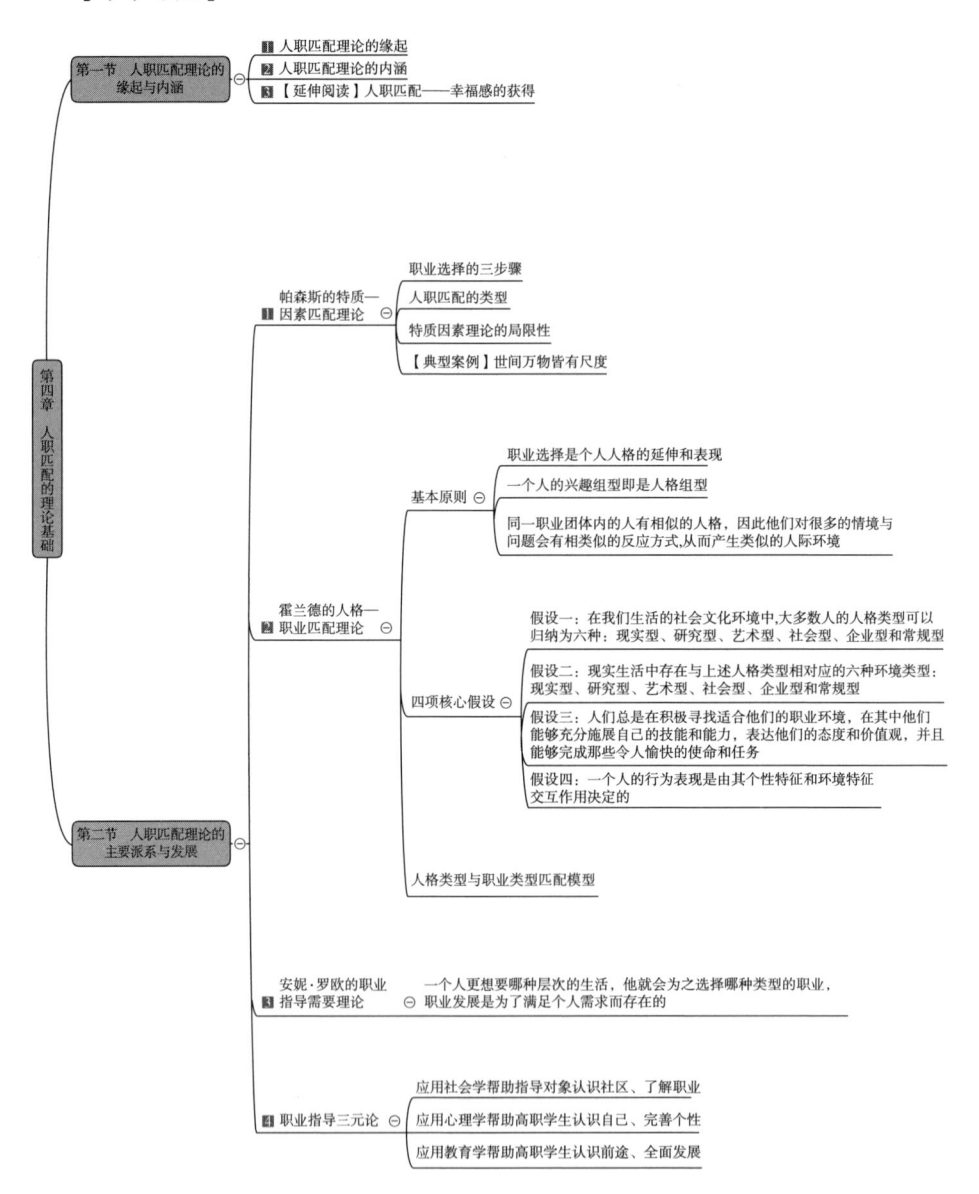

第四章 人职匹配的理论基础

- 第一节 人职匹配理论的缘起与内涵
  1. 人职匹配理论的缘起
  2. 人职匹配理论的内涵
  3. 【延伸阅读】人职匹配——幸福感的获得

- 第二节 人职匹配理论的主要派系与发展
  1. 帕森斯的特质—因素匹配理论
     - 职业选择的三步骤
     - 人职匹配的类型
     - 特质因素理论的局限性
     - 【典型案例】世间万物皆有尺度
  2. 霍兰德的人格—职业匹配理论
     - 基本原则
       - 职业选择是个人人格的延伸和表现
       - 一个人的兴趣组型即是人格组型
       - 同一职业团体内的人有相似的人格，因此他们对很多的情境与问题会有相类似的反应方式，从而产生类似的人际环境
     - 四项核心假设
       - 假设一：在我们生活的社会文化环境中，大多数人的人格类型可以归纳为六种：现实型、研究型、艺术型、社会型、企业型和常规型
       - 假设二：现实生活中存在与上述人格类型相对应的六种环境类型：现实型、研究型、艺术型、社会型、企业型和常规型
       - 假设三：人们总是在积极寻找适合他们的职业环境，在其中他们能够充分施展自己的技能和能力，表达他们的态度和价值观，并且能够完成那些令人愉快的使命和任务
       - 假设四：一个人的行为表现是由其个性特征和环境特征交互作用决定的
     - 人格类型与职业类型匹配模型
  3. 安妮·罗欧的职业指导需要理论
     - 一个人更想要哪种层次的生活，他就会为之选择哪种类型的职业，职业发展是为了满足个人需求而存在的
  4. 职业指导三元论
     - 应用社会学帮助指导对象认识社区、了解职业
     - 应用心理学帮助高职学生认识自己、完善个性
     - 应用教育学帮助高职学生认识前途、全面发展

第一节 人职匹配理论的缘起与内涵

一、人职匹配理论的缘起

19世纪末,第二次工业革命开始兴起,机器普遍代替了手工劳动,劳动力市场发生两大变化:一是越来越细的社会分工导致新的职业种类不断出现,很多人不能适应职业市场如此快速的变化,职业指导正是在这种时代背景下应运而生,引导人们尽快重新人职匹配;二是随着大型机器的普遍应用,一时间大批工人因劳动力过剩而下岗失业,另一方面由于基础教育及职业技术教育的快速发展,学校毕业生也越来越多,就业压力瞬间剧增。如何促使毕业生在当前就业形势下找到合适出路,教育界为此开始了全新一轮的研究变革。

与此同时,欧美发达国家恰好兴起了心理测验运动,应用心理学迅速兴起并被广泛地运用到社会生活的各个领域。因此,结合几方面原因,以心理测量开展人格测试为基础,分析职业市场的人职匹配理论得以出现,并成为职业指导的代表性理论,经久不衰。

二、人职匹配理论的内涵

人职匹配理论是以个性心理学和差异心理学为理论基础,承认人的个体差异是普遍存在的,每个个体都有独特的个性特征,而与此同时,每一种职业由于其工作的性质、环境、条件、方式等不同,对工作者的能力、知识、技能、性格、气质、心理素质等也有不同要求。所谓人职匹配,即关于人的个性特质与职业性质相匹配的理论,对二者的关系进行特殊揭示,并且是个体实现自身价值的前提条件,是现代人才测评的理论基础及优化人力资源配置效益的基本途径。

人职匹配是一个动态过程，人职匹配既是职业指导的基本原则，也是这种原则指导下的职业选择行为。

【延伸阅读】人职匹配——幸福感的获得

在职业生涯中，幸福莫过于从事自己喜欢的工作。那么，如何觉察到工作是否是自己喜欢的呢？这就是我们今天要学习的内容：你需要了解的人职匹配。学生知道，不同个体有不同的个性特征，而每一种职业由于其工作性质、工作环境、工作条件、工作方式不同，对工作者的能力、知识、技能、性格、气质、心理素质等也有不同的要求，所以，在求职中选择适合自己的职业就出现难为的情况。所以，在就业的过程中，许多同学会有这样的困惑，招聘现场职位满目，职业需求万万千，可是如何去做选择决策呢？不同的职业优势和缺点有哪些呢？下面介绍人职匹配思路设计与决策方法，以及不同性质企业的特点。

第一，人职匹配思路设计。

首先，要了解工作做什么。学生可以通过职位描述，了解到工作世界的环境，以及工作内容和工作重点。其次，学生要明白凭什么能够胜任职责。要认识到工作对个人的性格要求、学历要求、能力要求、心理特点要求等方面的能力需求。然后，学生要明确工作收益和奉献程度。主要关注不同职位收入阶梯、人际关系、工作成就与挑战等。最后，学生要清晰看到未来发展。如职位的晋升渠道，往哪发展，以及未来的发展空间及目标等内容。

第二，人职匹配的决策方法。

在以往的学生反馈中，同学们采用最多、最容易上手操作的就是决策平衡单方法，下面我们用实例边分析边讲解。决策平衡单，其主体框架是工作满足求职者在物质、精神层面需要的程度，我们以武汉的国企技术员、家乡中学教师这两个工作为例，向学生展示如何做决策。首先明确自我内在期待，如期待1：月收入达到6000元；期待2：有假期，最好有寒暑假；期待3：和女朋友在一起；期待4：工作压力不要太大。然后我们来看两份工作对这4个内在期待的满足程度，用1分到10分表示满足程度，1分最低、10分最高。武汉国企技术员这份工作，月薪4000元，距离期待6000元还低了一些，只得5分；有法定节假日可以得6分；能够和女朋友在一个城市，完全符合期待3，可以得10分；按部就班地工作，压力不大，得8分；那么，最后的得分总计29分。对于家乡中学教师这份工作，月薪5000元，达不到6000元的期望值，但比技术员高，得7分；有寒暑假，完全符合对假期的期待，得10分；与女朋友天各一方，得3分；工作上要做好教学，还要做班主任，要应付学生、家长，工作复杂压力大，得3分；家乡中学教师最后得分，总计23分。我们比较这两个工作得分高低，武汉国企技术员分数高，说明满足内在期待的程度越接近，越符合职业选择目标。

第三，不同性质企业的特点。

第一种是国有企业。其特点就是在大众的心目中，社会地位高，美誉度高；社会保障好，福利待遇高；人脉资源广；工作任务带来的压力小；工作相对稳定，企业倒闭失业的风险小；工作、生活平衡感好；工作环境相对舒适；户口问题容易解决；竞争少，节奏慢；还有个隐形的福利就是好找对象。

但是国有企业人际关系复杂；个人价值不易体现；按部就班；一旦失业不好再就业；容易导致个人社会适应能力差和创新能力差；人际关系比较复杂；相对薪资不会过高；论资排辈；缺乏团队精神。

第二种是外资企业。其特点是高收入；工作环境好；培训机会多；专业能力提升快；培养国际视野；自由度高；公平，靠能力吃饭；社会认可度高；平台高；学习先进文化、理念；企业管理规范。但是，外资企业工作压力大，节奏快；入行门槛高；竞争激烈；晋升空间有天花板现象；归属感不强。

第三种是民营企业，其好处就是机会多；个人能力提升快，升迁快；工作灵活；创新空间大；创业基础比较好；流动性较强（好进好出，相对自由）；人际关系处理也相对简单。相比之下，民营企业不稳定不安全，如孕妇无保障等；再就是压力大；社会认可度低；管理不规范；户口档案不到位；功利性强，人情淡薄。

以上是三种不同性质企业各自的特点，高职学生可以根据自己的职业价值观选择对应性质的企业。

第二节 人职匹配理论的主要派系与发展

一、帕森斯的特质—因素匹配理论

特质因素理论是美国职业指导专家帕森斯提出的,是最早的职业辅导理论,也是用于职业选择的经典理论之一。1909年帕森斯在《职业的选择》一书中,第一次系统阐述了科学的职业指导理论,即特质因素理论。特质就是人的生理、心理特质,或总称为人格特质;因素是指客观工作标准对人的要求。

特质因素理论以个性心理学和差异心理学为基础,承认人的个性结构存在客观差异,强调心理因素在职业选择中的匹配作用,重视心理测量技术的运用和问题的诊断,认为职业选择就是使职业兴趣、职业能力与职业所需要的素质相匹配。

(一)职业选择的三步骤

第一步,探究个人,即评价求职者的生理和心理特点(特质)。通过心理测量及其他测评手段,获得有关求职者的身体状况、能力倾向、兴趣爱好、气质与性格等方面的个人资料。这些测验包括如下几种:

(1)成就测验:用以了解一个人究竟学会了多少东西,有哪些是对工作有价值的。

(2)能力测验:测试个人的最佳状态,并展现他在多大程度上能胜任某项工作。

(3)人格测验:测试个人未来最适合担任哪类工作,并可能实现多大的发展程度。

之后，通过会谈、调查等方法获得有关求职者的家庭背景、学业成绩、工作经历等情况，并对这些资料进行评价。

第二步，分析各种职业对人的要求（因素），并向求职者提供有关的职业信息，如职业描述、工作条件、薪水等。它包括以下几种：

（1）职业的性质、工资待遇、工作条件以及晋升的可能性。

（2）求职的最低条件，如学历要求、所需的专业训练、身体要求、年龄、各种能力以及其他心理特点的要求。

（3）为准备就业而设置的教育课程计划，以及提供这种训练的教育机构、学习年限、入学资格和费用等。

（4）就业机会。

第三步，人职匹配。人职匹配即整合个人和工作领域的信息，这是特性因素理论的核心。在职业指导过程中，帕森斯提出了职业设计的三要素模式。

（1）清楚地了解自己，包括能力、兴趣、自身局限和其他特质等，以便做到特性匹配，即不同的人去干适合自己的职业。

（2）了解各种职业必备的条件及所需的知识，不同工作岗位所占有的优势、不足和补偿、机会、前途，以便做到因素匹配，即要知道某类职业适合什么样的人。

（3）平衡上述两者，即在了解自己特性和职业各项指标的基础上进行比较分析，以便选择一种适合其个人特点又有可能在职业上取得成功的职业。

（二）人职匹配的类型

帕森斯认为职业与人的匹配分为两种类型。

第一是条件匹配。所需专门技术和专业知识的职业与掌握该种特殊技能和专业知识的择业者相匹配；脏、累、险等劳动条件很差的职业，需要吃苦耐劳、体格健壮的劳动者与之匹配。

第二是特长匹配。某些职业需要从业者具有一定的特长。如具有敏感、易动感情、不守常规、有独创性、理想主义等人格特性的人，宜于从事审美性、自我感情表达的艺术创作类型的职业。

(三) 特质因素理论的局限性

特质因素理论自产生以来经久不衰,但该理论也有其局限性。

第一,按照帕森斯特质因素理论的观点,社会上不同的职业具有不同的因素,它们要求工作人员具有一定的个人特质。在长期的实践中,人们发现,尽管一些职业的录用标准得以确定,心理测量的工具日臻完善,技术水平不断提高,但因职业种类繁多,并且职业发展演化迅速,难以确定各种职业所需要的个人特质。

第二,心理测量工具的信度和效度不能尽如人意,受多种因素的影响,以此为基准的人职匹配过于客观化,而对人本身的诸如态度、期望、人格、价值观等择业主体的主观因素重视不够,这样的人职匹配是粗疏的,尤其是毕业生在择业环节上,完全实现人职匹配更是难以实现的。

第三,理论中的静态观点和现代社会的职业变动规律不相吻合,它只是强调了什么样的个人特质适合做什么工作,却忽视了社会因素对职业设计的影响和制约作用。目前我国的毕业生受应试教育及统一培养模式的影响,个人特质不明显、个性不突出,同时社会发展也还未达到人职匹配的要求。

尽管该理论存在着以上局限,但该理论在职业选择过程中的指导作用是不容否认的。我们在职业选择过程中,要充分分析自己的特质,并充分了解相关职业的要求,在全面了解自我、了解职业的情况下,努力做到人职匹配。

【典型案例】世间万物皆有尺度

在立体构成课上,老师要求学生制作教室天花板上的电风扇和日光灯的纸模型,重在培养学生观察事物、再现产品造型结构的能力。

有不少学生动作很快,一节课的时间就把模型做出来了,很主动地跟老师汇报,要求打分通过。老师看了看模型,摇摇头说:"这样的模型只能打60分,不能再多了。"

学生很不解地问:"老师,我们模型做得这么好,怎么才给及格分?"说话间他们的情绪激动,自认为付出的努力得不到认可,非常不甘心。

老师把这些学生集中到一起,将模型放在中间,给他们分析起来:"大家看,我们作为设计师,首先要有尺寸的概念,一样东西设计得再完美,如果不从实际出发，只能是一件艺术品！如果这个电风扇中间的轴大小是正确的话，叶片就小太多了……如果这个日光灯的宽度是对的，那么长度远远不够，灯管按比例得有庙里柱子那么粗了。"学生们笑了，但也都深有同感，发现了各自模型的问题，纷纷重新调整。

世间万物皆有尺度，工业设计专业的学生做设计时，必须做到实事求是、科学严谨，这种设计将来才能应用到产品生产中去。同样我们职业选择和制定发展路径，遵循本质，成就更好的自己。

二、霍兰德的人格—职业匹配理论

20世纪60年代，美国职业指导专家霍兰德（Holland）在帕森斯（Parsons）观点的基础上，结合当时的人格心理学概念，认为职业选择是个人人格在工作世界的表露和延伸，即人们在工作选择和经验中表达自己的个人兴趣和价值。此外，根据自己多年的职业咨询经验，霍兰德发现，个人会被某些满足其需要和角色认同的特定职业所吸引，因此可根据个人对职业的印象和推论，将人们和环境加以特定的归类，而个人对自我的观点与其职业偏好间的一致性，即构成了霍兰德所称的"典型个人风格"。例如，具有社会职业个性倾向的人会偏好在能与他人密切互动的环境中工作。

（一）基本原则

霍兰德的人格理论有以下基本原则。
第一，职业选择是个人人格的延伸和表现。
第二，一个人的兴趣组型即是人格组型。
第三，同一职业团体内的人有相似的人格，因此他们对很多的情境与问题会有相类似的反应方式，从而产生类似的人际环境。

人可区分为六种人格类型：现实型、研究型、艺术型、社会型、企业型和常规型，个人的人格属于其中的一种。人所处的环境也可以相应分为六种类型，即现实型、研究型、艺术型、社会型、企业型和常规型。个人的人格与工作环境之间的适配和对应，是职业满意度、职业稳定性与职业成就的基础。

（二）四项核心假设

人格类型理论建立在以下四项核心假设的基础上。

假设一：在我们生活的社会文化环境中，大多数人的人格类型可以归纳为六种：现实型、研究型、艺术型、社会型、企业型和常规型。每一种特定人格类型的人，会对相应职业类型中的工作或学习感兴趣。

假设二：现实生活中存在与上述人格类型相对应的六种环境类型：现实型、研究型、艺术型、社会型、企业型和常规型。

假设三：人们总是在积极寻找适合他们的职业环境，在其中他们能够充分施展自己的技能和能力，表达他们的态度和价值观，并且能够完成那些令人愉快的使命和任务。

假设四：一个人的行为表现是由其个性特征和环境特征交互作用决定的。

（三）人格类型与职业类型匹配模型

在上述假设的基础上，霍兰德进一步提出了人格类型与职业类型的匹配模型。霍兰德认为，同一类型的劳动者与职业互相结合，便能够达到适应状态，其结果是劳动者找到适宜的职业岗位，职业岗位获得了合适的人才，劳动者的才能与积极性会得到很好发挥。然而，在现实生活当中，人们迫于各种条件的限制，并不都能按照各自的人格特征来进行职业选择。然而，只要现实条件允许，大多数人总是倾向于选择与自己的人格特征相符的职业。

霍兰德提出的六种人格类型及其对应的典型职业选择是一种理想化的划分，由于人的社会性和多样性，个体的人格类型并不是单一和绝对的，大多数人并非只有一种性向（如一个人的性向中很可能同时包含着社会性向、现实性向和调研性向）。霍兰德认为，这些性向越相似，相容性越强，则一个人在选择职业时所面临的内在冲突和犹豫就会越少。为了帮助描述这种情况，霍兰德建议将这六种人格类型分别放在一个正六角形的每一角，如图4-1所示。

在六角形模型上，两种职业类型之间的距离越近，其职业环境及人格特质的相似度越高，即相似度较高的职业性向是相邻关系，其次是相隔关系，那些极不相关的则是位于六角形中对角线的位置。例如，现实型与研究型、常规型相关性较强，而与社会型相关性最弱。两种类型的职业相关系数越大，人的适应程度

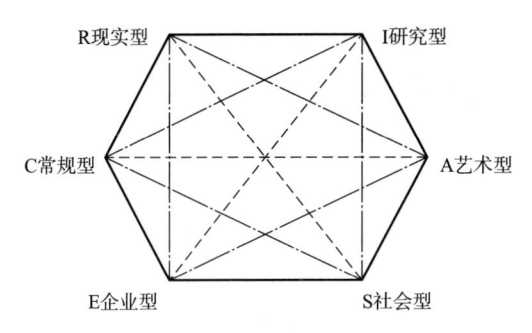

图4-1 霍兰德人格类型六角形模型

就越高。如果统一在一个点上，表明个人人格类型与职业类型高度相关，此时的职业类型是最好的职业选择。霍兰德认为，求职者在进行职业选择时应尽量选择与自己人格类型相一致的工作类型，从而较容易获得职业上的成功及心理上的满足。

三、安妮·罗欧的职业指导需要理论

在职业指导理论的发展过程中，美国临床心理学家安妮·罗欧于1951年创立职业指导需要理论。这一理论在马斯洛需求层次理论的影响下得以发展，认为个人的需要层次决定个人选择职业的倾向，也就是说，一个人更想要哪种层次的生活，他就会为之选择哪种类型的职业，职业发展是为了满足个人需求而存在的。罗欧认为，"职业指导就是帮助个人识别自己的基本需要，发展满足需要的技术，消除需要发展的障碍。"另外，罗欧还试图对职业进行划分，并试图建立一种职业与人的需要结构的对应关系。需要注意的是，随着社会的不断变革，此种理论越加不能适应当代发展，可应用范围已逐渐缩小。

四、职业指导三元论

我国在就业制度改革后，需要应用科学知识解决专业选择、就业准备和择业、从业、创业、转业中的实际问题，这是单一结构的学科难以解决的问题。职业指导的基础理论为此形成了由三门相关学科知识综合而成的三元结构，如图4-2所示。

职业指导三元论是由以下三个部分（元素）组成的职业指导的基础理论。

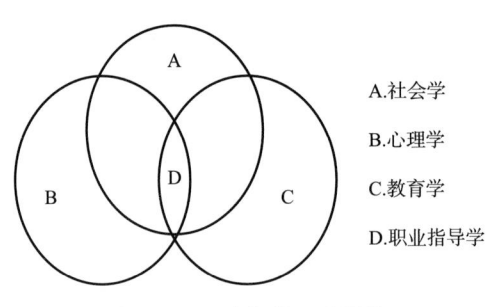

```
        A
    ┌───────┐
┌───┤   D   ├───┐   A.社会学
│ B │       │ C │   B.心理学
└───┤       ├───┘   C.教育学
    └───────┘       D.职业指导学
```

图4-2 职业指导三元结构

（一）应用社会学帮助指导对象认识社区、了解职业

职业是人类劳动的社会分工、赋予个体的社会角色，所有的职业问题都有深刻的社会背景，要用社会学的知识去认识和处理。每个社区都是各类职业的联合体，社区的经济、政治、文化、人口、环境、群体都与职业密切相关。认识职业与社区经济的关系，才能了解职业的产生动因和发展轨迹、职业的种类和产业的划分、各类职业的特殊性以及经济结构怎样影响就业结构。认识职业与社区政治、社区文化的关系，才能了解人的择业观念、就业权利、转业条件受制于并反作用于社区政治；人的职业意向、职业能力、职业习惯受制于并反作用于社区文化。认识职业与社区人口、社区环境的关系，才能了解人口的数量、质量、生存环境怎样影响就业，社区为什么要对就业和失业进行合理调控，怎样逐步提高社区去向落实率。认识职业与社区群体的关系，才能了解职业劳动条件的改善、人际关系和公共关系的融洽都离不开社区群体的功能。

（二）应用心理学帮助高职学生认识自己、完善个性

职业劳动与人的心理过程各要素、个性心理特征各要素密切相关。心理素质是现代人的素质结构的核心，认识职业劳动与人类心理的关系，才能理解不同类型的职业对从业者心理素质的不同要求，按照未来职业的需要，养成与之相适应的心理素质；才能学会识别自身个性的长处、短处，最适宜哪些职业，可适应哪些职业，不适合哪些职业，在选择升学的专业和就业的工种时，实现人职匹配；才能掌握个体心理卫生的基本内容，防止和克服择业时过度的焦虑、过高的攀比、盲目的从众、僵化的专一等不良心态，主动适应人才市场的需求，增强就业制度改革中的心理承受力；才能使高职学生在就业后自觉进行心理调适，避免饱

和心理、补偿心理、妒忌心理、逆反心理等因素造成职业行为的失利；才能避免动机因素、认知因素、情绪因素、意志因素的负面影响而引起的盲目职业流动。

（三）应用教育学帮助高职学生认识前途、全面发展

职业与教育密切相关，职业的现状和前景是教育的宏观决策（教育体制、教育结构、教育投资等）的重要依据；职业的人才需求和技术需求是教育的微观决策（专业设置、课程结构、教材内容等）的重要依据。各行各业的繁荣兴旺是教育改革和发展的必要条件，教育目的和办学效益是高职学生就业后在社会主义现代化建设中实现的。现代职业要依靠教育，现代教育是"三个面向"。新世纪的职业需要高素质的人才，学校的职业指导要全面贯彻教育方针，与素质教育结合，引导高职学生学会做人，把知识、能力内化为素质。

世界观、人生观、价值观及它们所制约的职业观的教育内容要螺旋形上升，既有阶段性、又有连续性，并注意高职学生的可接受性。要引导学生摆正学业与职业的位置，将职业理想转化为学习动力，终身学习，主动地全面发展，杜绝过早谋求职业而贻误学业的现象。

教育工作者更要提高自身素质，学好用活教育原理，坚持职业指导的科学性、思想性、政策性、主导性、主体性等原则，把职业指导的学科课程、活动课程、潜在课程结合起来，把学校的职业指导与社会的职业指导联系起来，把人文精神的教育与科学方法的实施统一起来。

职业指导不是无能的，也不是万能的。它不能取代学校教育，只能引导高职学生人职匹配，然而，这种引导也是教育。西方"教育"一词源于拉丁文，本意为引出、导出，即引导儿童本性，使之完善、发展。所以，引导活动属于教育活动，职业指导过程的本质是教育过程，具有教育功能。如果说，当代中国的职业指导在配置人才资源，发展国民经济，改革就业制度，保持社会稳定中的作用是它的社会功能（工具功能），那么，它对高职学生的引导作用则是育人功能（本体功能）。这些功能的全面释放，要靠教育工作者提高对职业指导战略意义的认识，将其视为义不容辞的本职工作。

第五章

人职匹配的理论分析

【生涯寄语】

青年有着大好机遇，关键是要迈稳步子、夯实根基、久久为功。心浮气躁，朝三暮四，学一门丢一门，干一行弃一行，无论为学还是创业，都是最忌讳的。

【本章导图】

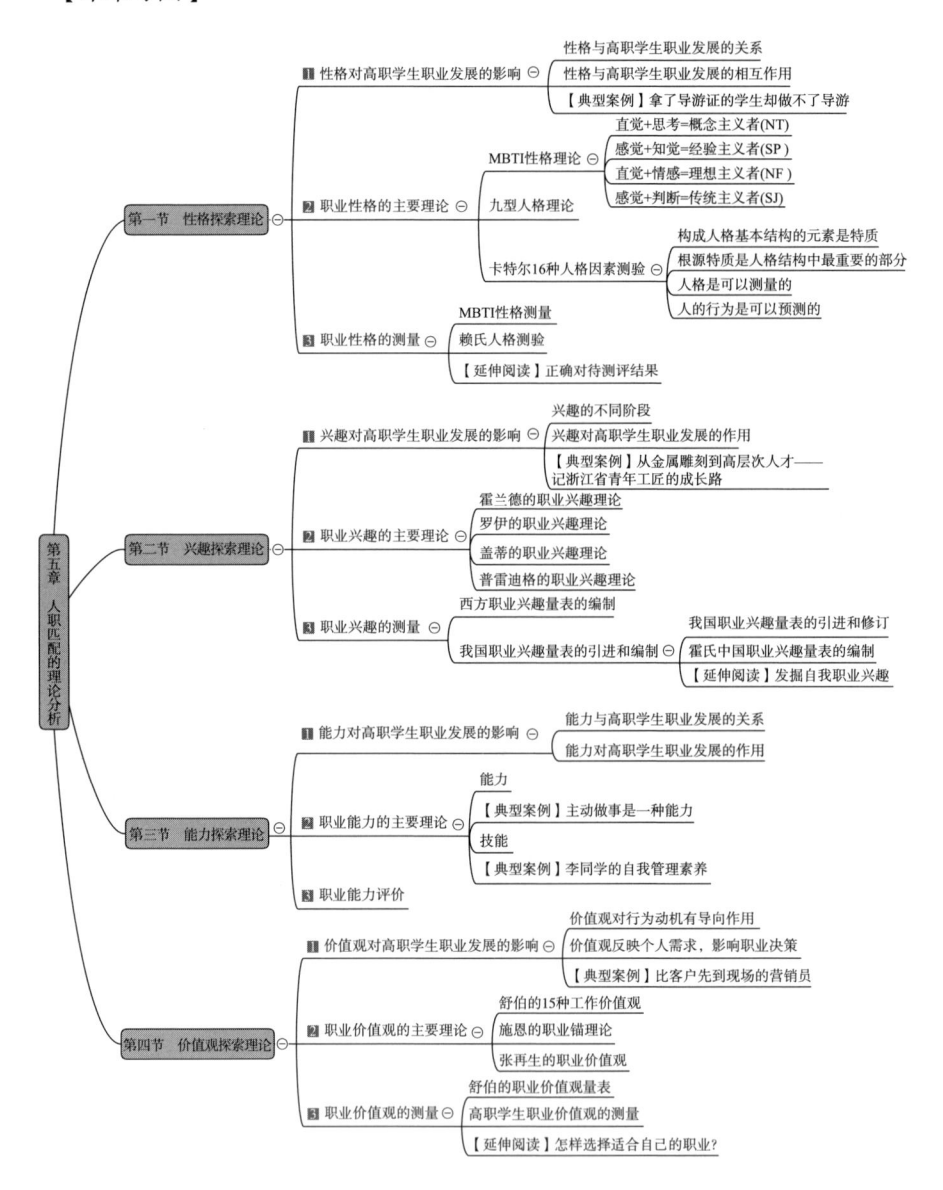

```
第五章 人职匹配的理论分析
├─ 第一节 性格探索理论
│  ├─ ① 性格对高职学生职业发展的影响
│  │  ├─ 性格与高职学生职业发展的关系
│  │  ├─ 性格与高职学生职业发展的相互作用
│  │  └─ 【典型案例】拿了导游证的学生却做不了导游
│  ├─ ② 职业性格的主要理论
│  │  ├─ MBTI性格理论
│  │  │  ├─ 直觉+思考=概念主义者(NT)
│  │  │  ├─ 感觉+知觉=经验主义者(SP)
│  │  │  ├─ 直觉+情感=理想主义者(NF)
│  │  │  └─ 感觉+判断=传统主义者(SJ)
│  │  ├─ 九型人格理论
│  │  └─ 卡特尔16种人格因素测验
│  │     ├─ 构成人格基本结构的元素是特质
│  │     ├─ 根源特质是人格结构中最重要的部分
│  │     ├─ 人格是可以测量的
│  │     └─ 人的行为是可以预测的
│  └─ ③ 职业性格的测量
│     ├─ MBTI性格测量
│     ├─ 赖氏人格测验
│     └─ 【延伸阅读】正确对待测评结果
├─ 第二节 兴趣探索理论
│  ├─ ① 兴趣对高职学生职业发展的影响
│  │  ├─ 兴趣的不同阶段
│  │  ├─ 兴趣对高职学生职业发展的作用
│  │  └─ 【典型案例】从金属雕刻到高层次人才——记浙江省青年工匠的成长路
│  ├─ ② 职业兴趣的主要理论
│  │  ├─ 霍兰德的职业兴趣理论
│  │  ├─ 罗伊的职业兴趣理论
│  │  ├─ 盖蒂的职业兴趣理论
│  │  └─ 普雷迪格的职业兴趣理论
│  └─ ③ 职业兴趣的测量
│     ├─ 西方职业兴趣量表的编制
│     └─ 我国职业兴趣量表的引进和编制
│        ├─ 我国职业兴趣量表的引进和修订
│        ├─ 霍氏中国职业兴趣量表的编制
│        └─ 【延伸阅读】发掘自我职业兴趣
├─ 第三节 能力探索理论
│  ├─ ① 能力对高职学生职业发展的影响
│  │  ├─ 能力与高职学生职业发展的关系
│  │  └─ 能力对高职学生职业发展的作用
│  ├─ ② 职业能力的主要理论
│  │  ├─ 能力
│  │  ├─ 【典型案例】主动做事是一种能力
│  │  ├─ 技能
│  │  └─ 【典型案例】李同学的自我管理素养
│  └─ ③ 职业能力评价
└─ 第四节 价值观探索理论
   ├─ ① 价值观对高职学生职业发展的影响
   │  ├─ 价值观对行为动机有导向作用
   │  ├─ 价值观反映个人需求，影响职业决策
   │  └─ 【典型案例】比客户先到现场的营销员
   ├─ ② 职业价值观的主要理论
   │  ├─ 舒伯的15种工作价值观
   │  ├─ 施恩的职业锚理论
   │  └─ 张再生的职业价值观
   └─ ③ 职业价值观的测量
      ├─ 舒伯的职业价值观量表
      ├─ 高职学生职业价值观的测量
      └─ 【延伸阅读】怎样选择适合自己的职业？
```

第一节 性格探索理论

一、性格对高职学生职业发展的影响

性格是在后天的成长环境和教育环境中逐渐形成的、比较稳定的，对人、对事、对自己的独特的行为方式和个性倾向。但是，性格并非全部是别人能看清楚、自己也很明白的，有些性格不但不容易看清楚，有时候还有迷惑性，容易让人以为是另一种性格，性格具有复杂性和独特性。

（一）性格与高职学生职业发展的关系

许多职业的确对性格有着特定的要求，要选择某一职业就必须具备这一职业所要求的性格特征。例如，律师这一职业就需要有逻辑思维严密、喜欢独立思考的性格；而财会、统计、档案一类的职业则需要有相对严谨、踏实的性格；绘画、导演、演艺等职业则必须是具有热情奔放、跳跃思维的性格。可以说，从事任何一种职业都需要与之匹配的职业性格，相符的职业性格有助于更好地完成工作。当然除了少数职业对性格类型有着近乎苛刻的严格要求外，大多数职业并不一定过分强调性格与职业之间的严格对应。因为不同的性格类型可能在同一个职业领域发挥出不同的作用，而同一性格类型的人在不同的职业领域也可能会出现各具特色的表现。性格特征与生涯规划的关系是很密切的，所以高职学生要规划自己的职业生涯，需要先了解自己具有什么样的性格特征。

（二）性格与高职学生职业发展的相互作用

第一，性格影响着高职学生对职业的适应性。不同的职业，由于其社会责

任、工作形式、工作内容、工作方式、服务对象和手段各不相同，因此对从业者的性格也有不同要求。例如，从事幼儿园教师的工作，需要耐心、热情、活泼好动、喜欢孩子，最好还能保持一颗童心，喜欢文艺；而会计则要求细致、耐心、性格沉稳、能坐得住、做事有条理性。如果职业要求的性格和自己的性格不同甚至有很大冲突，那么即使顺利入职，也会觉得工作是一种折磨，没有成就感可言，更别说取得成就了。

第二，认识性格有利于高职学生的个人发展。认识自己的性格，有助于认清自己的优势和不足，提高自己的修养，克服自己的弱点，从而扬长补短，使自己不断完善，不断走向优秀。

【典型案例】拿了导游证的学生却做不了导游

朱同学，某职业技术学院旅游管理专业，学习成绩优秀，多次获得校特等奖学金、一等奖学金。她平时上课认真做笔记，专心听讲，得到任课教师的一致好评。在第一次导游证考试中，她就顺利通过，拿到导游证。就是这样一位优秀的学生，毕业后却不能成为一名优秀的导游。

后来班主任了解到，她为人老实、性格内向，通过几次带团，发现自己不适合做导游。因此，有人认为，专业知识不重要，会带团讲解才是王道。但也有人认为专业知识才是基础，不能以偏概全。

企业的人力资源认为，沟通表达能力十分重要，有时候甚至超过了专业技能。作为一名导游，人力资源需要为游客讲解景点知识，需要与上级、同事沟通，良好的表达可以带来事半功倍的效果。

二、职业性格的主要理论

（一）MBTI性格理论

MBTI全称Myers-Briggs Type Indicator，是一种迫选型、自我报告式的性格评估工具，用以衡量和描述人们在获取信息、做出决策、对待生活等方面的心理活动规律和性格类型。它以瑞士心理学家卡尔·荣格（Carl Jung）的性格理论为基础，由美国的凯瑟琳·布里格斯（Katherine C Briggs）和伊莎贝尔·布里格斯·迈尔斯（Isabel Briggs Myers）母女共同研制开发[1]。

MBTI从四个维度考察个人的偏好倾向，以区分人与人之间的差异，这四个维度为：

精力支配：外倾Extraversion（E）—内倾Introversion（I）

接受信息：感觉Sensing（S）—直觉Intuition（N）

判断事物：思考Thinking（T）—情感Feeling（F）

行动方式：判断Judging（J）—知觉Perceiving（P）

其中两两组合，可以组合成16种性格类型，见表5-1。

表5-1　MBTI 16种性格类型及其通常具有的特征

ISTJ 内倾感觉思维判断 如稽查员	ISFJ 内倾感觉情感判断 如保护者	INFJ 内倾直觉情感判断 如咨询师	INFP 内倾直觉情感知觉 如治疗师、导师
ESTJ 外倾感觉思维判断 如督导	ESFJ 外倾感觉情感判断 如供给者、销售员	ENFJ 外倾直觉情感判断 如教师	ENFP 外倾直觉情感知觉 如倡导者、激发者
ISTP 内倾感觉思维知觉 如操作者、演奏者	ISFP 内倾感觉情感知觉 如作曲家、艺术家	INTJ 内倾直觉思维判断 如智多星、科学家	INTP 内倾直觉思维知觉 如建筑师、设计师
ESTP 外倾感觉思维知觉 如发起者、创设者	ESFP 外倾感觉情感知觉 如表演者、演示者	ENTJ 外倾直觉思维判断 如统帅、调度者	ENTP 外倾直觉思维知觉 如企业家、发明家

MBTI性格类型系统中有四种性格倾向组合。

1.直觉+思考=概念主义者（NT）

概念主义者自信、有智慧、富有想象力。他们的原则是所有的事情都要做到最好。他们天生好奇，喜欢不断地汲取知识，能够看到同一问题的多个不同方面，习惯于全面地思考问题和一分为二地看待问题，从而对真实或假设的问题构思出解决方案。

概念主义者是四种类型中最独立的一种人。他们工作原则性强，标准高，对

---

[1] 曾维希，张进辅. MBTI人格类型量表的理论研究与实践应用 [J]. 心理科学进展，2006，14（1）：255-260.

自己和对别人的要求都很严格。他们不会被别人的冷遇和批评干扰，喜欢以自己的方式做事。

概念主义者喜欢能提供自由、变化和需要有较高的智力才能完成的工作。他们喜欢看到自己的想法能够得到实施，喜欢与有能力的上司、下属、同事共事。许多概念主义者推崇权力，易于被有权力的人和权力地位所吸引。

2.感觉+知觉=经验主义者（SP）

经验主义者关注五官带给他们的信息，而且相信那些可以测量和证明的东西；同时喜欢面对各种各样的可能性，喜欢自由随意的生活方式，是反应灵敏和自发主动的一种人。

经验主义者是四种类型中最富冒险精神的。他们最可贵的地方在于机智多谋、令人兴奋，而且很有趣。他们为行动、冲动和享受现在而活着，一想到某件事情就有立即去做的冲动，而且喜欢一气呵成，一口气把事情做完；但又不喜欢太长时间做同一件事情。

经验主义者喜欢可以提供自由、变化和行动的工作，喜欢那些能够有及时效果的工作，他们以能够巧妙而成功地完成工作为乐。由于他们喜欢充满乐趣的生活，无论做什么均必须让他们感到高度的乐趣，这样才能令他们感到满意。

3.直觉+情感=理想主义者（NF）

理想主义者感兴趣的是事物的意义、关系和可能性，并基于其个人的价值观念做出决定。他们做人的原则是：真实地面对自己。

理想主义者是四种类型中精神上最具哲理性的人，乐于接受新的思想，善于容纳他人。他们非常崇尚人与人之间和各种关系中的真实和正直，容易将别人理想化。

对理想主义者而言，一份好工作应该是对他们个人很有意义的工作，而不是简单的常规工作或只是一种谋生手段。他们喜欢民主、能够激励各种层次的人们高度参与的组织，会被那些促进人性价值的组织或那些允许他们帮助别人完成工作的职业所吸引。

4.感觉+判断=传统主义者（SJ）

传统主义者相信事实、已证实的数据、过去的经验和"五官"所带给他们的信息，喜欢有结构有条理的世界，喜欢做决定，是一种既现实又有明确目标的人。

传统主义者是四种类型中最传统的一类。他们重视法律、秩序、安全、得体、规则和本分。他们尊重权威、等级制度和权力，而且一般具有保守的价值观。他们很有责任感，而且经常努力去做正确的事情，这使他们可以信赖和依靠。

传统主义者需要有归属感，需要服务于别人，需要做正确的事情。他们注重安稳、秩序、合作、前后一致和可靠，而且严肃认真，工作努力。他们在工作中对自己要求十分严格，而且希望别人也是如此。

（二）九型人格理论

九型人格起源于古代中亚，最早被称为"九芒星"和"九注图"等，到现在已经有两千多年的传播历史❶。最早"九芒星"图的创始人已经无从考证。虽然九型人格的传播和推广已经有两千多年历史，但是由于九型人格的神秘、独特和复杂性，一直没有被主流社会推崇，而是通过口述的形式在苏菲教等组织团体中逐渐流传下来❷。

现代九型人格的创始人可追溯到20世纪60年代，智利心理学家伊卡索（Ichazo）将九型人格理论完善并发展下来❸。之后，九型人格逐渐被Naranjo（纳兰霍）、Hudson（赫德森）、David Daniels（戴维·丹尼尔斯）和Helen Palmer（海伦帕尔默）以及Riso（里索）等不同国家的心理学方面的研究学者推广和传播。他们除了在九型人格理论方面进行了研究和探索之外，更为九型人格的传播和推广做出了卓越贡献❹。

九型人格理论主要研究个体发展的原动力，它认为每个人来到这个世界上的根本诉求是不同的，因此，他们在观察世界、理解世界的过程与角度都不尽相同，其形成的看法与结论也就不同，进而导致其思维方式与行为方式存在差异。这就解释了为何在面对同样事情的时候，人的反应往往存在很大的差别。如面对竞争，有的人会兴奋积极，而有的人则会恐惧逃避；面对分离，有的人会感觉很

---

❶ 戴维·丹尼尔斯，弗吉尼亚·普赖斯.九型人格：自我发现与提升手册［M］.中信出版社，2012.

❷ Palmer H.The Enneagram in Love and Work. Understanding your Intimate and Business Relationships［M］. New York：Harper Collins，1995，126–129.

❸ Riso, D.R.Hudson, R.Discovering Your Personality Type–The New Enneagram［M］. Boston, MA：Houghton Mifflin，1995，223–227.

❹ 裴宇晶.九型人格理论在组织管理中的应用述评与展望［C］.第六届中国管理学年会，2011：74–79.

痛苦，而有的人则会平静以对；面对改变，有的人会积极接纳、适应，而有的人则会消极、抵抗或回避。九型人格理论认为，这些不同的内隐的心理活动与外显的行为表现，从根本上说都是因个体人格特点的不同所影响而导致的。如同世界上没有两片完全相同的叶子，也不存在完全相同人格的两个人。但不同人的不同人格的关键特征有其相似之处，按人格特质的相似性将其划分九大类，这就是九型人格的九个类型。九型人格根据人的思维、情绪和行为特征的不同，将人的性格分为九种，如图5-1所示。

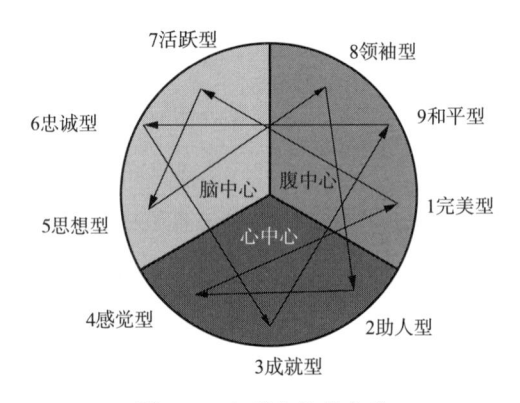

图5-1 九型人格的类型

九型人格根据个体对外部世界的反应与感觉、行为特征又划分为三个中心类型：思想中心、情感中心和本能中心。所谓思想中心，又称为"脑中心"，是指"以脑部为中心"的人，这类人永远依赖个人思想来回应事件，喜欢搜集资料、讲道理，依靠思考与反省运作，平常不是感到安全就是感到焦虑，他们很容易活在过去。"脑中心"包括第五型（思想型）、第六型（忠诚型）和第七型（活跃型）。情感中心又称"心中心"，是指"以心部为中心"的人，其反应来源于情绪、感觉和感情，喜欢人及感受上的运作，对人不是认同就是敌意，容易活在现在。"心中心"包括第二型（助人型）、第三型（成就型）及第四型（感觉型）。而本能中心，又称为"腹中心"，是指"以腹部为中心"的人，他们脚踏实地，最在乎生存问题，喜欢解决问题，看重事实、借本能和习惯运作，平常不是压抑就是攻击，容易活在未来。"腹中心"包括第八型（领袖型）、第九型（和平型）和第一型（完美型）。

九型人格各类性格特征简要描述见表5-2。

表5-2 九型人格各类性格的简要特征

1 完美型（Perfectionist）	重原则，不易妥协，黑白分明，对自己和别人均要求高，追求完美
2 助人型（Helper/Giver）	渴望与别人建立良好关系，以人为本，乐于迁就他人
3 成就型（Achiever/Motivator）	好胜心强，以成就去衡量自己价值的高低，是一名工作狂
4 感觉型（Artist/Individualist）	情绪化，惧怕被人拒绝，觉得别人不明白自己，我行我素
5 思想型（Thinker/Observer）	喜欢思考分析，求知欲强，但缺乏行动，对物质生活要求不高
6 忠诚型（TeamPlayer/Loyalist）	做事小心谨慎，不易相信别人，多疑虑，喜欢群体生活，尽心尽力工作
7 活跃型（Enthusiast）	乐观，喜新鲜感，爱赶潮流，不喜承受压力
8 领袖型（Leader）	追求权力，讲求实力，不靠他人，有正义感
9 和平型（Peace-maker）	需花长时间做决策，怕纷争，难于拒绝他人，祈求和谐相处

九型人格与其他性格分类的最大区别在于，九型人格揭示了人们内在的、最深层的个人价值观和注意力焦点，它不受表面的外在行为的变化所影响。九型人格理论认为，人格（包括价值观、动机和需要等）是决定一个人选择何种最适合自己职业的决定性因素，对自我认知和职业选择具有积极的指导价值。

（三）卡特尔16种人格因素测验

卡特尔（Raymond B.Cattell）是美国伊利诺州立大学教授，著名心理学家，是人格特质理论的重要代表人物之一。卡特尔认为，并非所有的特质在人格结构中都具有同等的地位，由此，他根据特质层次的不同，把人格特质分为"表面特质"和"根源特质"。表面特质是指可通过对个体外部行为的直接观察而得到的行为特征，而根源特质是指内隐性的，引起并决定表面特质的最终根源和原因，属于人的最基本的、稳定的特征，是构成人格的基本元素的特质，是在表面特质的基础上推理设定的。根源特质需要通过严格的科学方法才能获得。他运用因素分析的方法，将人的人格特质归类为16种人格因素，这些因素是决定人的行为属性和功能的基本要素,即属于人的根源特质。他所编制的人格测验量表(卡特尔16种人格因素测验)至今被各领域广泛使用,是广受认可的人格测量基本工具。卡特尔16种人格因素测验可有效测量出人的16种主要人格特征,且具有较高的效度和信度。卡特尔所提出的16种人格因素是各自独立的,相互之间的相关度极小,而每一种因素的测量都能使被试者某一方面的人格特征有清晰而独特的呈现。

卡特尔人格因素理论的主要观点如下。

1. 构成人格基本结构的元素是特质

卡特尔人格特质理论的提出与形成与卡特尔的学习经历有关。卡特尔曾在伦敦大学主修化学,门捷列夫的化学元素周期表对他后来的心理学研究产生了很大影响。他在研究人格心理问题时认为,个体的人格构成如同物质一样有自己的基本元素,而构成人格基本结构的元素就是特质。特质是卡特尔人格理论中最重要的概念。所谓特质,是指人在不同的时间与不同的情境中行为一致的根源与原因,特质决定个体行为的恒常性,是构成人格的最小单位,是进行人格研究的基本"分析单元"。他认为,虽然心理学中没有元素周期表,但可运用多变量研究和因素分析方法来界定人格基本结构的元素。卡特尔就是运用因素分析的方法来确定构成人格的特质究竟有哪些方面。

2. 根源特质是人格结构中最重要的部分

卡特尔认为,根源特质是人格结构中最重要、最核心的部分,是构成人格的最基本要素,个人一切行为都受它的影响与作用,它控制着表面特质,是人行为的最终根源,是真正的构造人格的"砖块"。卡特尔研究后认为,构成人格的根源特质有16种。卡特尔通过研究,又将16种根源特质分为:素质根源特质、环境铸模特质、动力特质和能力特质。素质根源特质是指天赋遗传所决定的特质,环境铸模特质是由后天的、外部环境作用及个人经验影响所形成的特质,动力特质是指促使人朝着一定目标进行行动的特质,而能力特质是指决定一个人有效达成预定目标的特质。

对于能力特质,卡特尔认为,智力是最重要的能力特征之一,并提出了独特的智力"液晶理论"。他将智力分为两大类:晶体智力和液体智力。所谓液体智力是指那些先天性的、广泛影响人的各种活动的智力,其与经验并无联系;而晶体智力则是指通过后天学习而习得的智能形式。卡特尔认为,人的大部分智力取决于遗传因素，即液体智力占主导作用，而只有约20%的晶体智力是靠后天学习得来。卡特尔还认为，绝大多数传统的标准化智力测验（IQ测验）所测的都是液体智力，而把智力测验所测得的IQ分数等同于智力是不全面的。

3. 人格是可以测量的

卡特尔运用因素分析的方法，得出35个人的表面特质，然后基于这些表面特质进一步分析、推论和概括，总结出16个根源特质，其中包括15个人格因素和1个一般智力因素。卡特尔的16个人格因素有：（A）乐群性、（B）聪慧性、（C）稳定性、（E）恃强性、（F）兴奋性、（G）有恒性、（H）敢为性、（I）敏感性、（L）怀疑性、（M）幻想性、（N）世故性、（O）忧虑性、（Q1）实验性、（Q2）独立性、（Q3）自律性、（Q4）紧张性。卡特尔认为，每个人所具有的根源特质是具有普遍性和同一性的，这16种根源特质是各自独立的；但不同人所具有的某一特质的强度是不同的，而这16种根源特质不同强度的组合构成了人的人格特征的差异。为了了解个人的人格特质并对其行为进行预测，可通过测量一个人的16种根源特质强度的办法进行。为此，卡特尔编制了《16种人格因素调查表》（16PFTest），该量表具有很高的信度和效度，最高信度系数达到0.92，同时该量表各因素之间的相关系数较低，既可以测量人格总特点，也可以用来测量人格某一特质的特点，因此得到心理学界和相关领域的广泛应用，也被广泛应用于职业预测和学业预测领域。现在，16PFTest被许多国家修订，成为国际上最具权威、实用的心理量表之一。在我国，就有1970年刘永和修订和1981年李绍衣修订的两个版本。

卡特尔16种人格因素以及八种次级因素的含义如下❶：

因素A—乐群性：低分特征：缄默、孤独、冷漠；高分特征：外向、热情、乐群。

因素B—聪慧性：低分特征：思想迟钝、学识浅薄、抽象思考能力弱；高分特征：聪明、富有才识、善于抽象思考、学习能力强、思考敏捷正确。

因素C—稳定性：低分特征：情绪激动、易生烦恼、心神动摇不定、易受环境支配；高分特征：情绪稳定而成熟、能面对现实。

因素E—恃强性：低分特征：谦逊、顺从、通融、恭顺；高分特征：好强固执、独立积极。

---

❶ 秦凤华，姚娜娜. 关于卡特尔十六种人格因素测验本土化的探讨［J］. 呼伦贝尔学院学报，2008.

因素F—兴奋性：低分特征：严肃、审慎、冷静、寡言；高分特征：轻松兴奋、随遇而安。

因素G—有恒性：低分特征：苟且敷衍、缺乏奉公守法的精神；高分特征：有恒负责、做事尽职。

因素H—敢为性：低分特征：畏怯退缩缺乏自信心；高分特征：冒险敢为、少有顾忌。

因素I—敏感性：低分特征：理智的、着重现实、自食其力；高分特征：敏感、感情用事。

因素L—怀疑性：低分特征：依赖随和、易与人相处；高分特征：怀疑、刚愎、固执己见。

因素M—幻想性：低分特征：现实、合乎成规、力求妥善合理；高分特征：幻想的、狂放不羁。

因素N—世故性：低分特征：坦白、直率、天真；高分特征：精明能干、世故。

因素O—忧虑性：低分特征：安详、沉着、有自信心；高分特征：忧虑抑郁、烦恼自扰。

因素Q1—实验性：低分特征：保守的、尊重传统观念与行为标准；高分特征：自由的、批评激进、不拘泥于现实。

因素Q2—独立性：低分特征：依赖、随群附众；高分特征：自立自强、当机立断。

因素Q3—自律性：低分特征：矛盾冲突、不顾大体；高分特征：知己知彼、自律谨严。

因素Q4—紧张性：低分特征：心平气和，闲散宁静；高分特征：紧张困扰，激动挣扎。

适应与焦虑型X1：低分特征：生活适应顺利，通常感到心满意足，能做到所期望的及自认为重要的事情；也可能对困难的工作缺乏毅力，有事时知难而退，不肯奋斗努力的倾向。高分特征：对生活上所要求的和自己意欲达成的事情常感到不满意；可能会使工作受到破坏和影响身体健康。

内向与外向型X2：低分特征：内倾，趋于胆小，自足，在与别人接触中采取克制态度，有利于从事精细工作。高分特征：外倾，开朗，善于交际，不受拘束，有利于从事贸易工作。

感情用事与安详机警型X3：低分特征：情感丰富而感到困扰不安，可能是缺乏信心、颓丧的类型，对生活中的细节较为含蓄敏感，性格温和，讲究生活艺术，采取行动前再三思考，顾虑太多。高分特征：富有事业心，果断，刚毅，有进取精神，精力充沛，行动迅速，但常忽视生活上的细节，只对明显的事物注意，有时会考虑不周，不计后果，贸然行事。

怯懦与果断型X4：低分特征：怯懦，顺从，依赖别人，纯洁，个性被动，受人驱使而不能独立，为获取别人的欢心会事事迁就。高分特征：果断，独立，露锋芒，有气魄，有攻击性的倾向，通常会主动地寻找可以施展这种行为的环境或机会，以充分表现自己的独创能力，并从中取得利益。

心理健康因素Y1：低于12分者仅占人数分配的10%，情绪不稳定的程度颇为显著。

专业有成就者的人格因素Y2：平均分为55分，67分以上者应有其成就。

创造力强者的人格因素Y3：标准分高于7分者属于创造力强者的范围，应有其成就。

在新环境中有成长能力的人格因素Y4：平均值为22分，不足17分者仅占分配人数的10%左右，从事专业或训练成功的可能性极小。25分以上者，则有成功的希望。

4.人的行为是可以预测的

卡特尔认为，人的行为是一些数量有限的变量的函数，如果能够完全知道这些变量，人的行为就能被精确预测，而要完全了解影响人类行为的变量是不可能的，但对变量了解越多，对人的行为预测就会越准确。因此，对人进行人格测量是预测其行为的基础和有效办法，其人格特质可以预测其大概的行为表现。人的行为表现受时间与情景的影响比较大，对个人行为预测需要考虑其人格特质在某一特定情景中发挥作用的比重，卡特尔将其称为"权数"或叫"因素载荷"。另外，预测人的行为除了需要考虑个体特定的人格特质及各特质的因素载荷外，还要考虑当时的条件，如身体状况、担任的角色等，卡特尔将其称为"情景调节器"。卡特尔将行为预测归纳为一个公式：$R=f(P, S)$，其中R是指个人的行为反应，P是指个人的人格特质，而S是指具体行为发生的情景。

三、职业性格的测量

（一）MBTI性格测量

1.测评说明

（1）请在心态平和及时间充足的情况下开始答题。

（2）每道题目均有两个答案：A和B。请仔细阅读题目，按照与自己性格相符的程度分别给A和B赋予一个分数，并使一组中的两个分数之和为5分。最后，请在题目相应的括号内填上相应的分数。

（3）请注意，题目的答案无对错之分，你无须考虑哪个答案"应该"更好，而且不要在任何问题上思考太久，而是应该凭你心里的第一反应做出选择。

（4）如果你觉得在不同的情境里，两个答案或许都能反映你的倾向，请选择一个对于你的行为方式来说最自然、最顺畅和最从容的答案。

例："你参与社交聚会时"

A.总是能认识新朋友。（4）

B.只跟几个亲密挚友待在一起。（1）

很明显，你参与社交聚会时有时能认识新朋友，有时又会只跟几个亲密挚友待在一起，在以上例子中，我们给"总是能认识新朋友"打了4分，而给"只跟几个亲密挚友待在一起"打了1分。当然，在你看来，也可能是3+2或者5+0，也可以是其他组合。

请在以下范围内一一对应地选择你对以下项目的赋值：

最小————————————————————最大
　0　　　1　　　2　　　3　　　4　　　5

2.测评题目

（1）当你遇到新朋友时，你

A.说话的时间与聆听的时间相当。（　　）

B.聆听的时间会比说话的时间多。（　　）

（2）下列哪一种是你的一般生活取向？

A.只管做吧。（　　）

B.找出多种不同选择。（　　）

第五章　人职匹配的理论分析

（3）你喜欢自己的哪种性格？

A.冷静而理性。（　　）

B.热情而体谅。（　　）

（4）你擅长

A.专注在某一项工作上，直至把它完成为止。（　　）

B.在有需要时间时同时协调进行多项工作。（　　）

（5）你参与社交聚会时

A.总是能认识新朋友。（　　）

B.只跟几个亲密挚友待在一起。（　　）

（6）当你尝试了解某些事情时，一般你会

A.先要了解细节。（　　）

B.先了解整体情况，细节之后再谈。（　　）

（7）你对下列哪方面较感兴趣？

A.知道别人的想法。（　　）

B.知道别人的感受。（　　）

（8）你较喜欢下列哪个工作？

A.能让你定出目标，然后逐步达成目标的工作。（　　）

B.能让你迅速和及时做出反应。（　　）

下列哪一种说法较适合你？

（9）A.当我与友人尽兴后，我会感到精力充沛，并会继续追求这种欢愉。（　　）

B.当我与友人尽兴后，我会感到疲累，觉得需要一些空间。（　　）

（10）A.我较有兴趣知道别人的经历，例如他们做过什么？认识什么人？（　　）

B.我较有兴趣知道别人的计划和梦想，例如他们会往哪里去？憧憬什么？（　　）

（11）A.我擅长订出一些可行的计划。（　　）

B.我擅长促成别人同意一些计划，并通力合作。（　　）

（12）A.我尝试做任何事情，都想事先知道可能有什么事情发生。（　　）

B.我会突然尝试做某些事，看看会有什么事情发生。（　　）

（13）A.我经常边说话，边思考。（　　）

B.我在说话前，通常会思考要说的话。（　　）

（14）A.四周的实际环境对我很重要，而且会影响我的感受。（　　）

B.如果我喜欢所做的事情，气氛对我而言并不是那么重要。（　　）

（15）A.我喜欢分析，心思缜密。（　　）

B.我对人感兴趣，关心他们所发生的事。（　　）

（16）A.一旦定出计划，我便希望能依计行事。（　　）

B.即使已出计划，我也喜欢探讨其他新的方案。（　　）

（17）A.认识我的人，一般都知道什么对我来说是重要的。（　　）

B.除了我感觉亲近的人，我不会对人说出什么对我来说是重要的。（　　）

（18）A.如果我喜欢某种活动，我会经常进行这种活动。（　　）

B.我一旦熟悉某种活动后，便希望转而尝试其他新的活动。（　　）

（19）A.当我做决定的时候，我更多地考虑正反两面的观点，并且会推理与质证。（　　）

B.当我做决定的时候，我会更多地了解其他人的想法，并希望能够达成共识。（　　）

（20）A.当我专注做某件事情时，不希望受到任何干扰。（　　）

B.当我专注做某件事情时，需要不时停下来休息。（　　）

（21）A.我独处太久，便会感到不安。（　　）

B.若没有足够的自处时间，我便会感到烦躁不安。（　　）

（22）A.我对一些没有实际用途的意念不感兴趣。（　　）

B.我喜欢意念本身，并享受想象意念的过程。（　　）

（23）A.当进行谈判时，我依靠自己的知识和技巧。（　　）

B.当进行谈判时，我会拉拢其他人至统一阵线。（　　）

当你放假时，你多数会

（24）A.为想做的事情订出时间表。（　　）

B.随遇而安，做当时想做的事。（　　）

（25）A.花多些时间与别人共度。（　　）

B.花多些时间自己阅读、散步或者发白日梦。（　　）

（26）A.返回你喜欢的地方度假。（　　）

B.选择前往一些你从未到达的地方。（　　）

（27）A.带着一些与工作或学校有关的事情。（　　）

B.处理一些对你重要的人际关系。（　　）

（28）A.想着假期过后要准备的事情。（　　）

B.忘记平时发生的事情，专心享乐。（　　）

（29）A.参观著名景点。（　　）

B.花时间逛博物馆和一些较为幽静的地方。（　　）

（30）A.在喜欢的餐厅用膳。（　　）

B.尝试新的菜式。（　　）

下列哪个说法最能贴切形容你对自己的看法？

（31）A.别人认为我会公正处事，并且尊重他人。（　　）

B.别人相信在他们有需要时，我会在他们身边。（　　）

（32）A.按照计划行事。（　　）

B.随机应变。（　　）

（33）A.坦率。（　　）

B.深沉。（　　）

（34）A.留意事实。（　　）

B.注重事实。（　　）

（35）A.知识广博。（　　）

B.善解人意。（　　）

（36）A.处事井井有条。（　　）

B.容易适应转变。（　　）

（37）A.爽朗。（　　）

B.沉稳。（　　）

（38）A.实事求是。（　　）

B.富想象力。（　　）

（39）A.喜欢询问实情。（　　）

B.喜欢探索感受。（　　）

（40）A.着眼达成目标。（　　）

B.不断接受新意见。（　　）

（41）A.率直。（   ）

B.内敛。（   ）

（42）A.实事求是。（   ）

B.具有远大目光。（   ）

（43）A.公正。（   ）

B.宽容。（   ）

你会倾向：

（44）A.及时处理不愉快的事情，务求把它们抛诸脑后。（   ）

B.暂时放下不愉快的事情，直至有心情时才处理。（   ）

（45）A.自己的工作被欣赏，即使你自己并不满意。（   ）

B.创造一些有长远价值的东西，但不一定需要别人知道是你做的。（   ）

（46）A.在自己有兴趣的范畴，积累丰富的经验。（   ）

B.有各式各样不同的经验。（   ）

下面哪一句较能表达你的看法？

（47）A.感情用事的人较容易犯错。（   ）

B.逻辑思维会令人自以为是，因而容易犯错。（   ）

（48）A.三思而后行。（   ）

B.犹豫不决必失败。（   ）

3.分数汇总

将所有问题的分数加在一起，见表5-3。

表5-3 测评分数表

	A	B		A	B		A	B		A	B
1			2			3			4		
5			6			7			8		
9			10			11			12		
13			14			15			16		
17			18			19			20		
21			22			23			24		

续表

	A	B		A	B		A	B		A	B
25			26			27			28		
29			30			31			32		
33			34			35			36		
37			38			39			40		
41			42			43			44		
45			46			47			48		
总得分											
	E	I		S	N		T	F		J	P

4.测评解释

以上八个偏好两两成对，例如，E和I、S和N、T和F、J和P各自是一对组合。在每一对组合中，比较该组合中的偏好的得分孰高孰低，高的那个就是优势类型。如果同分的话，选择后面的那一组，即I、N、F、P。对四对组合都做比较后，会得到一个由4个字母组成的优势类型，如ENFP、ISTJ等，把它写在下面的横线上。

问卷所揭示的优势类型是：＿＿＿＿＿＿＿＿＿＿＿＿＿＿＿＿＿＿＿＿＿＿。

在MBTI性格类型测试问卷结果分析中有对四个纬度八种偏好的详细描述，认真地自我评估一下，究竟对哪种偏好的描述更接近你自己，然后把结果写在下面。

在E和I这个纬度上，我认为更接近我本性的是：＿＿＿＿＿＿＿＿＿＿＿。

在生活中，能佐证的例子有＿＿＿＿＿，对职业发展方向的影响是＿＿＿＿＿。

在S和N这个纬度上，我认为更接近我本性的是：＿＿＿＿＿＿＿＿＿＿＿。

在生活中，能佐证的例子有＿＿＿＿＿，对职业发展方向的影响是＿＿＿＿＿。

在T和F这个纬度上，我认为更接近我本性的是：＿＿＿＿＿＿＿＿＿＿＿。

在生活中，能佐证的例子有＿＿＿＿＿，对职业发展方向的影响是＿＿＿＿＿。

在J和P这个纬度上，我认为更接近我本性的是：＿＿＿＿＿＿＿＿＿＿＿。

在生活中，能佐证的例子有＿＿＿＿＿，对职业发展方向的影响是＿＿＿＿＿。

（二）赖氏人格测验

赖氏人格测验12项分测验等级见表5-4。

表5-4 赖氏人格测验12项分测验等级表

程度低的表现	程度	程度高的表现
内向文静；不喜欢活动，喜欢独处；瞻前顾后考虑太多，很难下定决心	活动性弱 ⟵⟶ 活动性强	喜欢热闹、健谈、工作迅速、动作敏捷、乐于参与活动；有贸然下决心的倾向，不考虑就行动
积极性低、主导性弱，在团体中不主动表达意见；倾向被动及服从	服从性 ⟵⟶ 领导性	在团体里主动、积极，意见主导性强；乐于指挥、领导；在他人面前说话，不会不自在或害羞，乐于为团体服务，善于待客
较封闭，不喜欢与人接触、交谈、闲聊、互动；参加社交活动时常孤独地坐在一旁	社会内向 ⟵⟶ 社会外向	善于人际交往、适应力强，喜欢社交活动；喜爱和人接触、交谈、闲聊，喜欢被人重视
做事谨慎，爱思考；对事情喜欢三思而后行，从长计议	思考内向 ⟵⟶ 思考外向	不会三思而后行；做决定较草率、不谨慎
常怕事情做不完、做不好；做事迅速、有动力、有活力，常处于紧张状态	忧虑的 ⟵⟶ 安闲的	无忧无愁，随遇而安，做事及处理问题较缓慢，易保持心情平稳愉快
不会坚持己见，可以接受他人的建议；追求实际、理性，接受现实，社会适应性较强	客观的 ⟵⟶ 主观的	固执，不易接受他人的建议；自我意识较强、成见较深，社会适应性较弱
随和，安于现状，有协调能力，喜欢团队合作	协调的 ⟵⟶ 不协调的	不愿和他人合作，对事物喜好挑剔，常常抱着不满的态度，社会适应性较低
消极、退缩、不主动；无反抗心理，不易与他人发生冲突	攻击性弱 ⟵⟶ 攻击性强	有企图心、一意孤行，具有敌意反抗心理，对人有时会不友善，受到伤害或攻击时会反抗，易与他人发生冲突
乐观、开朗；心情常写在脸上，有话就说，不会闷在心里，喜欢聊天、八卦	抑郁性小 ⟵⟶ 抑郁性大	闷闷不乐，悲观、忧愁、消极，情绪安定性较低，心中烦恼不易表露出来
情绪稳定、不感情用事，情绪不随事情发展而波动	变异性小 ⟵⟶ 变异性大	心情变动、情绪起伏很大，易感情用事，容易冲动
很有自信、有自恋倾向，常自卖自夸，不受人影响	自卑感弱 ⟵⟶ 自卑感强	缺乏信心，对自己的能力与评价较低，易受人影响
不拘小节，情绪安定，不易发怒	神经质低 ⟵⟶ 神经质强	对他人评价过于敏感，反应易过度，会为小事烦恼，会因受刺激而发怒

赖氏人格测验5种性格特质类型见表5-5。

表5-5 赖氏人格测验5种性格特质类型表

系统值		判断方法	性格特质	特质说明
A型	中		好好先生 差不多先生	这一类型的人较平凡，懂得"中庸之道"，凡事皆不会太过与不及；人格特质都处于中间等级，既不外向也不内向，人际关系不太好也不太坏，情绪起伏不大也不算太稳定
B型	右		外向好动 主动积极 会争取权益	这一类型的人外向好动、精力充沛、不安定，情绪起伏大，不适应社会规范；当生活不如意时，不太容易控制自己的脾气，会产生反社会行为，与人发生冲突；若所处环境不好或智力低，就容易有犯罪趋向。如何在交际中温和地表达自己的想法，尝试与他人协调意见，是此类型人的重要课题
C型	左		遵守规矩 听从指挥	这一类型的人较内向、内敛、随和、被动，需要他人主动了解他们的优点；冷静思考、遵守规定、服从指挥、情绪稳定，不宜担任公司的推销员或外务员

续表

系统值		判断方法	性格特质	特质说明
D型	右左		领导 决策	这一类型的人性格外向好动、情绪稳定，适合担任团体中的指挥者、领导者；在学生时代，可能是班级的领导人物；社会中，是中级以上的优秀职员，适合担任推销员、外务员、决策人员等，适合需要经常与人沟通的工作
E型	左右		脆弱 容易自责 意志不坚 易受影响	这一类型的人性格内向不好动，自我控制力弱、紧张、焦虑、缺乏信心、情绪不稳定、闷闷不乐；较没自信，意志不坚定，不良情绪不向外发泄，在遇到挫折时，有自责、自罚的倾向。这样的人大多相当内敛，也比较害羞，很容易产生反社会行为，所以在与其相处时应多给予关心和鼓励，帮助其建立自信心。这一类型的人要多找人聊天，抒发内心情感

此外，还有F型系统值，它属于复合型人格，拥有以上五种性格特质中两种以上类型的性格特质。

【延伸阅读】正确对待测评结果

职业测评可以帮助我们清楚地认识自我，了解自己的性格特征和职业倾向，帮助我们准确地进行职业定位，找到职业生涯发展的有效起点，扬长避短，在职业道路上事半功倍，走得更远。但是，职业测评并不是万能的，它不能解决所有人的所有问题。而对于测评结果，更是需要正确地对待。

首先，同学们对各种专业的人才素质要求还没有很全面、深刻地了解，即使测评结果显示你适合某种工作，那只是从性格、能力或未来能力、兴趣等几个方面提供的参考，而你能否适应职业本身的压力、节奏、竞争力，以及职业对经验、学历等的要求，则往往是测评之外的事。所以在不知所措时，先就业，等自己对各种职业有了一定的了解后再择业，是明智之举。

其次，有的职业测评显示一些职业较适合性格外向的人做，但实践中，一些性格内向的人也会做得很好，为什么？因为一种职业对人才的需求是多样性的。所以，个人的职业测评最好和用人单位的测评结合起来，即用人者可能比你更了解你是否适合某种职业。

职业选择决策是一个复杂的、动态的过程，要考虑很多因素。在做具体决策时，除了把测评结果作为参考依据外，还要考虑以下一些因素：如职业的发展前景，职业的工作环境，职业给你带来的经济及非经济的报酬，你的个性特征与职业要求的匹配性，你个人的能力特长与职业要求的一致性，以及你的父母亲人和朋友对你的期望等。这些信息需要你自己去获取，也可以向有关的专家或专业机构咨询。

第二节 兴趣探索理论

一、兴趣对高职学生职业发展的影响

（一）兴趣的不同阶段

从兴趣的产生和发展来看，一般要经历有趣、乐趣、志趣三个阶段。有趣是出于对某一事物的好奇，随着对这一事物的逐渐熟悉和新奇感的消失而消失，是兴趣发展的低级阶段。乐趣是在兴趣定向发展的基础上形成的，是兴趣发展的中级阶段，这一阶段的兴趣变得专一、深入。志趣是兴趣发展的高级阶段，当乐趣同个人的社会责任感、理想、奋斗目标等结合起来时，兴趣就变成了志趣。志趣具有社会性、自觉性和方向性，是成就的根本动力，是成功的重要保证。

（二）兴趣对高职学生职业发展的作用

第一，兴趣是高职学生职业生涯选择的重要依据，是强大的精神力量。可以使人集中精力去获得所喜欢的知识，启迪智慧并创造性地开展工作。当一个人对某种职业发生兴趣时，他就能发挥整个身心的积极性，就能积极地感知和关注该职业知识、动态，并且积极思考，大胆探索，就能情绪高涨、想象丰富，就能增强记忆效果，增强克服困难的意志。

第二，兴趣可以提高工作效率，充分发挥才能。个人对工作有兴趣时，枯燥的工作会变得丰富多彩、趣味无穷。因为兴趣可以调动人的全部精力，促进能力的发挥，兴趣和能力的合理结合会大大提高工作效率。

第三，兴趣是保证职业稳定、职场成功的重要因素。对工作感兴趣，就愿意

钻研，就会出成就，这正是兴趣的作用所在。

【典型案例】从金属雕刻到高层次人才——记浙江省青年工匠的成长路

刘同学，某职业技术学院模具专业，从"振兴杯"全国青年职业技能大赛中脱颖而出，是全国唯一连续获学生组和职工组的"双料"冠军，先后被授予了全国技术能手、全国青年岗位能手、浙江省技术能手、浙江省青年工匠、浙江省青年岗位能手、杭州市青年岗位能手、杭州市五一劳动奖章等荣誉称号；获评杭州市C类人才，享受杭州市购房补贴150万元，区补贴30万元高层次人才津贴的补贴政策。

1997年出生的壮族小伙刘同学，4岁随父母离开老家广西玉林，来到绍兴生活，从绍兴的一所职业高中考入了高职院校。最初的他对于未来曾有过清晰的规划，就想毕业后能在杭州工作两年，然后回广西老家。在全国五一劳动奖获得者陈老师的引导下，他一步步认识到自己兴趣，在陈老师指导下积极参加各类技能比赛。他曾在新昌技师学院集训，为了不耽误训练，他一直没有回过家，可谓"十过家门而不入"。正如他分享中谈及：训练最明显的感受，就是手掌的茧子长了又破，破了又长。5个月的艰苦付出，市赛第一、省赛第一、国赛第一。

如今的刘同学踏上了培养学生技能的路上，在传承工匠精神的路上前行。让学生在自己动手创作的过程中，增强获得感、荣誉感和学习兴趣，从实践中真正体会到劳模精神、劳动精神和工匠精神，探索培养更多的高素质技术技能人才、能工巧匠和大国工匠，造就一支有理想守信念、懂技术会创新、敢担当讲奉献的技能人才队伍。

二、职业兴趣的主要理论

（一）霍兰德的职业兴趣理论

前一章我们提到，霍兰德认为人格可以分为六种类型：现实型、研究型、艺术型、社会型、企业型和常规型。这六种类型恰好对应了六种工作环境和职业兴趣。不同职业兴趣类型的人擅长的工作是不一样的，下面我们来详细介绍一下这六种兴趣类型的人对应的职业环境。

1.现实型（R）

兴趣倾向：喜欢具体事物；机械、动手能力强；喜欢做体力工作；喜欢户外活动；喜欢与物打交道。

人格特点：较多地运用到身体的实际操作。通常需要运用某些特殊技术，以便进行操作、修理、维护等。喜欢从事机械、电子、建筑、农事等方面的工作。在工作中，处理与物接触的问题比处理人际问题还重要。

对应职业环境：较多地运用到身体的实际操作。通常需要运用某些特殊技术，以便进行操作、修理、维护等。喜欢从事机械、电子、建筑、农事等方面的工作。在工作中，处理与物接触的问题比处理人际问题还重要。

2.研究型（I）

兴趣倾向：喜欢探索未知，喜欢逻辑分析，喜欢推理，喜欢钻研。

人格特点：抽象思维能力强；理性、求知欲强；有学识；不善领导他人。

对应职业环境：喜欢从事理化、生物、医药、程序设计等需要动脑的研究工作。工作场合通常需要运用复杂抽象的思考能力。在这些环境中常常采用数学或科学的知识，寻求问题的解决。例如，计算机程序设计师、医师、数学家、生物学家等。在大型企业，研究发展部门（R&D）也属于这类的工作场所。这类环境不太需要处理复杂的人际关系，大多数情况下，必须独立解决工作上的问题。

3.艺术型（A）

兴趣倾向：喜欢自我表达，喜欢文学和艺术等，喜欢美，喜欢自由，喜欢想象，喜欢创作。

人格特点：有创造力；渴望表现自己的个性；做事理想化，追求完美；具有一定的艺术才能和个性。

对应职业环境：工作场合非常鼓励创意以及个人的表现能力。这个类型的环境提供了开发新产品与创造性解答的自由空间。例如，艺术家、音乐家、自由文字工作者等。工作环境鼓励感性与情绪的充分表达，不要求逻辑形式。

4.社会型（S）

兴趣倾向：喜欢与人合作，喜欢交朋友，喜欢帮助别人，喜欢和谐环境。

人格特点：关心社会问题，渴望发挥自己的社会作用，寻求广泛的人际关系，看重社会义务和社会道德。

对应职业环境：工作场合鼓励人和人之间的和谐相待、互相帮助、和睦相处。工作场所中充满了经验指导与交流、心理的沟通、灵性的扶持等。例如，各级学校的教师、咨询心理学家等。工作氛围强调人类的核心价值，如理想、仁慈、友善和慷慨等。

5.企业型（E）

兴趣倾向：喜欢辩论、说服别人；喜欢领导、管理他人；喜欢竞争；喜欢刺激、冒险。

人格特点：有野心、有抱负；为人务实；看重利益得失；重视权利地位金钱等；做事有目的性。

对应职业环境：工作场合经常管理与鼓舞其他人，力图达成组织或个人的目标。工作场合中充满权利、金融或者经济的议题，甚至为了达成预期的绩效，不惜冒点风险。例如，企业经营、保险业务、政治活动、证券市场、公关部门、营销部门、房地产销售等。工作氛围重视绩效、权利、说服力与推销能力；非常强调自信、社交手腕与当机立断。

6.常规型（C）

兴趣倾向：喜欢按计划办事，喜欢关注细节，喜欢计算等条理清晰的事情。

人格特点：尊重权威和规章制度，较为谨慎和保守，不喜欢冒险和竞争，富有自我牺牲精神。

对应职业环境：工作场合注重组织与规划。工作场所包括办公室的基本工作，如档案管理、数据记录、进度管控等；需要运用到数字与人事行政能力，典型部门包括秘书处、人事部门、会计部门、总务部门等。

一个人的兴趣是多方面的，不可能只集中在一个方面，可能或多或少地表现在六个方面，只是程度不同。因此，通常用最强的三种兴趣的字母代码来表示一个人的兴趣，这个代码就称为"霍兰德代码"（Holland Code）。代码字母之间的顺序表示兴趣的强弱程度，比如SAI和AIS的人，具有相似的兴趣，但是他们对同一类型事物的兴趣强弱程度是不同的。借助霍兰德代码，求职者能迅速地、有系统地且有所依据地选择职业，见表5-6。

表5-6 霍兰德职业代码字典

兴趣类型	对应职业
RIA	陶工、建筑设计员、模型工、细木工、制作链条人员
RIS	厨师、林务员、跳水员、潜水员、染色员、电器修理工、眼镜制作工、电工、纺织机器装配工、服务员、装玻璃工人、发电厂工人、焊接工

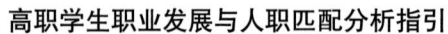

续表

兴趣类型	对应职业
RIE	建筑和桥梁工程人员、环境工程人员、航空工程人员、公路工程人员、电力工程人员、信号工程人员、电话工程人员、一般机械工程人员、自动工程人员、矿业工程人员、海洋工程人员、交通工程技术人员、制图员、家政经济人员、计量员、农民、农场工人、农业机械操作工、清洁工、无线电修理人员、汽车修理人员、手表修理人员、管工、线路装配工、工具仓库管理员
RIC	船上工作人员、接待员、杂志保管员、牙医助手、制帽工、磨坊工、石匠、机器制造工、机车（火车头）制造工、农业机器装配工、汽车装配工、缝纫机装配工、钟表装配和检验工、电动器具装配工、鞋匠、锁匠、货物检验员、电梯机修工、托儿所所长、钢琴调音员、装配工、印刷工、建筑钢铁工作人员、卡车司机
RAI	手工雕刻人员、玻璃雕刻人员、模型制作人员、家具木工、皮革品制作人员、手工绣花人员、手工钩针纺织人员、排字工作人员、印刷工作人员、图画雕刻人员、装订工
RSI	纺织工、编织工、农业学校教师、某些职业课程教师（如艺术、商业、技术、工艺课程）、雨衣上胶工
RSE	消防员、警察、门卫、理发师、房间清洁工、屠夫、锻工、开凿工人、管道安装工、出租汽车驾驶员、货物搬运工、送报员、勘探员、娱乐场所的服务员、起卸机操作工、电梯操作工、厨房助手
REI	轮船船长、航海领航员、大副、试管实验员
RES	旅馆服务员、家畜饲养员、渔民、渔网修补工、水手长、收割机操作工、搬运行李工人、公园服务员、救生员、登山导游、火车工程技术员、建筑工作人员、铺轨工人
REC	水表抄表员、保姆、实验室动物饲养员、动物管理员
RCI	测量员、勘测员、仪表操作者、农业工程技师、化学工程技师、民用工程技师、石油工程技师、资料室管理员、探矿工、煅烧工、烧窑工、矿工、保养工、磨床工、取样工、样品检验员、纺纱工、炮手、漂洗工、电焊工、锯木工、刨床工、制帽工、手工缝纫工、油漆工、染色工、按摩工、木匠、农民建筑工作者、电影放映员、勘测员助手
RCS	公共汽车驾驶员、一等水手、游泳池服务员、裁缝、建筑工人、石匠、烟囱修建工、混凝土工、电话修理工、爆炸手、邮递员、矿工、裱糊工人、纺纱工
RCE	打井工、吊车驾驶员、农场工人、邮件分类员、铲车司机、拖拉机司机
IRA	地理学家、地质学家、声学物理学家、矿物学家、古生物学家、石油学家、地震学家、声学物理学家、原子和分子物理学家、电学和磁学物理学家、气象学家、设计审核员、人口统计学家、数学统计学家、外科医生、城市规划家、气象员
IRS	流体物理学家、物理海洋学家、等离子体物理学家、农业科学家、动物学家、食品科学家、园艺学家、植物学家、细菌学家、解剖学家、动物病理学家、作物病理学家、药物学家、生物化学家、生物物理学家、细胞生物学家、临床化学家、遗传学家、分子生物学家、质量控制工程师、地理学家、兽医、放射性治疗技师

第五章 人职匹配的理论分析

续表

兴趣类型	对应职业
IRE	化验员、化学工程师、纺织工程师、食品技师、渔业技术专家、材料和测试工程师、电气工程师、土木工程师、航空工程师、行政官员、冶金专家、原子核工程师、陶瓷工程师、地质工程师、电力工程师、口腔科医生、牙科医生
IRC	飞机领航员、飞行员、物理实验室技师、文献检查员、农业技术专家、动植物技术专家、生物技师、油管检查员、工商业规划者、矿藏安全检查员、纺织品检验员、照相机修理者、工程技术员、编计算机程序者、工具设计者、仪器维修工
IAR	人类学家、天文学家、化学家、物理学家、医学病理家、动物标本剥制者、化石修复者、艺术品管理者
IAS	普通经济学家、农场经济学家、财政经济学家、国际贸易经济学家、实验心理学家、工程心理学家、心理学家、哲学家、内科医生、数学家
ISR	水生生物学者、昆虫学者、微生物学家、配镜师、矫正视力者、细菌学家、牙科医生、骨科医生
ISA	实验心理学家、普通心理学家、发展心理学家、教育心理学家、社会心理学家、临床心理学家、目标学家、皮肤病学家、精神病学家、妇产科医师、眼科医生、五官科医生、医学实验室技术专家、民航医务人员、护士
ISE	营养学家、饮食顾问、火灾检查员、邮政服务检查员
ISC	侦察员、电视播音室修理员、电视修理服务员、验尸室人员、编目录者、医学实验室技师、调查研究者
IES	细菌学家、生理学家、化学专家、地质专家、地理物理学专家、纺织技术专家、医院药剂师、工业药剂师、药房营业员
IEC	档案保管员、保险统计员
ICR	质量检验技术员、地质学技师、工程师、法官、图书馆技术辅导员、计算机操作员、医院听诊员、家禽检查员
AIR	建筑师、画家、摄影师、绘图员、环境美化工、雕刻家、包装设计师、陶器设计师、绣花工、漫画工
AIS	画家、剧作家、编辑、评论家、时装艺术师、新闻摄影师、男演员、文学作者
AIE	花匠、皮衣设计师、工业产品设计师、剪影艺术家、复制雕刻师
ASI	音乐教师、乐器教师、美术教师、管弦乐指挥、合唱队指挥、歌星、演奏家、哲学家、作家、广告经理、时装模特
ASE	戏剧导演、舞蹈教师、广告撰稿人、专栏作家、记者、演员、翻译
AER	新闻摄影师、电视摄影师、艺术指导、录音指导、丑角演员、魔术师、木偶戏演员、跳水员
AEI	音乐指挥、舞台指导、电影导演

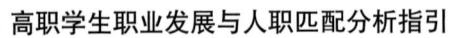

续表

兴趣类型	对应职业
AES	流行歌手、舞蹈演员、电影导演、广播节目主持人、舞蹈教师、口技表演者、喜剧演员、模特
SRI	外科医师助手、医院服务员
SRE	体育教师、职业病治疗者、体育教练、专业运动员、房管员、儿童家庭教师、警察、引座员、传达员、保姆
SRC	护理员、护理助理、医院勤杂工、理发师、学校儿童服务人员
SIR	理疗员、救护队工作人员、手足病医生、职业病治疗助手
SIA	社会学家、心理咨询者、学校心理学家、政治科学家、大学或学院的系主任、大学或学院的教育学教师、大学农业教师、大学工程和建筑课程的教师、大学法律教师、大学数学、医学、物理、社会科学和生命科学的教师、研究生助教、成人教育教师
SIE	营养学家、饮食学家、海关检查员、安全检查员、税务稽查员、校长
SIC	描图员、兽医助手、诊所助理、体检检查员、监督缓刑犯的工作者、娱乐指导者、咨询人员、社会科学教师
SER	体育教练、游泳指导
SEI	大学校长、学院院长、医院行政管理员、历史学家、家政经济学家、职业学校教师、资料员
SEA	娱乐活动管理员、国外服务办事员、社会服务助理、一般咨询者
SEC	社会活动家、退伍军人服务官员、工商会事务代表、教育咨询者、宿舍管理员、旅馆经理、饮食服务管理员
SCE	部长助理、福利机构职员、生产协调人员、环境卫生管理人员、戏院经理、餐馆经理、售票员
ERI	建筑物管理员、工业工程师、农场管理员、护士长、农业经营管理人员
ERS	仓库管理员、房屋管理员、货站监督管理员
ERC	邮政局局长、渔船船长、机械操作领班、木工领班、瓦工领班、驾驶员领班
EIR	科学、技术和有关周期出版物的管理员
EIS	警官、侦查员、交通检验员、安全咨询员、合同管理者、商人
EIC	专利代理人、鉴定人、运输服务检查员、安全检查员、废品收购人员
EAR	展览室管理员、舞台管理员、播音员、驯兽员
EAS	法官、律师、公证人
ESR	家具售货员、书店售货员、公共汽车的驾驶员、日用品售货员、护士长、自然科学和工程的行政领导
ESI	博物馆管理员、图书馆管理员、古迹管理员、饮食业经理、地区安全服务管理员、技术服务咨询者、超级市场管理员、零售商品店店员、批发商、出租汽车服务站调度

续表

兴趣类型	对应职业
ESA	博物馆馆长、报刊管理员、音乐器材售货员、广告商、画商、导游、(轮船或班机上的)事务长、飞机上的服务员、船员、法官、律师
ESC	理发师、裁判员、政府行政管理员、财政管理员、工程管理员、职业病防治人员、售货员、商业经理、办公室主任、人事负责人、调度员
ECI	银行行长、审计员、信用管理员、地产管理员、商业管理员
ECS	信用办事员、保险人员、各类进货员、海关服务经理、售货员、购买员、会计
CRI	簿记员、会计、计时员、铸造机操作工、打字员、复印机操作工
CRS	仓库保管员、档案管理员、缝纫工、讲述员、收款人
CRE	标价员、实验室工作者、广告管理员、自动打字机操作员、电动机装配工、缝纫机操作工
CIR	校对员、工程职员、海底电报员、检修计划员
CIS	记账员、顾客服务员、报刊发行员、土地测量员、保险公司职员、会计师、估价员、邮政检查员、外贸检查员
CIE	打字员、统计员、支票记录员、订货员、校对员、办公室工作人员
CSR	运货代理商、铁路职员、交通检查员、办公室通信员、簿记员、出纳员、银行财务职员
CSA	秘书、图书管理员、办公室办事员
CSE	接待员、通讯员、电话接线员、卖票员、旅馆服务员、私人职员、商学教师、旅游办事员
CER	邮递员、数据处理员、办公室办事员
CEI	推销员、经济分析家
CES	银行会计、记账员、法人秘书、速记员、法院报告人

霍兰德职业兴趣六边形模型中，六种职业兴趣类型（R、I、A、S、E、C）按顺时针方向排成一个"六边形"；两种职业兴趣类型之间有相邻、相对、相隔三种关系。其中，相邻职业兴趣类型之间的关系最为紧密，而相对位置的关系最远，相隔位置的关系居中。大体可分为3种情况：①相邻关系，如RI、IR、IA、AI、AS、SA、SE、ES、EC、CE、RC及CR。属于这种关系的两种类型的个体之间共同点较多，现实型R、研究型I的人就都不太偏好人际交往，这两种职业环境中也都较少机会与人接触。②相隔关系，如RA、RE、IC、IS、AR、AE、SI、SC、EA、ER、CI及CS，属于这种关系的两种类型个体之间共同点较相邻关系少。③相对关系，在六边形上处于对角位置的类型之间即为相对关系，如RS、

IE、AC、SR、EI及CA，相对关系的人格类型共同点少。因此，一个人同时对处于相对关系的两种职业环境兴趣很浓的情况较为少见。

霍兰德的职业兴趣模型，在其后的职业兴趣结构研究与职业兴趣测量（如SCII、SCIB、KOIS、ACT等）实践中不断得到印证，证明了该职业兴趣模型具有普遍性。

（二）罗伊的职业兴趣理论

罗伊（A.Roe）按照职业所需职责、能力和技能要求层次的不同，将其划分为6个水平层次，分别是：独立职责的专业和管理、一般专业和管理、半专业和小商业、技能、半技能和无技能。同时，罗伊将职业活动归为8个焦点领域：艺术类（艺术与娱乐活动）、服务类、商业类（商业接触活动）、组织类、技术类、户外类、科学类和传统类（一般文化活动）。罗伊提出，根据职业活动过程中人际关系亲疏程度和职业类型性质相似性，将上述8类职业之间的关系用一个特定的圆型排列来表示，该圆形又称八分仪模型（图5-2）。在该模型中，相邻的职业类型在人际关系和职业性质方面较之相间、相对关系的具有更高的相似性。

图5-2　罗伊的八分仪模型

（三）盖蒂的职业兴趣理论

1991年，盖蒂（Gati）认为，霍兰德所提出的职业兴趣正六边形模型中相邻的职业类型之间距离相等这一假设具有局限性，在其六个职业兴趣类型的基础上提出了自己的职业兴趣类型的"三层次"模型，如图5-3所示[1]。盖蒂认为，在霍

---

[1] Gati I. The structure of vocational interests [M]. Psychological Bulletin, 1991, 109: 309-324.

兰德六大职业类型中，R和I两种职业类型较为相似，A和S两种职业类型较为相似，E和C两种职业类型较为相似，而这三大类（RI、AS、EC）职业群之间的相似性较弱。盖蒂提出，个体在进行具体的职业选择时，首先会在现实/研究（RI）路线、艺术/社会路线（AS）和经营/常规路线（EC）层次进行大方向选择职业发展路线，然后根据具体自身和实际情况框定具体的职业类型。由于盖蒂提出的这个三层次职业结构理论缺乏连续性，而三个职业群之间是离散关系，因而遭到很多学者的质疑甚至批评。后来，盖蒂试图把该三层次模型与霍兰德六边形模型相结合，并放在一个圆中，如图5-4所示。在此模型中，罗伊提出R和I之间的距离、A和S之间的距离、E和C之间的距离是相等的，而I和A之间、S和E之间、C和R之间的距离也是相等的。

图5-3　盖蒂的三层次模型　　　　图5-4　盖蒂的整合模型

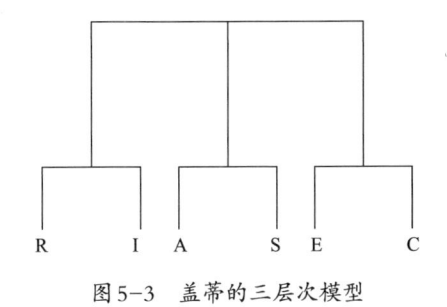

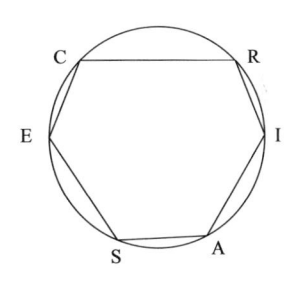

（四）普雷迪格的职业兴趣理论

普雷迪格（D.J.Prediger）通过对霍兰德职业兴趣的平面模型放到空间里做进一步研究，发现可将六边形以工作任务角度划分为四部分空间，在六边形模型基础上提出了维度模型，如图5-5所示。普雷迪格的维度模型可看作是霍兰德职业兴趣六边形模型之下的维度划分与空间模型，用以解释和描述六个类型之间的相互关系。在此假设下，普雷迪格在1976年定义了4种具体的工作任务：数据、观念、事物和人物[1]，并将该4种工作任务进行两两组合，形成了具有两极性的两个维度：人物（PEOPLE）和事物（THING）维度，以及数据（DATA）和观念（IDEAS）维度。普雷迪格提出，将这4种工作任务与两个维度与霍兰德职业兴趣

---

[1] Prediger D.J.Dimension underlying Holland's hexagon: missing linking occupations [J]. Journal of Vocational behavior, 1982, 21: 259-287.

六边形模型结合起来,创造性地构建出职业兴趣的维度模型。

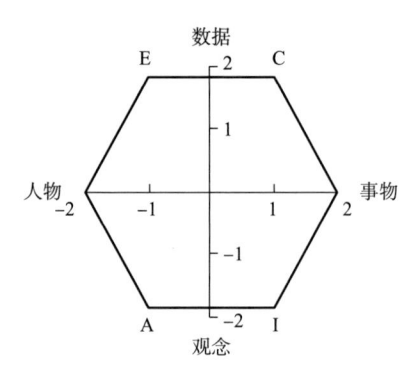

图5-5 普雷迪格的两极维度模型

普雷迪格对4种工作任务的定义是:①"数据任务"(DATA):通过与事实、记录、文件与数据等打交道,从而服务于人们的日常工作与生活;②"观念任务"(IDEAS):这种工作任务主要与知识观念等打交道,涉及思想文化、科学研究、理论知识和宗教艺术等领域,主要满足社会发展所需的各种活动;③"事物任务"(THING):这种工作任务主要与实体的事物打交道,涉及生产工具、机器仪器、材料加工和流程机制等操作性活动,服务于社会各行业的生产运营活动;④"人物任务"(PEOPLE):这种工作任务主要与人打交道,涉及教育指导、管理服务、文化娱乐和销售等领域,为人们学习工作与生活提供服务。

美国大学考试中心(ACT)在普雷迪格模型的基础上,进一步将各职业群体的具体位置标定在坐标图上,从而构建出一个更具体的工作领域图(也称工作世界地图),如图5-6所示。该地图共分12个象限区域,23个职业群分布于各个象限中。

工作区域图中的23个职业群分别如下:

A.市场与销售;B.管理与计划;C.记录和交流;D.金融交易;E.存储和派送;F.商用机器/电脑操作;G.交通工具操作和维修;H.建筑和维护;I.农业和自然资源;J.工艺和相关服务;K.家用/商用设备维修;L.工业设备操作和维修;M.工程与相关技术;N.医学专业与技术;O.自然科学和数学;P.社会科学;Q.应用艺术(视觉);R.创造/表演艺术;S.应用艺术(写与说);T.一般健康护理;U.教育和相关服务;V.社会和政府服务;W.个人和消费者服务。

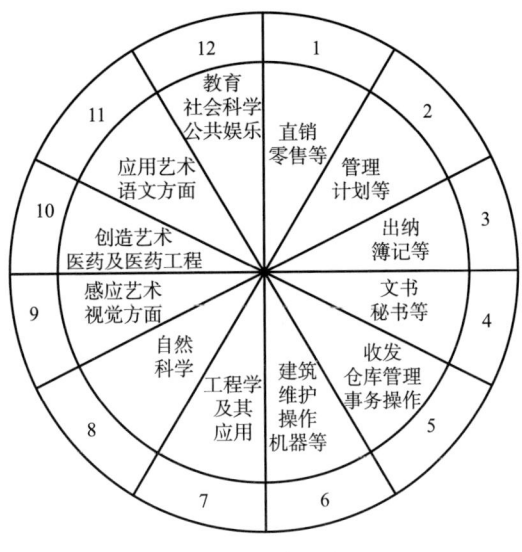

图 5-6 工作区域图

三、职业兴趣的测量

(一) 西方职业兴趣量表的编制

为了指导个体的职业选择,职业兴趣的测量是职业辅导的基础与重要依据,20世纪初,不同学者陆续编制了不同版本的职业兴趣测量的量表。在"一战"期间,瑟斯通(Thurtone)编制了第一份瑟斯通职业兴趣调查表。在1915年,霍尔和梅乐(S. Hall & J. Miner)也编制了另一套兴趣测量的调查问卷。在1927年,斯特朗(E. K. Strong)编制了第一个正式的、系统严谨的职业兴趣量表[1]。斯特朗的量表设计方法及过程是先编制涉及各种职业、学校科目、娱乐方式、活动方式、人际对比和个性问卷,然后采取对照组(分别为标准职业者和一般人)实验的方法,通过对两组测量结果的比对分析,将能反应两组差异的题目整合在一起,最终形成职业兴趣量表。坎贝尔(D. P. Campbell)后来对斯特朗的量表进行了修订,在原来基础上增加了基本兴趣量表(Basic Interest Scale,BIS)和一般职业主题(The General Occupational Theme,GOT),被称为斯特朗—坎贝尔兴趣量表

---

[1] Strong E. K. Vocational interest blank. Palo Alto [M]. CA: Stanford University Press,1927.

（Strong-Campbell interest inventory，简称SCII）[1]。后来SCII不断得到完善和发展，至1985年，SCII共计有325个项目，由264个量表构成，其中包括6个一般职业主题、23个基本兴趣量表（Occupational Scale，OS）、207个职业量表（共代表106种职业）、2个特殊量表（The Special Scale，SS）和26个管理索引（Administrative Index，AI）。

在1934年，库德（G. F. Kuder）编制了职业偏好记录表，在其基础上修订扩充为一般兴趣调查表，之后他又借鉴其他职业量表，编制出了职业兴趣调查表。库德职业兴趣调查表后经修订，可提供10种基本兴趣的分数和多种职业偏好分数。库德把职业分为10个兴趣领域，分别是说服型、文秘型、机械型、服务型、计算型、科研型、户外型、艺术型、文学型和音乐型。通过库德职业兴趣调查表的测试，被试者可得到这10个兴趣领域的相应分数，其分数高低反应其主要兴趣领域。1985年版的库德职业兴趣调查表，共有100组三选一的迫选型题目构成，而其测量结果是把个人得分情况与标准组进行比较，认为个人得分与最接近的标准组其职业兴趣是相近或一致的。

从20世纪50年代开始，霍兰德以职业兴趣类型理论为依据，先后编制了职业偏好量表（Vocational Preference Inventory，VPI）和自我职业选择量表（Self-Directed Search，SDS）。这两种职业兴趣量表得到广泛应用，并在此期间进行了多次修订。霍兰德职业偏好量表共包括七个部分：①个人心目中的理想职业；②个人感兴趣的活动；③个人所擅长或胜任的活动；④个人所喜欢的职业（以上②③④部分，每个部分都按六种职业兴趣类型来组织，每种类型有10道测试题）；⑤个人的能力类型测试；⑥测试分数统计，判定个人的职业倾向；⑦职业价值观测试。霍兰德自我职业选择量表是在职业偏好量表基础上发展而来的量表，其包括四个部分：①列出个人理想的职业；②测验部分，分别测量个人在活动、能力、爱好的职业及自我能力四个方面，每个方面对应职业兴趣的六种类型，而每个类型有38道测试题；③按职业兴趣六种类型的四个方面测评结果，根据其得分的高低，由高到低依次选定三种职业兴趣类型来组成由职业类型代表字母组合的职业码；④根据上述得出的职业码在对应的职业类型表中寻找、匹配相应类型的

---

[1] Campbell D. P, Hansen J. C. Manual for the SVIB-SCII（3rd ed.）[M]. Palo Alto, CA: Stanford University Press, 1981.

职业。

(二) 我国职业兴趣量表的引进和编制

1. 我国职业兴趣量表的引进和修订

1987年，郑日昌等人修订了美国大学考试中心（ACT）的职业兴趣、经历、技能评定量表（ACT-VIESA），并将修订后的中国版本命名为"中学生升学就业指导评定量表"（VIESA-R）。该量表施测对象为中学生，样本数1400人。其中效标效度的样本数为94人，兴趣分量表和技能分量表的效标效度分别为0.352和0.254（$P<0.05$），均达到显著水平，而其兴趣分量表的再测信度为0.706~0.863，技能分量表的再测信度为0.638和0.835，均达到显著水平。

1993年，时勘在其《心理咨询读本》中介绍了霍兰德的自我职业选择量表（SDS）及其使用方法。1996年，龙立荣、彭平根等人对霍兰德1985年版的自我职业选择量表（SDS）进行了修订，并在中学生中进行了适用性的验证❶。施测样本数为853人，修订项目20多个，同时进行了项目分析、信效度检验。结果表明，该量表修订后具有良好的项目特性，同质性信度、分半信度均达到一般心理测验要求标准，结构效度与效标关联效度亦较为理想，可以作为中学生职业指导的选用工具。1996年，葛树人、余嘉元等人翻译了1994年版的斯特朗职业兴趣调查表（SII）。互译结果表明，SII的英文与中译文之间存在着高度的一致性，两个版本大约有95%的项目达到了语言及推论上的等值性，总共317个项目中只有15个项目中英文在用词上不对等而需要转译。SII中译本能够用来全面描述中国的职业领域，可以作为对中国人进行职业兴趣测量的有效工具。

2. 霍氏中国职业兴趣量表的编制

1996年，白利刚、凌文辁等人以霍兰德职业兴趣理论为依据，结合我国国情和职业分类体系标准，编制了霍氏中国职业兴趣量表。该量表在编制过程中，参考了霍兰德的VPI和SDS、美国大学考试中心的VIESA量表、中国的职业分类体系以及国内有关的一些量表。该量表共由活动、潜能、职业和自我评判四个分量表组成。在原始量表设计阶段，共设有355个项目，通过对408名高职学生调查结果的因素分析，对原始量表项目进行了筛选，筛选后的量表共保留了138个项

---

❶ 龙立荣. 编制与评价职业兴趣测验中值得明确的几个问题 [J]. 心理学，1995，3（2）：5-9.

目，其中原霍兰德量表的项目78条，新增项目60条。该量表经信度检验后表明，量表和各个维度的再测信度在0.77～0.88，而效度检验的结果也表明，量表特质的汇聚效度和区分效度良好。

凌文铨等人用《霍氏中国职业兴趣量表》为工具，对16所大学31个科系近两千名高职学生做了测量，认为霍氏提出的六边形模式中潜藏着两个双极维度，即资料—观念维度和事物—人物维度上的分布特征，并将31个科系的职业兴趣分为五类：

第一类：汽车工业、机械制造，农田水利和体育。此类科系偏向"事物"和"资料"维度，同时也偏向"现实型"职业兴趣。

第二类：教育、农业经济、林业和劳动人事。此类科系偏向"资料"和"人物"维度，分别偏向"常规型""社会型"职业兴趣。

第三类：化工、自动化、机械工程、电子工程、无线电通讯、管理工程、计算机、数学、生物、化学、医疗和公共卫生。此类科系偏向"事物"维度，同时也偏向"实用型"和"研究型"职业兴趣。

第四类：会计、工商管理、投资、金融、历史、法律、外语、图书情报。此类科系偏向"人物"维度，同时也偏向"企业型"和"社会型"职业兴趣。

第五类：音乐和建筑。此类科系偏向"观念"维度，同时也偏向"艺术型"职业兴趣。

在使用测量量表时，首先要看清指导语，然后严格按照施测要求测评。关于结果的解释，一般来说要求由生涯辅导专业人员实施测评，并对测评的结果进行专门的解释和说明，帮助被测试者正确理解测评的含义。当前，国内测评工具尚不够成熟，专业的生涯辅导老师也缺乏，在解释说明方面还处于较混乱的状态。因此，在施测时要特别注意不能滥用和迷信测评，以免被误导。

【延伸阅读】发掘自我职业兴趣

虽然职业兴趣一旦形成，便在生涯中具有一定的稳定性，但根据实际需要，还是可以通过多种途径，加上自己的努力去规划、改变、发展和培养的，在培养职业兴趣时，可从以下几个方面努力。

1. 培养广泛的兴趣

具有广泛兴趣的人，不仅对自己职业领域的东西有浓厚的兴趣，而且对其他方面有一定的兴趣。这种人眼界比较开阔，解决问题时也可以从多方面得到启发，在职业生涯规划的选择上有较大的余地。兴趣范围狭窄、涉足面小的人，对新事物的适应性就要差些，在职业规划上所受的限制也多些。

2. 重视培养间接兴趣

直接兴趣是由于对事物本身感到需要而引起的兴趣，间接兴趣则不是对事物本身的兴趣，而是对于这种事物未来的结果感到需要而产生的兴趣。人在最初接触某种职业时，往往对职业本身缺乏强烈的兴趣，必须从间接兴趣着手培养直接兴趣。可以通过了解职业兴趣在社会活动中的意义、对人类活动的贡献等引起兴趣，也可以通过了解某项职业的发展机会引起兴趣，还可以通过实践逐步提高间接兴趣。

3. 要有中心兴趣

人的兴趣应广泛，但不能浮泛，还要有一定的集中爱好。既广泛又有重点，才能学有所长，获得更多的知识。如果只具广泛性而无中心职业兴趣，人往往会知识肤浅，没有确定的职业规划方向，心猿意马，这样难以有所成就。所以，还应着意培养自己在某一方面的职业兴趣，促进自己的发展和成才。

4. 积极参加职业实践

只有通过职业实践，才能对职业本身有深刻的认识和了解，才能激发自己的职业兴趣。职业实践活动内容十分丰富，包括生产实习、社会调查、参观访问以及组织兴趣小组等。每一个人都可以通过参加各种职业实践活动调节和培养兴趣，根据社会和自我需要，有意识地去培养和发展兴趣，为事业的成功创造条件。

5. 客观评价自己的能力来确定职业兴趣

对某项职业有浓厚的兴趣是成功的前提，但事业要取得成功也必须具备该职业所要求的能力。因此在培养职业兴趣的同时也要客观评价自己的能力，看自己是否适合某种职业，在此基础上形成的职业兴趣才是长久的、可规划利用的。

第三节 能力探索理论

一、能力对高职学生职业发展的影响

（一）能力与高职学生职业发展的关系

能力是完成一定社会生活和社会生产活动的本领。正所谓"尺有所短，寸有所长"，每个人所具备的能力也不尽相同，在进行职业选择时，要从自身的能力出发，充分考虑到自身能力与职业是否相匹配。

第一，能力是高职学生职业选择的现实基础。职业能力是个体客观具备的，是其进行职业选择的现实基础，是一个人能否进入职业的先决条件，是能否胜任职业工作的主观条件。无论从事什么职业总要有一定的能力做保证。没有任何能力，根本谈不上进入工作岗位，也就无所谓职业生涯可言。人在其一生之中，要从事各种各样的社会生活和社会生产活动，必须具备多种能力与之相适应。

第二，能力与高职学生职业选择相匹配。不同的个体之间存在能力的差别，不同的职业也有不同的能力要求，进行职业选择时，要充分考虑能力与职业的匹配。一方面，应当注意一般能力与职业之间的关系，一般能力是多数职业共同的基本要求，具有通用性，因此进行职业选择前应首先具备一般能力；另一方面，应当注意特殊能力与职业的关系，特殊能力所满足的职业要求具有一定的特殊性，其适用的领域或范围要求的专业性较强，因此要完成职业的工作任务，除了必备一般能力之外，还少不了特殊能力。

（二）能力对高职学生职业发展的作用

第一，能力是就业的关键。高职学生要想谋求理想的职业，立足于岗位工作，并在职业岗位上做出成绩，不仅要具有一定的科学文化知识和思想道德素质，还要具备良好的职业能力。

第二，能力推动职业生涯快速发展。具有较强的能力，不仅是成功就业的敲门砖，还是保职升职的有力保证；反之，如果能力不足，即使暂时获得了岗位，也会因不能胜任而遭到淘汰。具有较好的职业能力，会让自己在工作时游刃有余，获得较强的工作愉悦感和成就感。

二、职业能力的主要理论

（一）能力

能力按获得方式不同，一般分为能力倾向和技能两大类。能力倾向是指上天赋予的特殊才能，如音乐、运动能力等。而技能是指经过后天学习和训练而培养的能力。

哈佛大学加德纳认为，能力倾向（即潜能或智力）是多元的，是由同样重要的多种能力构成的，这就是著名的多元智能理论。他提出，人类的智能至少可以分成八个范畴，如图5-7所示。

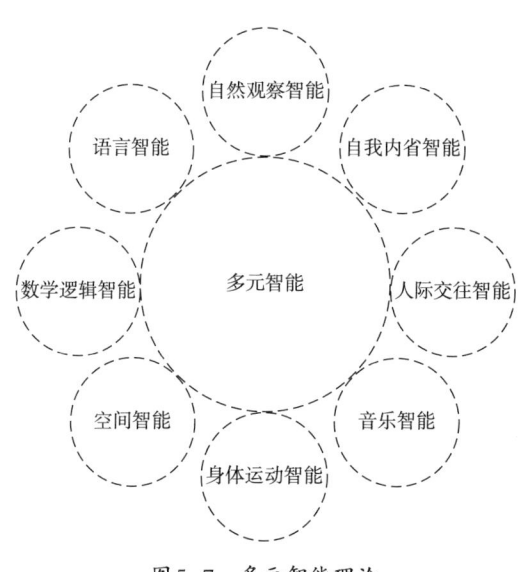

图5-7 多元智能理论

多元智能理论告诉我们：对于世界上的每一个人来说，不存在谁更聪明的问题，只存在不同个体在哪个方面聪明的问题。每个人都是独特的，如果个人能将自己独特的天赋充分发挥出来，那么，每个人都可以是出色的。

【典型案例】主动做事是一种能力

方同学，某职业技术学院生物制药专业，是老师们非常喜欢的学生。老师们喜欢这个学生，源于他经常主动帮助老师进行实训的准备。和大部分学生只有轮到要准备实训时，才当作任务一样去完成相比，方同学总是积极主动，乐此不疲。

有时老师和他开玩笑说，只能对他表示精神鼓励，并没有额外加分。方同学笑着说，这是学习的机会。方同学让老师们印象深刻，以至于在毕业后老师们还经常提到他。在工作单位，方同学一如既往地积极主动，表现出众，不到4年时间他就从杭州普济医药有限公司的普通员工成为车间主任。

在学习工作中，努力培养自己的主动意识，养成主动做事的习惯，其实是一种能力。做事积极主动的人，往往能够获得同事的认可。相反那些好像很有"能力"的人，如果不喜欢主动做事，往往得不到青睐。主动承担额外的工作，并将此看作学习的机会，方同学做到了，所以他自然成为老师喜爱的学生和单位需要的人才。

（二）技能

辛迪·梵（Sidney Fine）和理查德·鲍尔斯（Richard Bolles）将技能分为三种类型。

1.专业知识技能

专业知识技能是指那些需要通过教育或者培训才能获得的特别的知识或能力，也就是个人所学习的科目、所懂得的知识。

知识技能的特点如下：

（1）一般用名词来表示。

（2）不可迁移。对一些特殊的语汇、程序和学科内容，必须经过有意识的、专门的培训才能掌握。

（3）常常与我们的专业学习或工作内容直接相关。

许多高职学生由于不喜欢自己的专业，于是在找工作时往往陷入两难的境

第五章 人职匹配的理论分析

地:一方面,认为找工作必须专业对口,但是又不喜欢自己的专业,不想将之作为从事一生的职业;另一方面,如果专业不对口,则担心自己不是"科班出身",与专业出身的应聘者相比缺乏竞争力,甚至觉得很难跨越专业的鸿沟。

事实上,知识技能并非只有通过正式的专业教育才能获得。

除学校课程以外,课外培训、专业会议、讲座、研讨会、自学资格认证考试等方式都可以帮助个人获得知识技能。此外,很多公司也为新员工提供相关的上岗培训。

用人单位对高职学生的反馈:高职学生们通常不乏知识技能,但常常缺少敬业精神、沟通能力等自我管理技能和可迁移技能。因此,高职学生在校期间,一定要在学好专业知识的基础上,加强对自我管理技能和可迁移技能的培养。

2.自我管理技能

自我管理技能经常被看作个性品质而非技能,因为它们被用来描述或说明人具有的某些特征。它涉及个体在不同的环境下如何管理自己。例如,是勇于创新还是循规蹈矩,是认真还是敷衍了事,能否在压力下保持镇定,是否对工作有热情,是否自信等。

一个人是如何使用自己的专业知识、以什么样的态度从事工作的,这甚至比工作内容的本身更为重要。良好的自我管理技能能够帮助个体更好地适应周围的环境、应对工作中出现的问题,因此,它也被称为适应性技能。正是这样一些品质和态度,将个体与许多其他具有相同知识技能的候选人区别开,使其最终得到一份工作,并能够适应新的环境和规则,在工作中取得成就,获得加薪和晋升的机会。自我管理技能成为成功人士所需要的优秀品质和个人最有价值的资产。

高职学生从校园走向社会前,培养良好的自我管理技能,学会如何为人处世,是至关重要的。自我管理技能无论是一个人先天具有的还是后天习得的,都需要练习。它们可以从非工作(生活)领域迁移转换到工作领域。耐心细致、认真负责、主动热情、计划条理等这些技能并不是通过专门的课程学习到的,而是在日常生活中随时随地培养的。

自我管理技能通常由以下词汇来表述:诚实、正直、自信、开朗、团结、耐心、细致、周密、慎重、严谨、认真、负责、可靠、幽默、友好、真诚、善良、热情、投入、高效、冷静、包容、踏实、积极、主动、乐观、勇敢、忠诚、直爽、现实、执着、感性、善良、大度、勇敢、随和、聪明、稳重、朴实、机智、

151

敏捷、活泼、敏锐、条理、宽容、谦虚、理性、客观、平和、激情、责任心、进取心、同情心、想象力、观察力、忍耐力、创造力、坚韧不拔、足智多谋、精力旺盛、头脑开放、胆大心细、多才多艺、彬彬有礼、善解人意、吃苦耐劳、团结协作、开拓创新等。

【典型案例】李同学的自我管理素养

某职业技术学院茗雅茶艺社接到了一个特殊的任务：在某校团拜会上提供茶事服务和茶艺表演。这对茶艺社的同学来说是一个走出去服务实践的机会，一个学以致用的机会。

前期，服务队员要做好必要的知识和技能准备，而表演队员则要准备好表演道具和表演节目。在前后长达两周的练习时间里，面对寝室里温暖被窝的诱惑，面对室外凛冽寒风的考验，部分学生开始产生慵懒情绪。这部分同学没有时间观念，迟到或早退，东摸摸西碰碰，宝贵的时间偷偷地溜走了。但也有一部分同学准备工作做得相当好，特别值得一提的是旅游专业的李同学。她本次负责的是新娘茶艺的表演。每一次，她总是第一个到茶艺室，一遍遍试验如何完美地布局，一遍遍巩固新娘茶的操作流程。

规定时间不够用，她就主动晚上再过来练习。功夫不负有心人，最后李同学等几位准备充分的成员参加了本次团拜会的活动，茶艺社同学的服务和表演获得了老师们的好评，出色而圆满地完成了任务。

在学习生活中，我们都期许鲜花和掌声，展望着美好的未来。然而，面对目标，更需要加强自我管理，树立时间观念，增强具体的计划和执行能力。

3.可迁移技能

可迁移技能就是一个人会做事的能力。它可以从生活中的方方面面，特别是工作之外得到发展，却可以迁移应用于不同的工作之中，因此，也被称为通用技能。可迁移技能也是个人最能持续运用和最能够依靠的技能。随着信息时代的到来、新技术日新月异的发展，知识的更新换代不断加快，这意味着个体需要不断学习新的知识技能，才能跟上时代的发展。

当今的时代越来越强调终身学习。学习能力（可迁移技能）已经比拿到某个专业的硕士学位（知识技能）更为重要。

知识技能的运用都是在可迁移技能基础之上的：你的知识技能是动物学，但你将怎样运用它呢？是教授动物学，还是当宠物医生治疗宠物；是写作科普文章宣传爱护野生动物的知识，还是在流浪小动物协会帮助照料小动物？

从这个意义上说，在求职的时候，尽管你从来没有从事过某项工作，但只要你实际上具备这个职务所要求的种种技能，你就可以证明自己有资格去从事它。如果你并不是科班出身，仍然有可能跨专业从事你想从事的职业，尤其是那些对知识技能要求并不是很高，而可迁移技能占重要地位的职业。

人们所获得的各种技能之间可以相互作用，已经掌握的技能可能对新的技能起促进作用，也可能妨碍学习新的技能。这种现象叫作技能的迁移。

（三）职业能力

职业能力，一般指个体完成工作任务的胜任力。唐以志等人认为，职业能力包括专业能力和关键能力，其中专业能力是指劳动者从事某一职业活动所必备的能力。关键能力不是针对某种具体的职业和岗位，而是指可以迁移和运用到很多职业和岗位的能力，如解决实际问题的能力、与他人交流和合作的能力等。

蒋乃平认为，职业能力包括专业能力、方法能力和社会能力三个部分（图5-8）。他认为，专业能力是指专门知识、专业技能和专项能力等与职业直接相关的基础能力，是职业活动得以进行的基本条件，专业能力是在特定方法引导下有目的、合理地利用专业知识和技能独立地解决专业问题并评价其成果的能力，包括工作方式方法、对劳动生产工具的认识和使用等；方法能力包括思维能力、分析判断能力、决策能力、获取信息能力、继续学习能力、独立制订计划能力等多个方面；社会能力则包括组织协调能力、团队协作能力、适应社会能力、口头与书面表达能力、心理承受能力和社会责任感等方面。

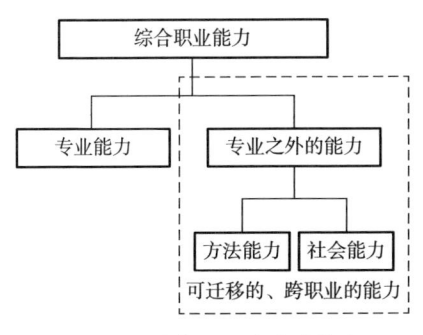

图5-8 综合职业能力的构成

陈宇认为，职业能力可以被结构化，主要包括职业特定技能、行业通用技能和核心技能三个层次。职业特定技能是指技能型人才从事特定的职业、岗位和工种必须或应当具备的技能；行业通用技能由若干共通的职业功能模块和职业技能模块构成；核心技能是人们在日常生活中必需的，而且是从事任何职业工作都需要的，并能体现在具体职业活动中的最基本技能，主要包括交流表达、数字运算、革新创新、自我提高、与人合作、解决问题、信息处理、外语应用八类。

三、职业能力评价

职业能力是可评价的，可通过对个人所掌握的知识技能及其运用情况、工作业绩等进行职业能力的评价，其结果可作为职业资格认证的参考依据。刘德恩认为，职业能力的评价过程，是通过一种或多种途径取得职业活动绩效的证据，然后将这些证据与特定职业能力标准进行对照，从而判断其职业能力水准的过程。职业能力的评价模式主要有三种：行为样本的评价模式、工作现场观察的评价模式和已有绩效的评价模式。

目前，被广泛采用和实行的评价模式（方式）主要有职业能力倾向测验和职业资格认证体系两种。在国外，普遍使用的职业能力倾向测验有10多种，其中差别能力倾向测验（Differential aptitude tests，DAT）和普通能力倾向测验（General aptitude test Battery，GATB）在我国已有修订版本。有许多院校采用华东师范大学俞文钊教授等人根据GATB编制的"职业能力倾向的自我测定"问卷对在校学生进行测试❶。我国劳动保障部门曾开发制定了国家培训测评标准和《职业核心能力培训认证体系》，这是通过职业资格认证进行职业能力评价的有效模式。

姜大源对能力本位与技能本位、资格本位在概念上存在的混淆做了非常具有指导意义的澄清❷，认为职业技能、职业资格和职业能力这三者之间的本质差异，在于其认可的职业行动的作用维度及其潜在的职业行动的自主程度的不同。

---

❶ 俞文钊.职业心理与职业指导［M］.北京：人民教育出版社，1996.
❷ 姜大源.职业教育学基本问题的思考［J］.职业技术教育：科教版，2006，27（4）：5–11.

第四节 价值观探索理论

一、价值观对高职学生职业发展的影响

价值观在人们的职业生涯发展中往往起到极其重要的、决定性的作用,甚至可能超过了兴趣和性格对我们的影响。价值观直接影响和决定着一个人的理想、信念、生活目标和追求方向的性质。价值观对高职学生职业发展的影响大致体现在以下两个方面:

(一)价值观对行为动机有导向作用

人们行为的动机受价值观的支配和制约。在同样的客观条件下,具有不同价值观的人,其动机模式不同,产生的行为也不相同,动机的目的方向受价值观的支配,只有那些经过价值判断被认为是可取的,才能转换为行为动机,并以此为目标引导人们的行为。

(二)价值观反映个人需求,影响职业决策

价值观代表了一个人对于什么是好、什么是对,以及什么会令人喜爱的意见。每个人由于其所受教育的不同和所处环境的差异,在职业取向上的目标和要求也是不相同的。在许多场合,人们往往要在一些得失中做出抉择,而左右人们选择的,往往就是人们的职业价值观。例如,是要工作舒适轻松,还是要高标准的工资待遇;是要成就一番事业,还是要安稳太平。当两者有矛盾冲突时,最终影响人们决策的是存在于内心的职业价值观。

由于个人的身心条件、年龄阅历、教育状况、家庭影响、兴趣爱好等方面

的不同，人们对各种职业有着不同的主观评价。从社会来讲，由于社会分工的发展，各种职业在劳动性质和内容上，在劳动难度和强度上，在劳动条件和待遇上，在所有制形式和稳定性等诸多问题上都存在着差别。再加上传统的思想观念等的影响，各类职业在人们心目中的声望地位便也有好坏高低之见。这些评价都形成了人的职业价值观，并影响着人们对就业方向和具体职业岗位的选择。

【典型案例】比客户先到现场的营销员

黄同学，某职业技术学院市场营销专业，曾任班长、校市场营销协会副会长。就职于圣奥集团，从事该公司办公家具营销工作。作为一名销售，前期的工作开展势必会遇到很多壁垒，电访、初访都会遭到客户的拒绝，他每天都在外不停地搜寻潜在客户。6月烈日炎炎，他作为一名办公家具销售员，"扫楼"是必经之路。黄同学作为职场新人，某文化公司是他的第三个潜在客户，通过一段时间的接触，该文化公司对公司的产品和方案都十分满意，但因为经费预算有限，明确对他表示签约的可能性不大。黄同学觉得只要还有一线机会，就应该全力争取，决不放弃。他来到文化公司的装修现场，对客户的场地进行测量，炎热的环境很快就让他汗流浃背。就在这时，客户也来到现场。客户看到此场景后深受感动，决定虽然受预算限制，还是购买一部分圣奥家具。作为一名新人，销售的成功是对黄同学前期工作的肯定，也是对其自身的鼓舞。

正是秉持严谨、积极、诚恳的工作态度，工作两年多来，由黄同学本人作为负责人成功签约的客户包括：中国移动通信集团浙江有限公司，金额690万元；江苏索普集团，金额220万元；萧山农村合作银行，金额89万元……入职一年，他获得公司华东区"最佳新人"，毕业两年，他晋升圣奥办公国内营销中心营销主任。

二、职业价值观的主要理论

（一）舒伯的15种工作价值观

舒伯的生涯价值因子，在不同职业对人的激励方面有很强的解释性。每个人在学业和职业上都有各自不同的价值追求。对此，舒伯总结了15种最为普遍的职业价值观，代表着不同群体在工作中所重视和追求的15个方面。

第五章　人职匹配的理论分析

（1）美的追求——使你能够制作美丽的物品并将美带给世界的职业。

（2）安全稳定——不太可能失业，即使在经济困难的时候也有工作。

（3）工作环境——在怡人的环境里工作（不太冷也不太热，不吵闹也不脏乱），环境或工作的物质条件对某些工作者来说是很重要的，他们对于相应的工作条件比工作本身更加感兴趣。

（4）智性激发——能让你独立思考，了解事物怎样运行和有作用地工作。

（5）独立自主——能让你以自己的方式去做事，或快或慢随你所愿的工作。

（6）多样变化——在同一份工作中有机会尝试不同种类的职能。

（7）经济报酬——报酬高，使你能拥有想要的事物的工作。

（8）管理权力——允许你计划并给别人安排任务的工作。

（9）帮助他人——让你能为了他人的福利做贡献的职业，满足社会服务方面的兴趣。

（10）生活方式——工作能让你按照自己所选择的生活方式生活，并成为自己所希望成为的人。

（11）创造发明——能使你发明新事物、设计新产品或产生新思想的工作。

（12）上级关系——在一个公平并且能与之融洽相处的管理者手下工作，和老板相处融洽。

（13）同事关系——能与你喜欢的人接触并共事。对某些人来说，工作中的社交生活比工作本身要重要得多。

（14）成就满足——能让你有一种做好工作的成功感。重视成就的人喜欢能给人现实可见的结果的工作。

（15）名誉地位——让你在别人的眼里有地位、受尊敬、能引发敬意的工作。

（二）施恩的职业锚理论

"职业锚"（又称"职业定位"）的概念是由美国著名职业心理学家施恩（Edgar H. Schein）教授提出的，他认为，职业生涯发展实际是一个持续不断的探索过程，随着一个人对自己越来越了解，这个人就会越来越明显地形成一个占主导地位的职业锚。

职业锚理论主要包括以下三方面内容。

（1）自省的动机和需要：以实际情况中的实际工作经验来自我检测和自我诊

断以及他人的反馈为基础,来认知自我。

(2)自省的才干和能力:以在组织的各种作业环境中的实验工作经验和成功为基础,来认知自我的能力。

(3)自省的态度和价值观:以自我与雇佣组织和工作环境的准则和价值观之间的实际碰撞为基础,逐步重视自己所擅长的东西,并在这些方面改善自己的能力。

施恩认为,所谓"职业锚"是指当一个人不得不做出选择的时候,无论如何都不会放弃的职业中的那种至关重要的东西或价值观,即人们选择和发展自己职业时所围绕的中心。

在职业心理学中,职业锚实际上就是人们选择和发展职业时围绕自己确定的中心。一个人对自己的天资和能力、动机和需要以及态度和价值观有清楚的了解后,就会意识到自己的职业锚,从而做出某种重大选择。一个人过去所有的工作经历、兴趣、资质、潜能等集合成一个富有意义的职业锚,它会告诉这个人,对于他来说,什么东西才是最重要的。

经过多年的发展,职业锚已经成为职业发展、职业设计的必选工具。许多大公司将职业锚作为员工职业发展、职业生涯规划的主要参考点。施恩根据自己对麻省理工学院毕业生的研究,确定了8种基本的职业锚类型,见表5-7。

表5-7 8种基本的职业锚类型

职业锚类型	擅长的工作
技术/职能型	技术/职能型的人追求在技术职能领域的成长和技能的不断提高,以及应用这种技术职能的机会。他们对自己的认可来自他们的专业水平,他们喜欢面对专业领域的挑战。他们通常不喜欢从事一般的管理工作,因为这意味着他们不得不放弃在技术/职能领域的成就
管理型	管理型的人追求并致力于工作晋升,倾心于全面管理,独立负责一个部分,可以跨部门整合其他人的努力成果。他们想去承担整体的责任,并将公司的成功与否看成自己的工作。具体的技术职能工作仅被看作是通向更高、更全面管理层的必经之路
自主/独立型	自主/独立型的人希望随心所欲安排自己的工作方式、工作习惯和生活方式。追求能施展个人能力的工作环境,最大限度地摆脱组织的限制和制约。他们宁愿放弃提升或工作发展机会,也不愿意放弃自由与独立
挑战型	挑战型的人喜欢解决看上去无法解决的问题,战胜实力强硬的对手,克服无法克服的困难障碍等。对他们而言,参加工作的原因是工作允许他们去战胜各种不可能。他们需要新奇、变化和困难,如果事情非常容易,工作马上会变得令他们厌烦

续表

职业锚类型	擅长的工作
生活型	生活型的人希望将生活的各个主要方面整合为一个整体，喜欢平衡个人的、家庭的和职业的需要。因此，生活型的人需要一个能够提供"足够弹性"的工作环境来实现这一目标。生活型的人甚至可以牺牲职业的一些方面，例如，放弃职位的提升，来换取三者的平衡。他们将成功定义得比职业成功更广泛。相对于具体的工作环境、工作内容，生活型的人更关注自己如何生活、在哪里居住、如何处理家庭事务及怎样自我提升等
安全/稳定型	安全/稳定型的人追求工作中的安全感与稳定感，他们因为能够预测到稳定的将来而感到放松。他们关心财务安全，如退休金和退休计划
创造/创业型	创造/创业型的人希望用自己的能力去创建属于自己的公司或创建完全属于自己的产品（或服务），而且愿意去冒风险，并克服面临的障碍。他们想向社会学习并寻找机会，一旦时机成熟，他们便会走出去创立自己的事业
服务/奉献型	服务/奉献型的人一直追求他们认可的核心价值，例如，帮助他人，改善人们的安全，通过新产品消除疾病等。他们一直追寻这种机会，这意味着即使变换公司，他们也不会接受不允许他们实现这种价值的变动或工作提升

（三）张再生的职业价值观

张再生教授认为职业价值观中的主要因素可以分为三类，并认为职业价值观的分析可以从以下三个方面展开。

第一，发展因素，包括符合兴趣爱好、机会均等、公平竞争、工作有挑战性、能发挥自身才能、工作自主性大、能提供培训机会、晋升机会多、专业对口、发展空间大、出国机会多等，这些职业要素都与个人发展有关，因此称为发展因素。

第二，保健因素，包括工资高、福利好、保险全、职业稳定、工作环境舒适、交通便捷、生活方便等，这些职业要素与福利待遇和生活有关，因此称为保健因素。

第三，声望因素，包括单位知名度、单位规模和权力大、行政级别和社会地位高等。这些职业要素都与职业声望地位有关，因此称为声望因素。

职业价值观是一个复杂的多维度的心理因素，对职业的选择和衡量有多种要素的参与，但各要素起的作用是不同的。从当前的实际来看，许多调查显示，高职学生的在职业价值分析和测定过程中，个人必须处理好职业价值观不同要素之间的关系，并根据不同时期、不同情况明确自己的职业核心需求，以便合理制定自己的职业生涯规划和相关策略。

三、职业价值观的测量

（一）舒伯的职业价值观量表

舒伯在1970年编制了职业价值观量表，该量表共52道测试题目（表5-8），每个题目都有5个备选答案，要求被试者根据个人的实际情况或想法，在题目后面选出相应字母，每题只能选择一个答案，其中A代表题目描述的情形对自己非常重要，B代表比较重要，C代表一般，D代表较不重要，而E代表很不重要。

表5-8　职业价值观量表

问题	A	B	C	D	E
1.你的工作必须经常解决新的问题					
2.你的工作能为社会福利带来看得见的效果					
3.你的工作奖金很高					
4.你的工作内容经常变换					
5.你能在你的工作范围内自由发挥					
6.工作能使你的同学、朋友非常羡慕你					
7.工作带有艺术性					
8.你的工作能使人感觉到你是团体中的一份子					
9.不论你怎么干，你总能和大多数人一样晋级和涨工资					
10.你的工作使你有可能经常变换工作地点、场所或方式					
11.在工作中你能接触到各种不同的人					
12.你的工作上下班时间比较随便、自由					
13.你的工作使你不断获得成功的感觉					
14.你的工作赋予你高于别人的权力					
15.在工作中，你能试行一些自己的新想法					
16.在工作中你不会因为身体或能力等因素，被人瞧不起					
17.你能从工作的成果中，知道自己做得不错					
18.你的工作经常要外出，参加各种集会和活动					
19.只要你干上这份工作，就不再被调到其他意想不到的单位和工种上去					

续表

问题	A	B	C	D	E
20.你的工作能使世界更美丽					
21.在你的工作中,不会有人常来打扰你					
22.只要努力,你的工资会高于其他同年龄的人,升级或涨工资的可能性比干其他工作大得多					
23.你的工作是一项对智力的挑战					
24.你的工作要求你把一些事务管理得井井有条					
25.你的工作单位有舒适的休息室、更衣室、浴室及其他设备					
26.你的工作有可能结识各行各业的知名人物					
27.在你的工作中,能和同事建立良好的关系					
28.在别人眼中,你的工作是很重要的					
29.在工作中你经常接触到新鲜的事物					
30.你的工作使你能常常帮助别人					
31.你在工作单位中,有可能经常变换工作					
32.你的作风使你被别人尊重					
33.同事和领导人品较好,相处比较随便					
34.你的工作会使许多人认识你					
35.你的工作场所很好,如有适度的灯光,安静,清洁的工作环境,甚至恒温、恒湿等优越的条件					
36.在工作中,你为他人服务,使他人感到很满意,你自己也很高兴					
37.你的工作需要计划和组织别人的工作					
38.你的工作需要敏锐的思考					
39.你的工作可以使你获得较多的额外收入,如常发实物、常购买打折扣的商品、常发商品的提货券、有机会购买进口货等					
40.在工作中你是不受别人差遣的					
41.你的工作结果应该是一种艺术而不是一般的产品					
42.在工作中不必担心会因为所做的事情领导不满意,而受到训斥或经济惩罚					
43.在你的工作中能和领导有融洽的关系					
44.你可以看见你的努力工作的成果					
45.在工作中常常要你提出许多新的想法					
46.由于你的工作,经常有许多人来感谢你					

续表

问题	A	B	C	D	E
47.你的工作成果常常能得到上级、同事或社会的肯定					
48.在工作中,你可能做一个负责人,虽然可能只领导很少几个人,你信奉"宁做兵头,不做将尾"的俗语					
49.你从事的那种工作,经常在报刊、电视中被提到,因而在人们的心目中很有地位					
50.你的工作有数量可观的夜班费、加班费、保健费或营养费					
51.你的工作比较轻松,精神上也不紧张					
52.你的工作需要和影视、戏剧、音乐、美术、文学等艺术打交道					

评分与评价方法:

被试者通过表5-8,统计个人得分情况,其中每道题若选A得5分,选B得4分,选C得3分,选D得2分,选E得1分。根据表5-9中每一项前面的题号,计算出每一价值观选项的得分总数,并把它填在每一项的得分栏上。然后找出个人得分最高和最低的三项价值观。

表5-9 评价表

题号	得分	价值观	说明
2、30、36、46		利他主义	工作的目的和价值,在于直接为大众的幸福和利益尽一份力
7、20、41、52		美感	工作的目的和价值,在于能不断地追求美的东西,得到美感的享受
1、23、38、45		智力刺激	工作的目的和价值,在于不断进行智力的操作,动脑思考,学习以及探索新事物,解决新问题
13、17、44、47		成就感	工作的目的和价值,在于不断创新,不断取得成就,不断得到领导与同事的赞扬,或不断实现自己想要做的事
5、15、21、40		独立性	工作的目的和价值,在于能充分发挥自己的独立性和主动性,按自己的方式、步调或想法去做,不受他人的干扰
6、28、32、49		社会地位	工作的目的和价值,在于所从事的工作在人们的心目中有较高的社会地位,从而使自己得到了人的重视与尊敬
14、24、37、48		管理	工作的目的和价值,在于获得对他人或某事物的管理支配权,能指挥和调遣一定范围内的人或事物
3、22、39、50		经济报酬	工作的目的和价值,在于获得优厚的报酬,使自己有足够的财力去获得自己想要的东西,使生活过得较为富足

续表

题号	得分	价值观	说明
11，18，26，34		社会交际	工作的目的和价值，在于能和各种人交往，建立比较广泛的社会联系和关系，甚至能和知名人物结识
9，16，19，42		安全感	不管自己能力怎样，希望在工作中有一个安稳局面，不会因为奖金、涨工资、调动工作或领导训斥等经常提心吊胆、心烦意乱
12，25，35，51		舒适	希望能将工作作为一种消遣、休息或享受的形式，追求比较舒适、轻松、自由、优越的工作条件和环境
8，27，33，43		人际关系	希望一起工作的大多数同事和领导人品较好，相处在一起感到愉快、自然，认为这就是很有价值的事，是一种极大的满足
4，10，29，31		变异性或追求新意	希望工作的内容应该经常变换，使工作和生活显得丰富多彩，不单调枯燥

从得分最高和最低的三项中，可以大致看出个人的工作价值观倾向，在选择职业时可作为参考依据。

（二）高职学生职业价值观的测量

2005年，金盛华和李雪通过对高职学生职业价值观的研究，提出了高职学生职业价值观可分为目的性职业价值观和手段性职业价值观两类。其中，目的性职业价值观由家庭维护、地位追求、成就实现和社会促进四个因子组成，按个人—集体和维护—发展两个维度，可将这四个因子划分为集体—维护、个人—维护和个人—发展及集体—发展四种类型。高职学生手段性职业价值观由轻松稳定、兴趣性格、规范道德、薪酬声望、职业前景和福利待遇六个因子构成。高职学生的目的性职业价值观影响其手段性职业价值观，不同的目的性职业价值观会导致相同或不同的手段性职业价值观。

金盛华和李雪所设计的职业价值观问卷如下：

亲爱的朋友：

您好！

感谢您花费时间完成这一问卷。您对这一问卷与您实际情况符合的回答，将使我们真实了解有关当代高职学生心理和行为的重要情况，感谢您为科学研究做出的贡献！这一问卷中所有答案都没有对错、好坏、高低之分，与您的生活、学习和工作也没有任何利害关系。您回答的结果只汇总在总的科学研究报告中，没有人可以辨别您怎样回答，请放心根据您自己的实际情况和真实想法来回答所有项目。

谢谢您的合作！

请注意：

请您填写：就选择职业来说，下列条目重要性如何，评价分数的含义为：

5 = "很重要"，4 = "较重要"，3= "一般"，2 = "较不重要"，1 = "很不重要"。

请在您选择答案的相应数字上画"○"（表5-10、表5-11）。

表5-10 目的性职业价值观问卷

条目（目的）	很重要—不重要
A42 工作能使我方便照顾父母	5 4 3 2 1
A44 工作能和家庭不相冲突	5 4 3 2 1
A7 工作能使我和未来配偶在一个城市	5 4 3 2 1
A53 工作能使我容易晋升到高地位	5 4 3 2 1
A51 工作能使我有高于一般水平的年薪	5 4 3 2 1
A54 工作能使我受到重视	5 4 3 2 1
A61 工作能使我享受高地位的个人空间	5 4 3 2 1
A33 工作能使周围人羡慕我	5 4 3 2 1
A55 工作能带给人激情	5 4 3 2 1
A19 工作能使我发挥自己的创造性	5 4 3 2 1
A35 工作能使我实现个人的抱负和目标	5 4 3 2 1
A36 工作环境能磨炼我的个人能力	5 4 3 2 1
A38 工作能使我施展个人的能力和特长	5 4 3 2 1
A2 工作能使我提高我国在该行业的世界竞争力	5 4 3 2 1
A8 工作能使我改变目前令人担忧的社会现状	5 4 3 2 1
A22 工作能使我为社会发展创造价值	5 4 3 2 1

表5-11 手段性职业价值观问卷

条目（目的）	很重要—不重要
A15 单位少有改革或风险	5 4 3 2 1
A76 工作不要经常出差或到异地工作	5 4 3 2 1
A17 工作强度或压力不能大	5 4 3 2 1
A23 自己在该领域有天分	5 4 3 2 1
A24 与自己的性格相符	5 4 3 2 1

续表

条目（目的）	很重要—不重要
A26 符合自己的兴趣爱好	5 4 3 2 1
A46 领导的性格人品符合期待	5 4 3 2 1
A47 环境不容易使人变得腐败或虚伪	5 4 3 2 1
A48 工作不常发生道德困境	5 4 3 2 1
A56 初始的职位较高	5 4 3 2 1
A68 单位企业规模大	5 4 3 2 1
A59 一开始的薪酬就比较高	5 4 3 2 1
A4 单位有很好的发展前途	5 4 3 2 1
A5 单位的上司和同事好相处	5 4 3 2 1
A6 在该领域积累了一定的朋友圈	5 4 3 2 1
A16 单位提供住房或住宿	5 4 3 2 1
A73 单位解决户口问题	5 4 3 2 1
A20 单位提供的保险齐全	5 4 3 2 1

【延伸阅读】怎样选择适合自己的职业？

一个合适的职业究竟有多重要？就像鸟儿需要飞翔一样，你的职业就是你飞翔的翅膀，它是你梦开始的地方。能飞多远完全取决于你判断的准确程度，具体来说，你必须在选择前明白自己的气质、性格、能力和兴趣。在选择职业之前，你需要对自己的气质和性格有一个基本的了解。

1. 气质

气质是人的典型的稳定的心理特点，一般分为胆汁质、多血质、黏液质和抑郁质4种。

胆汁质的人热情、直率、精力旺盛、勇敢积极，但情绪容易激动，脾气暴躁，具有很高的兴奋性和较弱的抑制力，能够以极大的热情投身于事业，克服在达到既定目标道路上的重重困难，但是，一旦精力消耗殆尽，往往对自己的努力失去信心。胆汁质的人适合做开拓性的工作，如进入商界会有不错的成绩，但是要克服自制力不足的毛病，否则成不了大器。

多血质的人神经过程平衡而灵活、活跃好动、表情外露、善于交际、适应性强，但做事缺乏持久性，注意力容易转移，适合从事多变和多样化的工作。他们是杰出的活动家，对事业有浓厚的兴趣，并能够持续很长的时间，但是如果工作受挫或需要付出艰苦努力时，热情就会锐减。记者、管理人员、律师、公关与人事工作很适合他们。

黏液质的人神经过程均衡，但灵活性差，表现为安静稳重、善于忍耐，但反应缓慢、不够灵活，他们能够较好地克制自己的冲动和勃发的情绪，严格遵守既定的生活秩序和工作制度，固定性有余而灵活性不足。黏液质的人是最佳的合作者，也是最容易得到上司认同的下属。通常，他们很难做出惊天动地的大事情，却是不可缺少的贡献者，适合从事一些固定性强，但需付出细心谨慎的工作，如文秘、行政主管、收银员等。

抑郁质的人细心谨慎、感情细腻、较孤僻、善忧思、疑虑重重，缺乏果断。他们的神经过程较弱，不能够忍受太大的精神紧张，即使是微弱的刺激，也会当做较强的作用来感受；情绪体验丰富，常常为一些微不足道的事情动感情。他们能够与别人很好地相处，胜任别人的委托，能够克服困难，但优柔寡断，面临危险情势紧张、恐惧。抑郁质的人成为艺术家的比率比较大，但万万别去当运动员，一些需要细心观察和感受的工作也很适合抑郁质的人，如护士、心理咨询员、幼儿教师等。

应该说，4种气质在工作中各有利弊，没有好坏之分，关键在认识到自己的优缺点，适当扬长避短。当然，气质虽然分为4种，生活中却很少简单地属于哪一种人，一般的人都是好几种气质的混合，只是在这几种气质中，更倾向于其中的一种，在选择职业上，也要根据自己的气质特点来选择合适的职业。

2.性格

性格是个人稳定的态度和习惯的行为方式，可以说，性格是气质和其他心理特征的外在表现形式。与气质的稳定性不同，性格具有更大的变性，更容易因为经历和遭遇的不同而改变。同时，虽然气质可以影响性格的形成和发展，但是性格也可以在一定程度上掩盖和改造气质。

性格一般分为外向和内向两种。

内向性格的人，有耐心、谨慎，适合做类似研究的工作，如医生、科学家、机械师、编辑、工程师、技术人员、艺术家、会计师、打字员、程序设计员等；而外向性格的人爱好交际，善于活跃气氛，适合做与人交往的工作，如人事顾问、管理人员、律师、记者、政治家、警察、售货员、演员、推销员、广告人员等。

同样，一个人身上也往往兼有内向与外向两种性格，生活中屡见不鲜的例子是一个从前腼腆内向的人最后却成了成功的企业家，而一个开朗好动的人在安静的实验室中度过了一生。

"性格决定命运"，但是，很多人却没有意识到，性格在很大程度上来源于后天的培养，一个不好的性格在工作中也许是致命的，但是，别只把它归咎于你的天性，别对自己说它是无法改变的，每个人在社会中都会因为这样那样的原因而改变原先的性格，这种改变未必是坏事，有很多人都是因为改变才意外地发现自己有一些意想不到的潜力。

所以，也别以为自己天生就适合某类工作，但是你没有这个工作需要具备的基本能力，因此，在明白了自己的气质和性格之后，还有一个问题不能忽视，这就是能力。

气质和性格回答的是你"适不适合"做，现在，你需要问自己一下"我能不能做""喜不喜欢做"。

3.能力

心理学把人的能力分为一般能力和特殊能力两大类，一般能力是指观察力、记忆力、注意力、思考力、想象力等，也就是我们通常说的智力，而计算机程序设计、音乐、绘画等创造性的工作需要一些特殊能力。

智力是大部分人都具备的，只是突出点不一样，如一些人的语言能力较强，善于表达自己的思想和观点，对于这类人来说，从事与文字有关的工作较有优势，如教师、记者等；一些人的数理能力较强，能够快速运算，进行推理，解决应用问题，适合的工作有会计师、精算师、工程师等。以下是各种不同的能力与适合的职业。

察觉细节的能力：对物体和图形的有关细节具有正确的知觉能力。适合职业：绘图员、工程师、艺术家、医生、护士等。

运动协调能力：身体能够迅速而准确地做出动作反应。适合职业：舞蹈演员、健身教练、司机等。

动手能力：手、手腕、手指能够迅速而准确地操作小的物体。适合职业：技术工人、检修人员、模型制造人员、手工艺者等。

书写能力：对词、印刷物、账目、表格等的细微部分具有正确的知觉能力。适合职业：校对、录入人员等。

社会交往能力：善于进行人与人之间的互相交往、互相联系、互相帮助，能够协同工作并建立良好的人际关系。适合职业：公共关系人员、对外联络人员、政府新闻官、物业管理人员等。

组织管理能力：擅长组织和安排各种活动，以及协调参加活动中人的关系的能力。适合职业：管理人员、企业经理、基金管理人等。

不同的职业对能力的要求是不同的，如医生需要更为敏锐的观察力，教师要有较好的记忆力，而记者在敏锐的观察力之外，还需要思考问题的能力，对自己的能力做一个客观的评估是很重要的，因为有些职业，如果你不具备这个职业所要求达到的能力，你就是再努力勤勉也收效甚微。有趣的是，人的智力分布呈橄榄形，智商（IQ）在140分以上（天才）的，只有人口的1%；智商在120～139分（优秀）的，占人口的10%；智商在110～119分（中上）的，占人口的16%；智商在90～109分（中智）的，占人口的46%；智商在80～89分（中下）的，占人口的16%；智商在70～79分（临界智力）的，占人口的8%；智商在70分以下（智力低下）的，占人口的3%。

可见，天才和智力残疾都是少数，大部分人的智商在中等水平，如果受过良好的教育和系统的训练，再加上自身的努力，则可能由普通变为优秀。因此，我们这里所说的能力并不是一成不变的，也就是说，虽然你现在也许达不到要求，但是，只要你有基本的素质，经过你的努力，你也会胜任此时难于胜任的工作。

现在你能把工作完成得很好，你的性格和气质也很适合你的工作，但是，你的选择职业之路是不是就已经完成了呢？

为什么有的人有别人羡慕的工作却仍然感觉不快乐？很高的薪水和出色的工作成绩并不能使他满足？可见他没有找到真正属于他的工作，这个时候，仔细倾听自己内心的声音就显得尤为重要了。

4. 兴趣

兴趣对职业选择的重要性可能是你所始料不及的，因为一开始的时候，决定你选择的往往是薪水的高低，可是你慢慢会发现，当你做你不喜欢的工作的时候可能会备感厌倦，这个时候，你只是一个简单的赚钱的机器，虽然有高薪，但你并不快乐。很多人忽视了这样一个事实：工作本身也是生活的一部分，工作质量的高低也决定了你的生活质量的高低，工作并不是毫无感情的，它对于你的意义可绝不在于供你吃穿，实际上，它是你实现理想的途径，是使你生活得快乐幸福的隐形伴侣。

所以兴趣虽然是你选择职业的最后一步,但却可能是最具决定性的一步,这个时候,不要问"我能为我的工作做点什么",而要问"工作能给我带来什么",做一份你能胜任同时又喜欢的工作,这才是人生真正的乐事。

第六章

高职学生的职业发展环境分析

【生涯寄语】

今后的工作中大家会遇到各种困难，不要只想着一路上鲜花铺路。当我们取得成绩的时候，不要骄傲自满，要谦虚谨慎；当我们遇到困难与挫折的时候，要愈挫愈奋、不断努力、自强不息，在人生的道路上不断磨砺意志、增长才干，在报效祖国的过程中成长成才。

【本章导图】

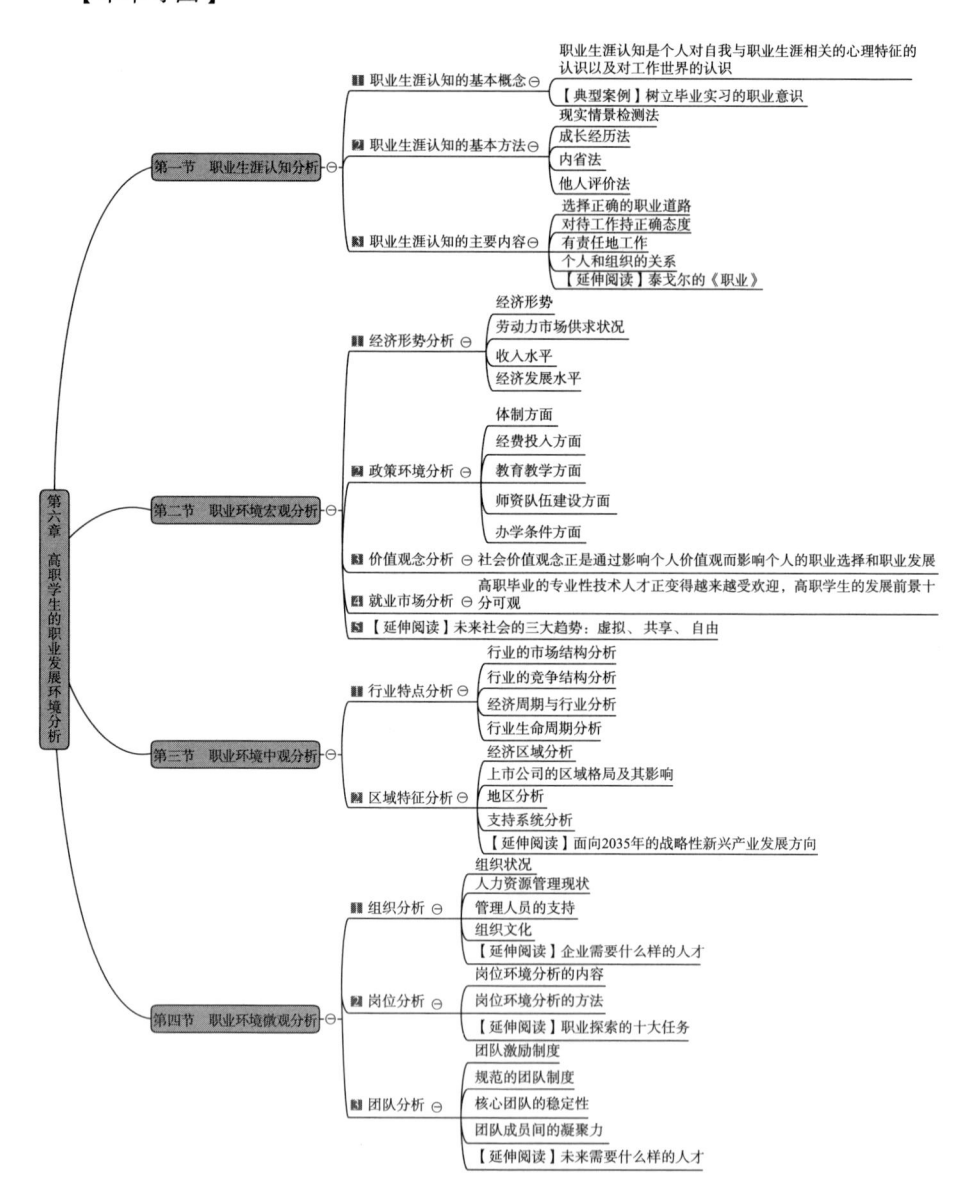

第六章 高职学生的职业发展环境分析

- 第一节　职业生涯认知分析
  - 1 职业生涯认知的基本概念
    - 职业生涯认知是个人对自我与职业生涯相关的心理特征的认识以及对工作世界的认识
    - 【典型案例】树立毕业实习的职业意识
  - 2 职业生涯认知的基本方法
    - 现实情景检测法
    - 成长经历法
    - 内省法
    - 他人评价法
  - 3 职业生涯认知的主要内容
    - 选择正确的职业道路
    - 对待工作持正确态度
    - 有责任地工作
    - 个人和组织的关系
    - 【延伸阅读】泰戈尔的《职业》

- 第二节　职业环境宏观分析
  - 1 经济形势分析
    - 经济形势
    - 劳动力市场供求状况
    - 收入水平
    - 经济发展水平
  - 2 政策环境分析
    - 体制方面
    - 经费投入方面
    - 教育教学方面
    - 师资队伍建设方面
    - 办学条件方面
  - 3 价值观念分析　社会价值观念正是通过影响个人价值观而影响个人的职业选择和职业发展
  - 4 就业市场分析　高职毕业的专业性技术人才正变得越来越受欢迎，高职学生的发展前景十分可观
  - 5 【延伸阅读】未来社会的三大趋势：虚拟、共享、自由

- 第三节　职业环境中观分析
  - 1 行业特点分析
    - 行业的市场结构分析
    - 行业的竞争结构分析
    - 经济周期与行业分析
    - 行业生命周期分析
  - 2 区域特征分析
    - 经济区域分析
    - 上市公司的区域格局及其影响
    - 地区分析
    - 支持系统分析
  - 【延伸阅读】面向2035年的战略性新兴产业发展方向

- 第四节　职业环境微观分析
  - 1 组织分析
    - 组织状况
    - 人力资源管理现状
    - 管理人员的支持
    - 组织文化
    - 【延伸阅读】企业需要什么样的人才
  - 2 岗位分析
    - 岗位环境分析的内容
    - 岗位环境分析的方法
    - 【延伸阅读】职业探索的十大任务
  - 3 团队分析
    - 团队激励制度
    - 规范的团队制度
    - 核心团队的稳定性
    - 团队成员间的凝聚力
    - 【延伸阅读】未来需要什么样的人才

第一节 职业生涯认知分析

一、职业生涯认知的基本概念

职业生涯认知是个人对自我与职业生涯相关的心理特征的认识以及对工作世界的认识。

在中国,"生涯"的概念,最早出自《庄子·养生主》:"吾生也有涯,而知也无涯。以有涯随无涯,殆已!已而为知者,殆而已矣!为善无近名,为恶无近刑,缘督以为经,可以保身,可以全生,可以养亲,可以尽年。"这里,"生"是指人生或生命,"涯"是指边界或界限。庄子的这句话道出了"生涯"的特性之一:人的生命是有限度的,即人生的长度是有极限的。在学术上,不同时代、不同学者从不同视角对生涯做出了很多不同的定义,其内涵与外延也各有差异。目前,被广泛接受的生涯定义是1976年舒伯(Super)综合各学者论点后,重新界定的生涯概念:人的一生发展过程中各种事件的演进历程,是其所经历的各种职业和生活角色(如子女、学生、父母、公民等角色)的统称。

职业生涯从字面上讲,它是职业和生涯这两个词的组合,是指与个人终身所从事职业等有关的活动的过程,是一个人在工作生活中所经历的所有职业或职位的总称。一般来说,职业生涯有内、外之分,内职业生涯是指从事一项职业时所需要具备的知识、观念、心理素质、经验、能力、身体素质、内心感受等因素的组合及其变化过程;外职业生涯是指从事某一职业时的工作单位、工作地点、工作内容、工作职务与职称、工作环境和工资待遇等因素的组合及其变化过程。就二者关系来看,内职业生涯是外职业生涯发展的前提,提高内职业生涯的水准会带动外职业生涯的发展。

随着学者对职业生涯的研究，对其认识不断加深，职业生涯的内涵也不断丰富和拓展，主要表现为：①从时间层面来说，职业生涯超越职业活动本身，研究者多从个体的整个生活阶段着眼，将职业生涯的发展看作是一个动态、终身发展的过程；②从职业价值角度看，研究者认为不能把职业仅定位于谋生手段与方式，它还是个体实现个人理想和人生追求的重要载体和途径，是个体生涯的最核心的组成部分；③从关注的对象主体方面看，研究者更加关注个体的行为与活动历程，淡化群体或组织对其影响，认为个体的职业生涯主要是个人为了实现自己的理想和价值追求而展开的独特生命历程；④从涉及领域与内容角度看，研究者重点关注的是职业与家庭生活、休闲健康、社会人际交往等方面的平衡，认为职业与个人生活质量是息息相关的；⑤从角色承担方面看，不仅要关注个体所扮演的职业角色，而且要关注职业角色有关的、贯穿于人生不同阶段的其他生活角色。

【典型案例】树立毕业实习的职业意识

每年年底是同学们找实习单位的好时机。旅游管理专业组特意在这个学期的最后一个星期，为旅游管理专业学生安排了一周的企业宣讲和招聘。由于绝大部分学生虽然学习了酒店管理和旅行社的课程，但是从未和酒店或旅行社进行过直接接触，同时，为了能使学生在高起点的地方进行实习，邀请杭州最有名的十几家酒店和旅行社，详细地向学生介绍其企业文化、企业招聘实习生的岗位、实习生的职业发展规划等内容。在各个企业正值用人之际，用人单位特别重视这次宣讲活动，资料准备充分同时邀请校友来做介绍，同学们听了这些宣讲，都非常激动，表现出了非常积极地加入企业实习的意向。

同时专业组老师带领同学们到企业实地参观。企业依旧非常重视，甚至是总经理亲自带队，要求各个部门的主管都现身说法，还盛情邀请同学们用餐。参观后在企业当即报名申请到该企业实习。

然而问题来了，当企业询问是否可以年前到岗时，绝大部分学生都表示不愿意。年前是酒店最缺人的时候，同时也是学生通过顶岗最容易获得某种特殊机会的时机。春节结束，该是学生正式报到实习的时候，洲际大酒店的人事经理打来电话，说昨天刚入职的四位女生要离职。师生当面沟通，原来学生不满意这家企业的理由是：

①工作时间：早班，早上6点40分到下午5点；晚班，早上10点到晚上11

点半,他们认为太辛苦了,懒觉不能睡,晚上还那么迟。②宿舍问题:宿舍是原来的水果批发市场改建的,外表有点像厂房的感觉,里面没有配无线网络,无法上网;进宿舍第一天,主动和宿舍原有的人打招呼,对方不理会。③同事之间关系:大部分同岗位的同事也都是实习生,但这些实习生都是不同城市的,沟通困难,生活习惯也不同。④别的企业随时欢迎她们过去实习。洲际大酒店的人事经理亲自和学生沟通,专业老师也亲自到宿舍和她们交心讲道理,有两位同学决定继续留下工作,而另外两位则坚决要离职。

从以上可以看出学生对岗位认知不足,同时也欠缺职业精神,这反映出学生还没准备好做一个职业人。

二、职业生涯认知的基本方法

(一)现实情景检测法

通常我们日常行为都是自然发生的,没有通过任何的反思行为。例如,你回想一下,在对待脾气暴躁的人时,你是否能够以礼相待;如果是,那么你可能具有较强的合作与适应能力,情绪的稳定性也较高。

(二)成长经历法

每个人的成长都是有积累的,例如,可以回想一下自己所经历的事情,自己是否能从失败经历中吸取教训,可利用学习的信息又有哪些?

(三)内省法

通过与自己内心对话,反思自己。所以不妨问问自己下面的问题。
(1)我是谁?
(2)我想干什么?
(3)我会干什么?
(4)环境支持或允许我干什么?
(5)我的职业与生活规划是什么?

在回答这五个问题后,快速找到它们的归属点,将归属点的信息总结出来,这样就有了自己的职业生涯认知。

（四）他人评价法

仅从自己角度了解自己，一定会存在盲点。而通过别人对自己的态度和行为方式来了解自己，能够得出较客观的定位。通过同事、朋友和上级的评价，能够加深对自己的了解，进一步完善自我。因此我们可以保持开放的态度来接受外界的评价，甚至是指责。

三、职业生涯认知的主要内容

当你有了职业生涯规划的概念时，或有了自己喜欢的职业、企业目标时，或要找实习岗位时，这些阶段都可以进行职业认知。

职业认知是个体主观觉醒后开始的一种了解职业世界的活动，并不局限于某一时期。你只要规定一个想探索的专业、职业、企业或行业，然后通过搜集理论资料、生涯人物访谈、实习体验等形式进行职业认知。

专业、行业、企业和职业（岗位）四个方面是息息相关的，都是影响人们就业的核心因素。专业和学业是相辅相成的，专业学不好就会影响日后的工作，而工作又取决于行业、企业与职业三者的关系。

职业认知的方法有很多种，可以根据自己的实际情况选择适合自己的方法。简单来说个人进行职业探索通常采取查阅、参观、访谈、讨论、实习的方法。

职业生涯认知的主要内容：

（一）选择正确的职业道路

对事业目标的具体看法，也就是一个人对自己事业以及未来职业发展目标的整体规划以及未来展望；设置事业与发展目标的方法，为了确保职业生涯规划的顺利开展，需要及时设置事业与阶段性发展目标；让目标真正产生一定的绩效，确保职业生涯规划的正常开展。

（二）对待工作持正确态度

在日常工作过程中，不同的员工持有的态度不一样，正确的职业认知为对个人工作有正确的态度；个人工作态度将对事业产生很大影响；在感情方面要做到足够成熟，正确对待工作以及身边的同事；在成熟度方面也要定期进行测试。

（三）有责任地工作

在岗位责任方面要加以明确，对个人职业充满认同。在工作过程中要有全局意识，拥有责任感。

（四）个人和组织的关系

在组织结构不同层面的定位，每位员工都可能导致企业的成败。

【延伸阅读】泰戈尔的《职业》

早晨，钟敲十下的时候，我沿着我们的小巷到学校去。

每天我都遇见那个小贩，他叫道："镯子呀，亮晶晶的镯子！"

他没有什么事情急着要做，他没有哪条街一定要走，他没有什么地方一定要去，他没有什么时间一定要回家。

我愿意我是一个小贩，在街上过日子，叫着："镯子呀，亮晶晶的镯子！"

下午4点，我从学校里回家。

从一家门口，我看得见一个园丁在那里掘地。

他用他的锄子，要怎么掘，便怎么掘，他被尘土污了衣裳，如果他被太阳晒黑了或是身上被打湿了，都没有人骂他。

我愿意我是一个园丁，在花园里掘地。谁也不来阻止我。

天色刚黑，妈妈就送我上床。

从开着的窗口，我看得见更夫走来走去。

小巷又黑又冷清，路灯立在那里，像一个头上生着一只红眼睛的巨人。

更夫摇着他的提灯，跟他身边的影子一起走着。

我愿意我是一个更夫，整夜在街上走，提了灯去追逐影子。

第二节 职业环境宏观分析

一、经济形势分析

（一）经济形势

经济形势的变化对职业的影响是最为明显又最为复杂的。当经济处于萧条时期，企业的效益降低，对人力资源的需求减少，因而职业选择和职业发展的机会减少；当经济处于高速发展时期，企业处于扩张阶段，对人力资源需求量增加，职业选择和职业发展的机会增多。

（二）劳动力市场供求状况

劳动力市场的供求状况对职业选择和职业发展产生重要影响。如果某类职业的人才供不应求，则职业选择和职业发展的机会增多；相反，某类人才供过于求，职业选择和职业发展的机会减少。

（三）收入水平

社会对人力资源的需求是一种派生的需求，当人们的收入水平提高时，对商品消费的需求会增加，企业扩大生产，从而增加对人力资源的需求，职业选择和职业发展的机会增多；相反，职业选择和职业发展的机会减少。

（四）经济发展水平

在经济发展水平高的地区，企业相对集中，优秀企业也比较多，个人职业选择的机会就比较多,因而就有利于个人职业发展;反之,在经济落后地区,个人职业发展也会受到限制。

二、政策环境分析

(一)体制方面

体制方面的相关政策逐步推进,初步奠定了高职教育发展的政策法规基础。国家适用于高职学生的就业政策有《关于印发〈关于选聘高职院校毕业生到村任职工作的意见(试行)〉的通知》《国务院关于进一步做好普通高等学校毕业生就业工作的通知》等,其适用范围有参军、大学生村官、社区就业、自主创业、直接就业。这些政策在短时期内迅速打开了高职教育资源短缺的局面,对高职教育大发展起到了促进作用。

(二)经费投入方面

经费投入方面的相关政策逐步调整,初步形成了高职教育的多元投入机制。高职教育的经费政策一直是高职教育政策发展的重心所在。改革当前以"学生学费为主"的投入机制,给予高职院校更多的公共财政投入,提高预算内教育经费比例,成为高职教育持续发展的迫切要求。

(三)教育教学方面

教育教学方面的相关政策不断完善,基本确定了高职教育的人才培养目标和模式。伴随高等教育发展,国家一直高度重视高等职业教育的教育教学管理和人才培养模式。国家在高职院校推进人才培养模式改革方面的力度不断加大。

(四)师资队伍建设方面

师资队伍建设方面的相关政策突出了"双师型"特征,初步适应了高职教育培养高素质技能型人才的需求。国家对高等院校教师的资格、聘用、培训、进修等都有相关规定。在高等职业教育发展中,国家一直很重视师资培训工作。国务院明确提出要加强"双师型"教师队伍建设,高职院校中实践性较强的专业教师可按照相应专业技术职务实行条例的规定,申请评定第二个专业技术资格,也可根据有关规定申请取得相应的职业资格证书，这对于强化高职教育特色将会产生推动作用。

（五）办学条件方面

办学条件方面的相关政策不断细化，促进了高职院校办学能力和社会认可度的提高。从办学政策方向来看，当前政策尤其强调高职院校要办出质量和特色。有一大批有特色的高水平高职院校脱颖而出，很多高职院校的去向落实率达到了90%以上，全社会对高职教育的认可度不断提高。

三、价值观念分析

一个人生活在社会环境中，必然会受到社会价值观念影响，大多数人的价值取向，甚至都是为社会主体价值取向所左右的。一个人的思想发展、成熟的过程，其实就是认可、接受社会主体价值观念的过程。社会价值观念正是通过影响个人价值观而影响个人的职业选择和职业发展。同学们在进行职业生涯规划时，要坚持正确的价值观念，认可、接受社会上积极进步的价值观。

四、就业市场分析

从就业市场来看，高职毕业的专业性技术人才正变得越来越受欢迎，高职学生的发展前景十分可观。高等职业学校所开设的专业都是以市场为导向的热门专业，就业机会多，前景好。如许多大城市出现了高级技工奇缺的现象。一"技"难求，使高技能人才成了就业市场上的"香饽饽"。而这些也是高职院校比较重视的专业。

最新数据显示，到2025年，中国制造业十大重点领域人才总量将接近6200万人，人才缺口达近3000万人，缺口率高达48%。也正是由于巨大的人才缺口，如今高薪引才已成企业的普遍做法，有的企业还专门开辟了技术人才晋升绿色通道，职校毕业的专业性技术人才发展前景广阔。

【延伸阅读】未来社会的三大趋势：虚拟、共享、自由

1.未来所有现实都会被"模拟"

人类以往的科技基本都是改造外界，如我们发明了各种各样的东西来丰富我

们的生活，而从当下的虚拟现实技术开始，量变终于引起了质变。现在，增强现实技术能够把虚拟信息（物体、图片、视频、声音等）融合在现实环境中，虚拟现实不仅会涉及视觉、听觉，还会涉及嗅觉、触觉、味觉，还可以构造一个与真实环境相似的世界，随时在你身边构建一个更加全面、更加美好的世界。

在未来，现实的边界会被彻底打破。例如，千里之外的朋友可以立即站在你面前，你们可以对话、拥抱。

2. 未来所有资产都会被"共享"

在互联网时代，独占生产资料这一现实正在被打破。例如，淘宝可以把店铺无偿供给卖家使用，因为淘宝复制"店铺"的成本很低，最多需要扩充一点内存，对于云计算来说，这些成本可以忽略不计。只要他们设计了一套店铺模式，很容易产生成千上万倍的溢价。

共享经济的资源配置效率大大超过了市场经济。互联网提供了一个运作机制，通过以租代买的形式解决了资源的不可复制性。在未来一件物品究竟属于谁并不重要，重要的是我们每个人都可以使用它。各种APP能通过时间、地点、技能的匹配将物品的使用权分配到最需要它的地方，将资源利用率最大化，将多余资源转化成为生产力。

3. 未来所有人都会获得"自由"

互联网以大数据、云计算为基础，努力实现"多个服务个体"对接"多种个性化需求"，这就使那些在技能、人脉、服务上拥有一技之长的人，同样可以通过互联网平台寻找到与之相配的工作，人们可以根据自己所擅长的来自由支配自己要在什么时间什么场所做什么样的事情，根据自己的兴趣所在，制定目标，决定自己要成就一番怎么样的事业。

如今，越来越多的人不是依托这家平台赚钱，就是依托那家平台赚钱。最典型的是，很多"出租车司机"已经脱离了出租车公司，开始依靠滴滴、优步等互联网平台接单赚钱，成为一名自由职业者。再放眼四望：主播、自媒体、网店店主等各种自由职业都在兴起。

未来每一个人都是一个独立的经济体。既可以独立完成某项任务，也可以依靠协作和组织去执行系统性工程，所以社会既不缺乏细枝末节的耕耘者，也不缺少具备执行浩瀚工程的组织和团队。社会就是一个庞大的网络，而每个人都成了一个ID。

社会的组织结构在变化：原来是狭长的"公司＋雇员"结构，现在变成了扁平的"平台＋创客"结构。基于平台之上的小众兴趣、小众价值观、小众梦想、小众爱好都能被成全，百花齐放、百家争鸣，获得工作和生活的"自由"！

第三节 职业环境中观分析

一、行业特点分析

（一）行业的市场结构分析

现实中各行业的市场都是不同的，即存在着不同的市场结构。市场结构就是市场竞争或垄断的程度。根据该行业中企业数量的多少、进入限制程度和产品差别，行业基本上可分为4种市场结构：完全竞争、垄断竞争、寡头垄断、完全垄断。

1.完全竞争

完全竞争型市场是指竞争不受任何阻碍和干扰的市场结构。其特点是：

（1）生产者众多，各种生产资料可以完全流动。

（2）产品不论是有形或无形的，都是同质的、无差别的。

（3）没有一个企业能够影响产品的价格，企业永远是价格的接受者而不是价格的制定者。

（4）企业的盈利基本上由市场对产品的需求来决定。

（5）生产者可自由进入或退出这个市场。

（6）市场信息对买卖双方都是畅通的，生产者和消费者对市场情况非常了解。

从上述特点可以看出，完全竞争是一个理论上的假设，该市场结构得以形成的根本因素在于企业产品的无差异，所有的企业都无法控制产品的市场价格。在现实经济中，完全竞争的市场类型是少见的，初级产品（如农产品）的市场类型较类似于完全竞争。

2.垄断竞争

垄断竞争型市场是指既有垄断又有竞争的市场结构。在垄断竞争型市场上,每个企业都在市场上具有一定的垄断力,但它们之间又存在激烈的竞争。其特点是:

(1)生产者众多,各种生产资料可以流动。

(2)生产的产品同种但不同质,即产品之间存在着差异。产品的差异性是指各种产品之间存在着实际或想象上的差异。这是垄断竞争与完全竞争的主要区别。

(3)由于产品差异性的存在,生产者可以树立自己产品的信誉,从而对其产品的价格有一定的控制能力。

可以看出,垄断竞争型市场中有大量企业,但没有一个企业能有效影响其他企业的行为。在市场结构中,造成垄断现象的原因是产品差别,造成竞争现象的是产品同种,即产品的可替代性。在国民经济各行业中,制成品(如纺织、服装等轻工业产品)的市场类型一般都属于垄断竞争。

3.寡头垄断

寡头垄断型市场是指相对少量的生产者在某种产品的生产中占据很大市场份额,从而控制了这个行业的供给的市场结构。

该市场结构得以形成的原因有:

(1)这类行业初始投入资本较大,阻止了大量中小企业的进入。

(2)这类产品只有在大规模生产时才能获得好的效益,这就会在竞争中自然淘汰大量的中小企业。

在寡头垄断的市场上,由于这些少数生产者的产量非常大,因此他们对市场的价格和交易具有一定的垄断能力。同时,由于只有少量的生产者生产同一种产品,因而每个生产者的价格政策和经营方式及其变化都会对其他生产者产生重要的影响。因此,在这个市场上,通常存在着一个起领导作用的企业,其他企业跟随该企业定价与经营方式的变化而相应地进行某些调整。资本密集型、技术密集型产品,如钢铁、汽车等重工业以及少数储量集中的矿产品如石油等的市场多属这种类型。因为生产这些产品所必需的巨额投资、复杂的技术或产品储量的分布限制了新企业对这个市场的侵入。

4.完全垄断

完全垄断型市场是指独家企业生产某种特质产品的情形,即整个行业的市场完全处于一家企业所控制的市场结构。特质产品是指那些没有或缺少相近的替代品的产品。完全垄断可分为两种类型：

（1）政府完全垄断。通常在公用事业中居多，如国有铁路、邮电等部门。

（2）私人完全垄断。如根据政府授予的特许专营，或根据专利生产的独家经营以及由于资本雄厚、技术先进而建立的排他性的私人垄断经营。

完全垄断型市场结构的特点是：

①市场被独家企业所控制，其他企业不可以或不可能进入该行业。

②产品没有或缺少相近的替代品。

③垄断者能够根据市场的供需情况制定理想的价格和产量，在高价少销和低价多销之间进行选择，以获取最大的利润。

④垄断者在制定产品的价格与生产数量方面的自由性是有限度的，要受到反垄断法和政府管制的约束。

在当前的现实生活中没有真正的完全垄断型市场，每个行业都或多或少地引进了竞争。公用事业（如发电厂、煤气公司、自来水公司和邮电通信等）和某些资本、技术高度密集型或稀有金属矿藏的开采等行业属于接近完全垄断的市场类型。

（二）行业的竞争结构分析

美国哈佛商学院教授迈克尔·波特认为，一个行业内激烈竞争的局面源于其内在的竞争结构。一个行业内存在着五种基本竞争力量，即潜在进入者、替代品、供方、需方以及行业内现有竞争者。从静态角度看，这五种基本竞争力量的状况及其综合强度决定着行业内的竞争激烈程度，决定着行业内的企业可能获得利润的最终潜力。从动态角度看，这五种竞争力量抗衡的结果共同决定着行业的发展方向，共同决定行业竞争的强度和获利能力。但是，各种力量的作用是不同的，常常是最强的某个力量或某几个力量处于支配地位、起着决定性的作用。例如，一个企业在某行业中处于极为有利的市场地位时，潜在的加入者可能不会对它构成威胁。但如果它遇到了高质量、低成本的替代品的竞争时，可能会失去其有利的市场地位，只能获得低的收益。有时，即使没有替代品和大批的加入者，现有竞争者之间的激烈抗衡也会限制该企业的潜在收益。

五种力量中每种力量的优势都是行业结构或作为行业基础的经济特征和技术

特征的一个函数。行业结构是相对稳定的，但又随行业发展的进程而变化。结构变化改变了竞争力量总体的相对强度，从而能够以积极或消极的方式影响行业的盈利能力。

（三）经济周期与行业分析

各行业变动时，往往呈现出明显的、可测的增长或衰退的格局。这些变动与国民经济总体的周期变动是有联系的，但关系密切的程度又不一样。据此，可以将行业分为三类。

1.增长型行业

增长型行业的运动状态与经济活动总水平的周期及其振幅并不紧密相关。这些行业收入增长的速率并不会总是随着经济周期的变动而出现同步变动，因为它们主要依靠技术的进步、新产品推出及更优质的服务，从而使其经常呈现出增长形态。在过去的几十年内，计算机和复印机行业表现出了这种形态。投资者对高增长的行业十分感兴趣，主要是因为这些行业对经济周期性波动来说，提供了一种财富套期保值的手段。在经济高涨时，高增长行业的发展速度通常高于平均水平；在经济衰退时期，其所受影响较小甚至仍能保持一定的增长。然而，这种行业增长的形态却使得投资者难以把握精确的购买时机，因为这些行业的股票价格不会明显地随着经济周期的变化而变化。

2.周期型行业

周期型行业的运动状态与经济周期紧密相关。当经济处于上升时期，这些行业会紧随其扩张；当经济衰退时，这些行业也相应衰落，且该类型行业收益的变化幅度往往会在一定程度上夸大经济的周期性。产生这种现象的原因是，当经济上升时，对这些行业相关产品的购买相应增加；当经济衰退时，这些行业相关产品的购买被延迟到经济改善之后。例如，消费品业、耐用品制造业及其他需求收入弹性较高的行业，就属于典型的周期性行业。

3.防守型行业

防守型行业的经营状况在经济周期的上升和下降阶段都很稳定。这种运动形态的存在是因为该类型行业的产品需求相对稳定，需求弹性小，经济周期处于衰退阶段对这种行业的影响也比较小。甚至有些防守型行业在经济衰退时期还会有一定的实际增长。该类型行业的产品往往是生活必需品或是必要的公共服务，公众对其产品有相对稳定的需求，因而行业中有代表性的公司盈利水平相对较稳定。例如，食品业和公用事业就属于防守型行业。也正是因为这个原因，投资于防守型行业一般属于收入型投资，而非资本利得型投资。

（四）行业生命周期分析

通常，每个行业都要经历一个由成长到衰退的发展演变过程。这个过程便称为行业的生命周期。一般地，行业的生命周期可分为幼稚期、成长期、成熟期和衰退期。

1. 幼稚期

一个行业的萌芽和形成，最基本和最重要的条件是人们的物质文化需求。社会的物质文化需要是行业经济活动的最基本动力。资本的支持与资源的稳定供给是行业形成的基本保证。行业形成的方式有三种：分化、衍生和新生长。分化是指新行业从原行业（母体）中分离出来，分解为一个独立的新行业，如电子工业从机械工业中分化出来，石化行业从石油工业中分化出来等。衍生是指出现与原有行业相关、相配套的行业，如汽车业衍生出来的汽车修理业，房地产业衍生出来的房地产咨询业等。新生长方式是指新行业以相对独立的方式进行，并不依附于原有行业。这种行业的生产往往是科学技术产生突破性进步的结果，经常萌芽于实验室或者科技园区，如生物医药、生物工程、海洋产业等。在这一阶段，由于新行业刚刚诞生或初建不久，只有为数不多的投资公司投资于这个新兴的行业。另外，创业公司的研究和开发费用较高，而大众对其产品尚缺乏全面了解，致使产品市场需求狭小，销售收入较低，因此这些创业公司财务上可能不但没有盈利，反而出现较大亏损。

同时，较高的产品成本和价格与较小的市场需求之间的矛盾使创业公司面临很大的市场风险，还可能因财务困难而引发破产风险。因此，这类企业更适合投机者和创业投资者。

在幼稚期后期，随着行业生产技术的成熟、生产成本的降低和市场需求的扩大，新行业便逐步由高风险、低收益的幼稚期迈入高风险、高收益的成长期。

2. 成长期

行业的成长实际上就是行业的扩大再生产。各个行业成长的能力是有差异的。成长能力主要体现在生产能力和规模的扩张、区域的横向渗透能力以及自身组织结构的变革能力。

判断一个行业的成长能力，可以从以下几个方面考察：①需求弹性。一般而言，需求弹性较高的行业成长能力也较强。②生产技术。技术进步快的行业，创新能力强，生产率上升快，容易保持优势地位，其成长能力也强。③产业关联度。产业关联度强的行业，成长能力也强。④市场容量与潜力。市场容量和市场潜力大的行业，其成长空间也大。⑤行业在空间的转移活动。行业在空间转移活动停止，一般可以说明行业成长达到市场需求边界，成长期也就进入尾声。⑥产业组织变化活动。在行业成长过程中，一般伴随行业中企业组织不断向集团化、大型化方向发展。在成长期的初期，企业的生产技术逐渐成形，市场认可并接受了行业的产品，产品的销量迅速增长。市场逐步扩大，然而企业可能仍然处于亏损或者微利状态，需要外部资金注入以增加设备、人员，并着手下一代产品的开发。进入加速成长期后，企业的产品和劳务已为广大消费者接受，销售收入和利润开始加速增长，新的机会不断出现，但企业仍然需要大量资金来实现高速成长。在这一时期，拥有较强研究开发实力、市场营销能力、雄厚资本实力和畅通融资渠道的企业逐渐占领市场。这个时期的行业增长非常迅猛，部分优势企业脱颖而出，投资于这些企业的投资者往往获得极高的投资回报，所以成长期阶段有时被称为投资机会时期。

随着市场需求上升，新行业也随之繁荣起来。投资于新行业的厂商大量增加，产品也逐步从单一、低质、高价向多样、优质和低价方向发展，出现了生产厂商之间和产品之间相互竞争的局面。这种状况会持续数年或数十年。其间，市场竞争不断加剧、产品产量不断增加、生产厂商数量也不断增加。进入成长期后期，生产厂商不仅依靠扩大产量和提高市场份额来获得竞争优势，同时还需不断提高生产技术水平，降低成本，研制和开发新产品，从而战胜或紧跟竞争对手，维持企业的生存。

这一时期企业的利润虽然增长很快，但所面临的竞争风险也非常大，破产率与被兼并率相当高。由于市场竞争优胜劣汰规律的作用，市场上生产厂商的数量会在一个阶段后出现大幅度减少，之后开始逐渐稳定下来。由于市场需求趋向饱和，产品的销售增长率减慢，迅速赚取利润的机会减少，整个行业便开始进入成熟期。

3.成熟期

行业成熟首先表现为技术上的成熟，即行业内企业普遍采用的是适用的且至少有一定先进性、稳定性的技术。其次表现为产品的成熟。产品的成熟是行业成熟的标志。产品的基本性能、式样、功能、规格、结构都将趋向成熟，且已经被消费者习惯使用。再次表现为生产工艺的成熟。最后表现为产业组织上的成熟。也就是说，行业内企业间建立起了良好的分工协作关系，市场竞争是有效的，市场运作规则合理，市场结构稳定。

行业的成熟期是一个相对较长的时期。具体来看，各个行业成熟期的时间长短往往有所区别。一般而言，技术含量高的行业成熟期历时相对较短，而公用事业行业成熟期持续的时间较长。行业处于成熟期的特点主要有：①企业规模空前、地位显赫，产品普及程度高。②行业生产能力接近饱和，市场需求也趋于饱和，买方市场出现。③构成支柱产业地位，其生产要素份额、产值、利税份额在国民经济中占有一席之地。但通常在短期内很难识别一个行业何时真正进入成熟期。进入成熟期的行业市场已被少数资本雄厚、技术先进的大厂商控制，各厂商分别占有自己的市场份额，整个市场的生产布局和份额在相当长的时期内处于稳定状态。厂商之间的竞争手段逐渐从价格手段转向各种非价格手段，如提高质量、改善性能和加强售后服务等。行业的利润由于一定程度的垄断达到了较高的水平，而风险却因市场结构比较稳定、新企业难以进入而较低。

在行业成熟期，行业增长速度降到一个适度水平。在某些情况下，整个行业的增长可能会完全停止，其产出甚至下降。行业的发展很难较好地保持与国民生产总值同步增长。当然，由于技术创新、产业政策、经济全球化等各种原因，某些行业可能会在进入成熟期之后迎来新的增长。

4.衰退期

行业衰退是客观的必然，是行业经济新陈代谢的表现。行业衰退可以分为自然衰退和偶然衰退。自然衰退是一种自然状态下到来的衰退。偶然衰退是指在偶然的外部因素作用下，提前或者延后发生的衰退。行业衰退还可以分为绝对衰退和相对衰退。绝对衰退是指行业本身内在的衰退规律起作用而发生的规模萎缩、功能衰退、产品老化。相对衰退是指行业因结构性原因或者无形原因引起行业地位和功能发生衰减的状况，而并不一定是行业实体发生了绝对的萎缩。

衰退期出现在较长的成熟期之后。由于大量替代品的出现，原行业产品的市场需求开始逐渐减少，产品的销售量也开始下降，某些厂商开始向其他更有利可图的行业转移资金，因而原行业出现了厂商数目减少、利润水平停滞不前或不断下降的萧条景象。至此，整个行业便进入了衰退期。

但在很多情况下，行业的衰退期往往比行业生命周期的其他三个阶段的总和还要长，大量的行业都是衰而不亡，甚至会与人类社会长期共存。例如，钢铁业、纺织业在衰退，但是人们却看不到它们的消亡。烟草业更是如此，难有终期。综上所述，在一个行业生命周期的不同阶段会表现出不同特点。

行业特征是直接决定公司投资价值的重要因素之一。行业特征分析的七个关键问题如图6-1所示。

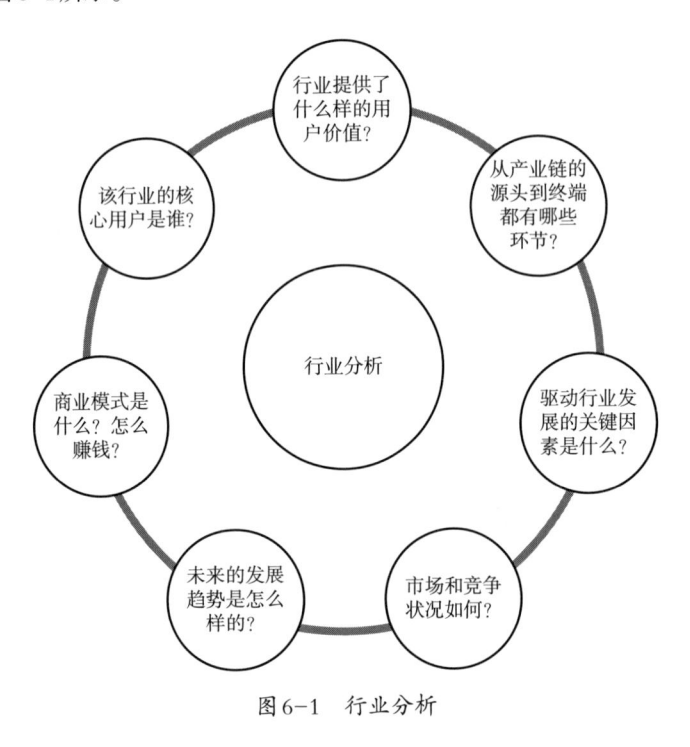

图6-1 行业分析

问题1：该行业的核心用户是谁？

每个行业都有一个相对稳定的核心用户群体，他们具有相同的群体属性。只有了解清楚核心用户是谁，才能进行深入观察，了解他们的核心需求是什么、痛点是什么，以及这些需求和痛点是如何解决的、是否被充分解决。

问题2：行业提供了什么样的用户价值？

这个行业是做什么的？行业内的企业生产什么样的产品或提供什么样的服务？满足的是哪一类或哪几类用户的需求？用户需求是否呈周期性变化？有什么样的规律？谁对购买行为有决定权？决定的标准是什么？

问题3：行业所处的产业链，从源头到终端都有哪些环节？

这个产业的上下游都有哪些环节？每个环节都有哪些企业？提供什么样的产品或服务？如互联网金融行业，互联网和互联网支付是基础设施，在此基础上包含了IT系统、征信、风控、大数据、反欺诈、区块链、互联网众筹、网络信贷、保险、供应链金融、消费金融、P2P理财、互联网资管、金融科技等环节。

问题4：驱动行业发展的关键因素是什么？

要在该行业中取得快速增长并获利，什么因素是必需的？哪些因素是必要条件？哪些因素是充分条件？驱动行业发展的关键因素包括但不限于：技术因素、资本因素、产品因素、行业因素、关键人因素、运营因素、政策因素、市场因素、渠道因素等。

问题5：市场和竞争状况如何？

和谁竞争：行业内竞争者的数量和规模是多少？谁在该行业中拥有发言权？谁会在这个市场上获利？为什么？

在哪竞争：主要产品的市场在何处（地域）？各细分市场的容量为多少？细分市场容量的增长率及未来的发展预测是怎么样的？主要竞争对手的市场都在哪里？各细分市场的份额如何划分？划分的依据是什么？各个竞争主体在各竞争层面上都有哪些优势？价格走势及未来趋势如何？

靠什么竞争：特定的行业中企业的核心竞争能力体现在什么地方？各竞争主体有没有自身的核心竞争能力？如果有，体现在什么地方？最具核心竞争能力的企业是谁？核心竞争优势体现在什么地方？其他竞争者是否可以形成或提高自身的核心竞争能力？

如何竞争：通过详细的市场调研分析，对目标企业进行深入了解，分析各自的优劣势，找出差异化竞争优势，制定企业未来的战略规划。

问题6：未来的发展趋势是怎么样的？

行业处于哪个发展阶段？是初创期、成长期，还是成熟期或衰退期？行业未来会朝什么方向发展？哪些因素可能会驱动行业发生变化？用户需求的变化、技术上的创新、渠道的变化等都可能是驱动因素。这两年的"消费升级"给很多行业带来了新的机会，就是因为用户需求发生了变化，开始追求产品和服务的品质，从而引发产品和营销的升级。

问题7：商业模式是什么？怎么赚钱？

企业大多数都是营利性组织，只有产生持续性的商业收入，才能形成持续性的投入，进而形成正向的增长循环。商业模式的创新是企业通过技术手段、流程重组、效率提升等方式提升运营效率、降低生产和运营成本，从而增加利润的来源。

二、区域特征分析

不同的地区由于其经济、资源、社会人文和自然条件等方面的差异，会对不同行业的企业发展产生影响，因此需要分析其区域经济的结构。

（一）经济区域分析

中国的东、中、西部经济发展极不平衡，这里有历史的原因，也有地理、经济的原因。正由于经济区域发展的不平衡，处于不同区域的产业发展速度和基本特点都会有所不同，因而上市公司所在地的区域因素造成盈利能力和经营成本会出现差异。

改革开放以来，经济的快速发展，各区域经济发展的差距有所变化。从现实情况来看，东部各省市的经济发展速度明显高于中部和西部，这一现象还将延续。

从自然资源和矿产资源的分布情况来看，中西部要明显优于东部。西部各种资源占全国的比重，草原资源为95%，森林资源为51%，煤炭资源为50%，各种有色金属矿藏储量高达90%，电量均占50%。而东部相对而言资源较缺乏，上述资源储藏量分别为3% ~ 8%。

中国东部沿海各省凭借其地域、交通和政策的优势，内引外联，发展贸易，建立乡镇企业和三资企业，从而使经济获得巨大发展。但随着市场的逐渐饱和及竞争的日趋激烈，东部的劳动力成本提高和原材料匮乏的压力，不得不把目光转向中、西部的资源开发。同样中、西部凭借巨大的资源优势，努力寻求在海内外的发展。政府的政策倾斜支持也给了中、西部一个极好的机遇。中、西部资源开发将成为今后中国经济持续高速发展的重要基础。从目前来看，中国区域经济发展呈现出以下趋势。

（1）在各地区经济均有较快增长的前提下，东部和中、西部经济的发展差距将继续扩大。但从增长速度来看，中、西部地区会有所加快。

（2）从政府政策来看，中央仍将坚持综合协调的策略，在保证东部沿海地区高速发展的同时，大力支持中、西部的经济开发。通过增加重大基础性工程投资，如西藏铁路、新增塔里木盆地石油基地开发等来扶持西部经济，同时在投资和贷款、扩大自主权等方面将给予一些政策上的优惠。

（3）东部将逐步和重大规模地参与中、西部的经济开发，中、西部的廉价劳动力、丰富的资源和广大的产品需求市场将为东部的投资提供美好的前景。

（4）中、西部将加大改革开放力度，努力提高自身的发展能力。具体的措施有：加快经济体制改革，以市场原则来管理经济，发展经济，建立公平、公正、公开的市场竞争体制；加大交通、通信等基础设施建设，改善投资环境；广泛吸收海内外资金，共同开发，共同发展；搞好"三线"企业的调整与改造，带动地区经济发展；发挥沿边、沿江优势，努力培育新的经济增长点；加快国有企业的改革，鼓励各种非国有经济的发展，形成多种所有制经济互相竞争并共同发展的良好局面；增加投入，开发耕地资源，创建国内现代化的粮棉果品生产基地。

（二）上市公司的区域格局及其影响

中国国内资金的流向一直存在从北向南和从西向东的趋势，国内的大部分资金集中在以上海为中心的东部地区和以深圳为中心的南部地区。国际资本的流向也不例外。

1.区域板块效应

股票市场的"板块"效应是中国证券市场的特殊现象，风靡了整个证券市场。股票因为有某一共同特征而被人为地归类在一起。这些特征有的可能是地理上的，如"江苏板块""浦东板块"，有的可能是业绩上的，如"绩优板块"；有的可能是上市公司经营行为方面的，如"购并板块"；还有的是行业分类方面的，如"钢铁板块""科技板块""金融板块""房地产板块"等。它们的股价涨跌会出现类似效应。

2."板块"股价联动效应

有很多板块股价具有联动变化的特征，这是因为上市公司的类似性，市场出现板块效应的现象非常常见。

（三）地区分析

1. 地区优势

各个地区都有自身的经济发展特点和优势，如人才、技术、资源、资金、劳动力成本、交通等方面的优势。

2. 发展潜力

每个地区经济发展的起步和发展程度存在差异，发展的政策、战略、税收等影响上市公司的盈利和未来的变化。

3. 行业同质

有时由于各种因素，造成行业结构趋于相同的上市公司比较集中，因此他们各自的产品和市场占有状况关系到他们未来的发展。

4. 信息沟通

信息时代，如果信息方面出现问题，肯定会影响所在区域上市公司的发展。

5. 投资状况

投资状况关系到经济活动的起点。

6. 制度环境

地方的法规、政策及其制度规范和价值取向等将直接影响到上市公司的盈利和运营状况。

（四）支持系统分析

社会认知职业理论认为，职业个体的外部环境因素影响其职业选择、目标的形成与行动的实施。在此过程中，当个体在职业选择遇到周围环境因素阻碍时，如果能获得足够的支持，则有利于其顺利做出职业生涯决策，强化其实现目标的决心和较强的成就动机，易获得积极的结果反馈；反之则不利于其做出最终选择并顺利、持续性地实施行动。在职业发展课程中，教师应引导学生善于挖掘身边环境中可利用的成长资源，根据实际为其构建职业选择与生涯成长的支持系统，促进学生的职业发展和个体目标的达成。例如，可通过构建学生成长"生涯导师""成长顾问""成长伴随平台""朋辈教育机制""资源对接""信息服务平台"等职业发展教育体系，辅助课堂教学和课后实践，整合利用校内、用人单位、社区和家庭等资源为学生提供必要的环境支持，帮助其识别、克服各种选择与成长障碍。

第六章　高职学生的职业发展环境分析

社会认知职业理论还提出，个体在形成职业兴趣、职业自我效能感与结果预期时，其所拥有的学习经验起到关键作用。因此，在职业发展与就业指导课程教学过程中，要注重学生个体学习经验的形成与丰富。这里的学习经验，主要是指直接影响个体职业选择与行动的职业相关的认知与体验。而学生获得职业相关的认知与体验，最好的途径和方法是在参与体验与行动过程中形成与系统构建。在职业发展课程教学中，宜采用角色扮演、案例分析、参观访谈、实践作业、职业体验与分享、工作实习等方式，以打造简历、撰写报告等形式将体验提升为学习经验。在此过程中，教师需要设计、构建支撑学生实践活动的方案及行动所需的外部资源环境支持体系，以帮助学生顺利实施生涯实践。

【延伸阅读】面向2035年的战略性新兴产业发展方向

到2035年，我国将跻身创新型国家前列，发展驱动力实现根本性转换，经济社会发展水平和国际竞争力显著提升。战略性新兴产业的发展需要抓住科技爆发与产业变革的历史性机遇，着眼前沿领域、颠覆性技术进行全方位布局，产业主体进入全球价值链的中高端。梳理六大产业发展方向（图6-2），聚焦IC、AI、生物医药等重点领域，打造先进技术体系，引领基础研究和前沿研究，在产业核

新一代信息技术产业	生物产业		新材料产业	数字创意产业	
• 物联网 • 通信设备 • 智能联网汽车 • 天地一体化信息网络 • 集成电器 • 操作系统与工业软件 • 智能制造核心信息设备	生物医药	• 疾病预防 • 早期诊断 • 治疗技术与药物 • 康复与再造 • 中医药	• 先进无机非金属材料 • 重大工程用先进金属材料 • 高分子及复合材料 • 高性能稀土材料 • 新能源与节能环保材料 • 信息功能材料 • 高端生物医用材料 • 前沿新材料与材料基因工程	数字创意技术装备	• 高清产业 • VR/AR产业 • 数字内容生产和创新设计软件
	生物制造	• 能源生物炼制 • 化工与材料生物制造 • 生物反应器及装备技术		数字内容创新	• 数字文化内容创作 • 智能内容生产平台 • 文化资源转换
				创新设计	• 制造业创新设计 • 服务业创新设计 • 人居环境创新设计

高端装备制造产业			绿色低碳产业	
海洋装备	• 海洋油气开发装备 • 高技术船舶 • 海洋资源开发装备 • 中高冰级装备 • 海洋环境立体观测装备与技术体系	智能制造装备	能源新技术	• 煤炭清洁高效利用产业 • 非常规天然气产业 • 综合能源服务产业 • 核能产业 • 风电、太阳能光电、生物质能、地热等产业
民生装备	• 农业装备 • 食品装备 • 纺织装备 • 医疗装备	• 航天航空及航空发动机制造工艺装备 • 新型舰船及深海探测等海工关键制造工艺装备 • 新能源汽车变速箱关键零部件加工成套装备及生产线 • 国家重点领域急需的超精密加工装备	节能环保	• 节能产业 • 环保产业 • 资源循环利用产业
			新能源汽车	• 整车集成 • 电机驱动、智能网联

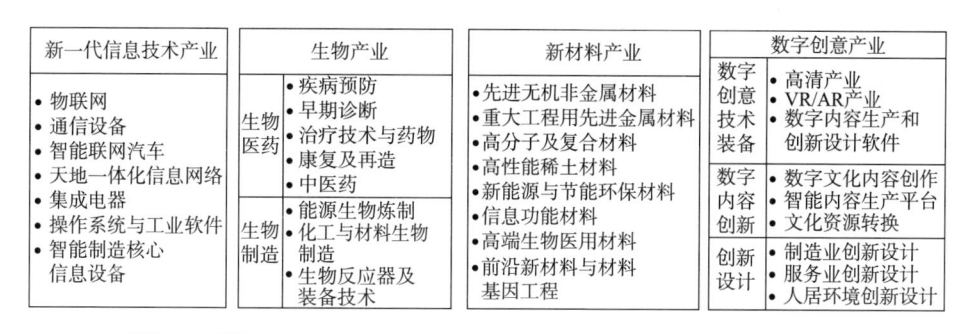

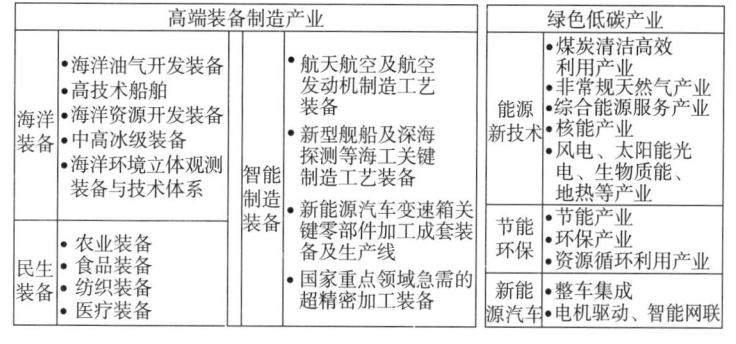

图6-2　我国战略性新兴产业发展方向布局

心技术突破层面与世界同步，构建多类别、宽覆盖、有机联络的新兴产业集群。

1. 新一代信息技术产业

"十四五"时期，在云计算、AI、大数据、智能联网汽车、工业互联网等领域达到国际领先水平，引领产业中高端发展，带动经济社会高质量发展。预计到2025年，新一代信息技术产业销售收入为35万亿元，信息消费规模为9.5万亿元；建成具有较强核心竞争力的新一代信息技术综合发展体系，与第一产业、第二产业、第三产业的融合程度显著加深，对实体经济的拉动效应显著提升；产业国际影响力进一步增强，在部分领域达到国际领先水平。

"十四五"时期的重点发展方向为：物联网、通信设备、智能联网汽车（车联网）、天地一体化信息网络、集成电路、操作系统与工业软件、智能制造核心信息设备。

面向2035年的重点发展方向为：新一代移动通信、下一代网络技术、信息安全、半导体、新型显示、电子元器件、云计算、边缘计算、操作系统与软件、AI、大数据。

2. 生物产业

"十四五"时期，在新药创制领域，形成并壮大从科研到成药的全产业链能力，奠定持续产生新药物和新疗法的基础。围绕构建创新药物研发技术体系的能力目标，以精准药物设计为核心，综合现代生物学、信息技术和材料科学，建立原创新药发现体系；加强基因治疗、细胞治疗、免疫治疗、代谢调控等技术的深度研发与通用化应用。重视原创新药、引领技术的阶段性发展目标，尽快推动我国从医药生产大国转为医药创新强国。

"十四五"时期的重点发展方向为：疾病预防、早期诊断、治疗技术与药物、康复及再造、中医药，能源生物炼制、化工与材料生物制造、生物反应器及装备技术。

到2035年，力争成为世界生物科学技术中心和生物产业创新高地，多个领域涌现出重大原创性的科学成果、国际顶尖的科学大师，成为生物技术高端人才创新创业的重要聚集地。

3. 高端装备制造产业

应对新一代海洋工程、民生领域重大装备的能力提升和对高档制造装备的亟需，发挥社会主义市场经济条件下关键核心技术攻关新型举国体制的优势，汇集各类创新资源开展国家科技重大专项的前沿布局和应用示范。

（1）海洋装备领域，提升信息化和智能化水平，应对海洋油气开发和高技术船舶的工程亟需，前瞻布局新型海洋资源开发装备，完善海洋环境立体观测装备与技术体系。

（2）智能制造装备领域，加快发展国家重点领域亟需装备，如航天航空飞行器及航空发动机制造工艺装备、新型舰船及深海探测等海工关键制造工艺装备、新能源汽车变速箱关键零部件加工成套装备及生产线。

（3）民生高端装备领域，推进新一代智能农业装备科技创新，加快推进农机化和农机装备产业转型升级；聚焦纺织工业未来智能制造与绿色制造，突破新材料与产业用纺织品领域生产装备瓶颈；食品装备发展强调柔性自动化、集成化、综合化、系统化、敏捷化和智能化方向；医疗装备注重基础、对标应用，加快高端国产医疗装备的产业化。

4. 新材料产业

瞄准整体达到国际先进水平的目标，新材料产业系统建设创新体系，推行大规模绿色制造使用和循环利用，保障国民经济、国家安全、社会可持续发展的基本需求，实现由材料大国向材料强国的重大转变。

"十四五"时期的重点发展方向为：先进无机非金属材料、先进金属材料、高分子及复合材料、高性能稀土材料、新能源与节能环保材料、信息功能材料、高端生物医用材料、前沿新材料与材料基因工程。

面向2035年的重点发展目标为：电子信息材料创新体系完善，支撑新能源大规模利用与节能环保产业发展；无机非金属材料产业由大变强，金属材料工程技术达到国际领先，碳纤维材料技术体系与产品系列符合军民需求；以可再生组织器官的生物医用材料为主体的现代生物医用材料产业体系基本建成；稀土材料及制备的核心专利群取得有效突破。

5. 绿色低碳产业

（1）能源新技术产业。立足能源发展规律、能源国情现状、能源新技术发展趋势，在"十四五"时期及面向2035年的发展阶段，聚焦能源资源清洁高效利用、碳约束下的能源安全、能源新技术及关联产业有效支撑经济增长等突出问题，重点发展煤炭清洁高效利用产业、非常规天然气产业、综合能源服务产业、核能产业、风电产业、太阳能光电产业、生物质能产业、地热产业。

（2）节能环保产业。"十四五"时期，突出提高环境质量这一节能环保产业的核心需求，加强大气、水、土壤的污染防治，倚重和发挥科技创新在源头削减、过程控制和循环利用是污染防治全过程中的关键作用。突破主要污染要素、主要污染点源、主要生态破坏类型、污染物监测等方面的关键技术，形成促进中国生态环境治理取得根本好转的环境工程科技体系。

面向2035年，产业发展重点在于突破大气污染防治、水污染防治、土壤污染防治与修复、固体废物资源化等关键技术，实现普遍性应用并取得良好的环境质量收益。

（3）新能源汽车产业。"十四五"时期，加强核心技术创新，推进基础设施规模化建设、市场化发展，建立公共服务平台，形成自主、完整的产业链。纯电动汽车和插电式混合动力汽车年销量达到700万辆，保有量超过2000万辆；燃料电池汽车推广规模累计达到5万辆。

面向2035年，全面实现产业商业化与高质量发展，汽车技术的电动化、智能化、网联化、共享化取得重大进展，整体达到国际先进水平。纯电动和插电式混合动力新能源汽车占汽车总销量的70%以上，燃料电池汽车技术及产业全面成熟，进入规模化应用阶段。

6.数字创意产业

信息技术的快速发展及相关产业的融合应用，为数字创意产业带来新机遇、形成新模式。通过10~15年的发展，数字创意产业将在以下五个方面取得重大进展：创新设计体系、数字内容生产体系、数字内容传播体系、泛信息消费体系、泛沟通交互体系。

"十四五"时期的重点发展方向为：超高清产业、VR/AR产业、数字内容生产和创新设计软件，数字文化内容创作、智能内容生产平台、文化资源转换，制造业创新设计、服务业创新设计、人居环境创新设计。

面向2035年的重点发展方向为：万物互联的无障碍信息获取、1 Gbps级速率的数字内容有线/无线端传播、数字内容精准分发，具有真实体验的视音频内容、真实世界和虚拟世界混合体验、全息影像和沉浸式体验，无障碍创意创新协同、无障碍想法设计传递、无障碍设计生产联动，定制化的数字内容消费、内容生产智能化与个性化定制，世界先进水平的制造业创新设计、服务业创新设计、人居环境创新设计。

第四节 职业环境微观分析

一、组织分析

个人所在的组织环境对个人职业发展有着重要的影响,当组织环境适宜于个人发展时,个人职业更容易取得成功。但组织环境同社会环境一样,也在不断地变化,这些变化同样对职业提出了不同的要求。因此,在制定职业生涯规划时,个人所在的组织环境也是应考虑的重要因素。从组织内部环境看,影响职业发展的因素也是多方面的,主要包括组织状况、人力资源管理现状、管理人员的支持和组织文化等。

(一)组织状况

组织规模不同的企业,其对职业管理的程度也不相同。一般来说,组织规模越大,越有利于组织对员工进行职业管理,个人职业选择和发展的机会就越多。

组织结构直接决定组织所属岗位的分布情况,并反映了组织运行时的状态。如组织结构制定合理,那么组织促进职业管理的力度就越强。

组织特征不同的企业对人力资源有不同的要求。该企业的行业属性、产品的组合结构、生产的自动化程度、产品销售方式等,决定了所属员工的发展空间。例如,对于传统产业部门的企业,生产技术和生产手段都接近规范化和程序化,对员工的要求主要是能掌握熟练的生产技术,这类企业对创新型的高科技人才的发展不利;而一些从事新产品开发的高科技企业需要技术创新的开发人员,创新型人才的发展空间比较大,职业也易取得发展。

每个企业都有自己的发展目标,企业的所有生产经营活动都是围绕企业发展目标展开的，在人员的安排上同样也要体现企业的总体发展目标。如企业的发展目标定为进军新的行业产品，那么企业对新的行业产品的人才需求增加，适应新行业要求的员工容易在职业上取得较好的发展。

企业生产规模扩大、产品结构调整或升级、采用新生产工艺等，会导致人力资源层次、结构及数量的调整，这些因素会为某类员工的发展提供机会，同样会使某类员工的发展失去机会。因此，在制定职业生涯规划时应考虑所在组织的发展目标，把个人的发展与所在组织的发展结合起来考虑。

（二）人力资源管理现状

企业人力资源管理现状包括：人力资源规则、供给与需求的预测、招聘方式、晋升管理、工资报酬、福利措施、员工关系、发展政策等。

现在，大型的比较正规的企业一般都制定人力资源规划。通过人力资源规划，可预测组织未来的人力资源需求总量和人力资源供给总量，从而确定组织未来的人力资源净需求量，这包括企业未来需要什么类型的人才和各种类型人才需要多少。如果了解企业的人力资源规划，了解企业未来对人力资源的需求，就会知道自己职业发展是否有机会和有什么样的机会，进而把企业的人力资源需求与自己的职业发展目标结合，制订比较恰当的职业发展计划。

员工的职业发展，归根到底要靠人力资源管理政策来保障，包括合理的培训制度、晋升制度、考核制度、奖惩制度等。企业价值观、企业经营哲学也只有渗透到制度中，才能得到切实的贯彻执行。没有制度或者制度制定得不合理、执行不到位、员工的职业发展就难以实现，甚至可能流于空谈。

企业自身的人力资源结构对个人职业的发展有重要的影响。例如，企业年老的管理人员比较多，这意味着员工晋升的可能性比较大，发展的机会比较多。当然，企业的晋升制度、绩效考核制度、薪酬制度、培训制度等，都对员工个人的职业发展产生重要影响，这是员工个人制定职业生涯规划时应当着重考虑的因素。

（三）管理人员的支持

一个企业的文化和管理风格，与其领导者的素质和价值观有直接关系，企业经营哲学往往就是企业家的经营哲学。如果企业领导者不重视员工的职业发展，那么员工在这个企业内的职业发展就很可能受挫。反之，如果企业的领导者非常重视员工的职业发展，关心员工的生活，注重与员工的情感沟通，能及时帮助员工分析职业发展过程中所遇到的困惑，那么其所属员工在获得职业发展满意的同时，为企业创造更大的价值和财富。

（四）组织文化

组织文化决定了一个企业如何看待它的员工，员工的职业生涯也在很大程度上被企业文化所左右。一个主张员工参与管理的企业，显然比一个独裁的企业能为员工提供更多的发展机会；渴望发展、追求挑战的员工也很难在论资排辈的企业中受到重用。企业文化是影响企业经营效益的重要因素。如果员工个人的价值观与企业文化有冲突，难以适应企业文化，这也决定他在组织中难以发展。因此，企业文化是个人在制定职业生涯规划时应当考虑的一个因素。尽量避免与组织的文化冲突，是员工在职业发展过程中应遵循的原则。

【延伸阅读】企业需要什么样的人才

1.在最短时间内认同企业文化

如果想加入这个企业，就要使自己的价值观与企业倡导的价值观相吻合，以便进入企业后，自觉地把自己融入这个团队中，以企业文化来约束自己的行为，为企业尽职尽责。

2.不苛求名校出身，只要综合素质好

随着企业竞争的加剧，企业更加关注人才的质量。因为人才是创造产品、提供服务为企业赢得利润的主要因素，个人综合素质比学历更重要。

3.有敬业精神和职业素质

企业把高素质、忠诚负责的员工视为宝贵的财富。敬业精神体现在责任感、主人翁意识、为做好工作而主动学习、注重细节、先付出后回报等方面。

4.有专业技术能力

专业技能是技术含量高的企业很看重的用人标准，对专业人才的选拔可以说是精挑细选。

5.有团队精神和协作能力

从人才成长的角度看，一个人是属于团队的，要有团队协作精神和协作能力,只有在良好的社会关系氛围中,个人的成长才会更加顺利。

6.带着激情去工作

热情是一种强劲的激动情绪,一种对人、对工作和信仰的强烈情感。一个没有工作热情的员工,不可能高质量地完成自己的工作,更别说创造业绩。

二、岗位分析

(一)岗位环境分析的内容

岗位是企业的组织细胞,也是个体实施职业行动的具体位置,同学们进入企业之后,都是在具体的岗位上开展工作,接受部门负责人的领导,实现自己的价值。岗位环境分析的主要内容如下:

(1)岗位工作内容是什么。

(2)岗位责任人是谁。

(3)工作岗位及其工作环境条件。

(4)岗位操作规范及操作守则。

(5)岗位职责与任职资格。

(6)与相关岗位工作人员的关系要求。

为了收集这些用于岗位分析的信息,一般采用访谈法、问卷调查法、观察法、关键事件法、见习日志法等。

(二)岗位环境分析的方法

1.访谈法

访谈法是就某一岗位与访谈对象按事先拟订好的访谈提纲进行交流和讨论。访谈对象包括:该岗位的任职者,对工作较为熟悉的直接主管人员,与该岗位工作联系比较密切的工作人员。为了保证访谈效果,一般要事先设计访谈提纲。进行访谈时要遵循以下方法:

(1)所提问题要和岗位分析的目的有关。

(2)访谈人员语言表达要清楚、含义准确。

(3)所提问题必须清晰、明确,不能太含蓄。

2. 问卷调查法

问卷调查法就是根据岗位分析的目的、内容等，事先设计一套岗位问卷，由被调查者填写，再将问卷加以汇总，从中找出有代表性的回答，形成对岗位分析的描述信息。问卷调查的关键是问卷设计。问卷设计形式分为开放型和封闭型两种。开放型：由被调查人根据问题自由回答；封闭型：调查人事先设计好答案，由被调查人选择确定。设计问卷时要做到：①提问要准确；②问卷表格要精炼；③语言通俗易懂，问题不可模棱两可；④问卷表前面要有指导语；⑤问题排列要有逻辑。

3. 观察法

观察法就是在不影响被观察人员正常工作的条件下，通过观察将有关工作的内容、方法、程序、设备、工作环境等信息记录下来，最后将取得的信息归纳整理为适合使用的结果的过程。

4. 关键事件法

关键事件法邀请岗位工作人员或其他有关人员描述能反映其绩效好坏的"关键事件"，即对岗位工作任务造成显著影响的事件，将其归纳分类，最后就会对岗位工作有一个全面的了解。关键事件的描述包括：导致该事件发生的背景、原因；员工有效的或多余的行为；关键行为的后果；控制上述后果的能力。

5. 见习日志法

见习日志法是以记录见习日志或者工作笔记的形式记录日常工作活动而获得有关岗位工作信息资料的方法。其优点在于，可以更容易了解岗位的具体工作状况。

【延伸阅读】职业探索的十大任务

1. 职业描述

职业描述就是定义这个职业的内涵。具体包括职业名称、各方对其的定义。在罗列学习别人对这个职业看法后，你也要给这个职业下一个自己的定义，为自己的职业报告做好第一笔准备。职业描述是对职业最精炼的概括和总结，是透彻理解职业和调研职业的基础，其实给职业定义的每个字都是要仔细思考的，因为日后你要做的事情全是对定义的拓展。一般来说都有固定的对职业的定义，可以参照人力资源和社会保障部组织编写的《中华人民共和国职业分类大典》对职业的详细介绍，它会定期增加社会新出现的职业信息。

2. 职业的核心工作内容

每个职业都有核心的工作职责，职责背后对应的就是工作内容，说白了，就是这个职业一般都干什么活，什么工作是这个职业必须做的。了解职业的核心工作内容，有利于了解完成工作内容背后的必须具备的工作能力，这样就很容易找到和自己之间的差距，从而有目的地补充相关能力以完成工作内容。在多大程度上了解工作内容，是衡量一个人对工作的熟悉和喜欢程度的重要标准。成熟的职业都有权威人事部门给其总结确定的核心工作内容，一些企业的招聘广告中也有对工作内容的描述，也可以请教一些行业协会，或是从事这个职业的资深人士、一般企业的人事部门和直接部门经理也有对职业的具体感悟。

3. 职业的发展前景及其对社会和生活的影响、作用

职业的发展前景是国家、社会等对这个职业的需求程度，具体包括三个问题，职业在国家阶段发展中的作用，职业对社会和大众的影响，职业对生活领域的影响。就是说，不仅要知道这个职业对国家、社会、行业有用，也要知道这个职业对大众、生活的影响，人们对其的依存度和声望度怎样。职业的发展前景，尤其是国家的导向是促进职业发展的黄金动力，知道你日后从事职业的发展轨迹就能更好地判断自己是否能切入及切入点如何选择了，尤其要注意对大众、生活的影响，因为大众的才是永恒的。职业在国家发展中的作用一般都有劳动部门的权威预测，但对社会和生活的影响这方面是真正要自己去调研的，要去访问这个职业的资深人士。

4. 薪资待遇及潜在收入空间

职业是社会分工的产物，职业根据参与社会分工的量来确定相应的报酬，在不同的行业、企业、岗位上还有一些潜在的收入空间。能赚多少钱是大家都关心的话题，很多人也会把赚钱多少作为择业的关键因素，所以在考量职业时要重点调研职业的薪资状况。其实每个职业起薪都差不多，但都有极致，都有天价，能力不断提升的背后就蕴藏着高薪。一个职业是有薪资调查的，如前程无忧的调查，还有网友们的晒工资。

5. 岗位设置及不同行业、企业间的差别

岗位设置一般是指一个职业是有一系列岗位划分的，如人事工作的岗位就分招聘、考核等很多具体岗位，而不同行业、性质、规模的企业对岗位的划分和理解也是有很大不同的，很可能同样都叫一个名字，但干的活却完全不一样。了解

职业的岗位设置，能加深对职业外延的理解，知道职业的具体岗位后，就可以有针对性地与自己比较，也是知道职业内容的重要标志。不同行业对职业（岗位）的理解和要求也是有差异的，而具体的企业就是千差万别了。一般来说，人事权威网站、职业分类大典、业内资深人士是比较了解这个职业的具体岗位设置情况的。

6.入门岗位及其职业发展通路

入门岗位是指针对应届毕业生的工作，职业的一些中低端岗位是面向高职学生开放的。还要了解一个岗位对应的日后职业发展通路是什么，这个岗位有哪些发展途径，最高端岗位是什么，这些你都要知道。即使你很看好这个职业，但你最终也是要从低端工作做起，而入门岗位就是提供给毕业生的敲门砖，所以，一定要知道你能通过哪些岗位进入这个职业。从企业的每年校园招聘里就能看到哪些岗位是针对应届生的，如一些校园招聘网站就可以找到这些信息。

7.职业标杆人物

职业标杆人物就是在这个领域谁做得最好，他是怎么做到的，他都取得了什么成绩，遇到了什么困难，具备什么素质等。每个职业都有一流的人物，无论是国内还是国外的。研究职业标杆人物，可以让自己了解他的奋斗轨迹，让自己在"追星"中加深对职业的了解，也会让你找到在这个职业领域奋斗的途径。当你在网上搜索这个职业时，一般就会找到职业标杆人物，图书馆也会有这方面的书，业内资深人士都会知道。

8.职业的典型一天

职业的典型一天，更多是在访谈中完成的，你要知道这个工作的一天都是怎么过来的，从早上到回家的时间都是怎么安排的。了解职业的典型一天是判断自己是否适合这个职业的重要指标，如果你不想过这个职业那样的一天，就不用再为之而努力去学习去准备做这个职业了，所以这个过程是很关键的。尤其是这个工作对你个人生活的影响，看你能否接受。职业的典型一天，在职业的核心工作内容中会有涉及，但具体到个人的资料就不多了，所以更多的还是要你去访谈做这个职业的人，这样才更真实。

9.职业通用素质要求及入门具体能力

职业通用素质要求是指从事这个职业的一般的、基本的要求。主要是个人通用素质能力，就是能把这个工作做好要具备的能力。通过对职业的外在素质要求的了解，对比自己是否能够胜任，还有哪些要加强和补充的能力，从而可以将其规划到高职生活里。其实每个岗位的岗位描述中的任职资格都有介绍，只是这次要把其整理出来，尤其要加上职业访谈中的内容，列出10项最常用的能力，然后与自己一一对照，可以促进发现和认识自我。

10.工作与思维方式及对个人的内在要求

工作方式和思维方式是做好做精工作的保证，有些工作对人的内在要求是很高的，如态度等，这些是从你的内在来判断你是否适合和喜欢一个职业的核心标准。从内在出发来判断是否喜欢是科学的，因为职业是客观的，只是因为你选择了职业才会有是否愿意做、适合做等问题的产生，所以当职业的方方面面考量之后，最后一关就是对职业所要求的内在盘点。岗位描述中的任职资格也会有对其内在素质的要求，还有业内普遍认为的个人素质，还要考虑不同行业、不同类型企业的差异。

三、团队分析

（一）团队激励制度

激励就是企业满足团队成员各种需求，激励企业团队员工积极工作，这种动机能为企业组织的目标实现提供便捷。通过企业团队的激励制度，培养企业团队成员的集体意识，使企业团队的成员产生集体荣誉感、自豪感，创造出自觉维护企业团队荣誉力量。形成互惠互利，企业团队想办法给团队成员以利益、获取团队成员有效性。企业的这种团队激励制度，要有利于团队意识形态的形成，从而形成团队成员与企业团队的合力作用，达到最好的有效性效果。

对于企业在团队工作中的激励制度，如果激励制度和团队成员的目标不一致时，就会产生利益冲突。为了实现团队成员利益的最大化，个体通常会利用制度的不完整性，在契约制度允许的范围内采用偷工减料、以此谋取个人私利甚至损害企业整体利益的行为。一旦这些情况发生，企业团队领导者可引入团队激励机制去弥补它和团队成员之间契约的不完备性，激励企业团队成员采取有利于企业的行为，惩罚违背企业利益的行为。企业核心团队工作过程的有效激励能够增加团队及其成员的工作积极性及满意度，既能激发企业现有核心团队成员稳定性，同时也能激发后进员工的工作兴趣，从而更好地服务于整个团队。

（二）规范的团队制度

规范的团队制度是指企业团队成员所在团队的一系列成文或不成文的规章制度。规范团队制度分为外部规范和内部规范两种。企业核心团队的外部规范通常是核心团队成员都所熟悉的，它是将企业核心团队成员以规范的制度非正式地告知每个核心团队成员（如不准早退、迟到）。内部规范是指团队中所有成员心底达成的相互间的认识。团队核心成员只有在违反这种内隐规范后才知晓（如团队核心自成员工作态度上要积极）。规范的团队制度的形成，影响着企业核心团队成员间的关系、成员业务水平、成员贡献水平，从而影响企业的业绩、核心团队的有效性。

（三）核心团队的稳定性

在企业核心团队组建以后，如果要保持核心团队的稳定性，需要注意以下几点。

其一，企业核心团队在发展过程中要形成一致的思路，团队成员要确立共同的目标远景，并且认同企业核心团队努力的总目标和方向，团队核心成员同时还要有确立自己的人生和行为准绳，使自己适应团队，稳定核心团队。

其二，企业核心团队法律规范，企业核心团队要确定一个明确的绩效分配方案。让团队成员了解团队未来可能遇到的问题，把最基本的权责界定清楚，此外包括企业融资、撤资、人事安排等与企业核心团队成员利益密切相关的事宜。

其三，企业核心团队成员间保持通畅的沟通渠道，进行持续有效的沟通，对团队稳定性有着重要的作用。企业核心团队组建后刚开始工作时要沟通，过程当中遇到问题也要沟通，解决问题时也要沟通，沟通存在于企业团队发展的整个过程当中，这些时候要充分考虑核心团队的远景目标和企业未来的发展方向，多想有利于企业核心团队发展的事情，只有团队成员目标真正一致，企业核心团队才会得到最优的有效性。

（四）团队成员间的凝聚力

团队成员间的凝聚力是指一个具有特定组织结构的企业核心团队对其团队成员的吸引力和凝聚力，是对企业团队核心组织者及整个核心团队满意度的向心力的标准，是展示企业团队内部相互依存和相互协调的力量。这种贯穿在企业核心团队内部的力量，即企业团队组织吸引团队核心成员并凝聚其全部力量的能力，就是管理学中赋予"团队凝聚力"的概念。

从团队成员间凝聚力的强度水平来看，社会学、心理学家以前人理论为依据，提出了不同的评估方法和标准。有"团队成员情感评定测量法"，即企业团队成员评定自己对团队其他成员的情感，然后综合团队所有成员，推知该企业核心团队的凝聚力。还有用团队核心成员对该企业团队的评价及对团队认同感的强弱力度综合判断团队成员间凝聚力的程度。只有这样才能调动团队成员的工作积极性与潜在的能力，为企业创造绩效。

【延伸阅读】未来需要什么样的人才

1．"一"字型人才

"一"字型人才掌握的知识面非常广，他们平常可能很喜欢阅读所以懂得东西非常多。但对于各种类型的知识他们都只停留在表面没有深入了解，如图6-3所示。

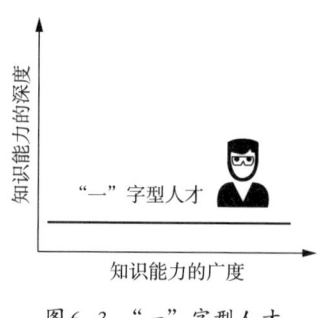

图6-3 "一"字型人才

知识面广的人有一个好处，在面对难题的时候他们可以想出许多不同的解决方案。他们会有很多主意，有非常广的知识与较多的思路，面对问题总是有新的想法与方案。

2．"1"字型人才

"1"字型人才属于典型的研究型人才，大学里做研究的就属于这一类。他们喜欢深入了解一件事情有钻研精神，在自己专属的领域是绝对的专家。但如果不是在研究范围内的东西，他们可能了解得就比较少了，如图6-4所示。

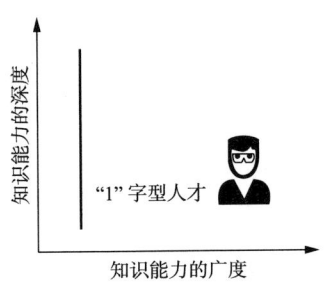

图6-4 "1"字型人才

3. "T"字型人才

"T"字型人才是中国现在比较推崇的人才理论，这类人有较宽广的视野与知识面，但在某一领域他们又可以称得上是专家，如图6-5所示。

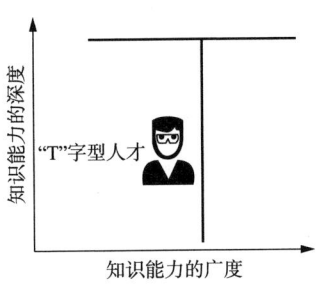

图6-5 "T"字型人才

4. "钉耙"型人才

前三种人才模型都比较常见。但随着退休年龄不断推后，人的一生可能会经历多个不同的职业生涯。加上公司结构越来越复杂，工作的复杂度越来越高。一个人往往身兼数职，既需要有全局观，又要能从不同专业的角度看问题，慢慢就产生了"钉耙"型人才模型，如图6-6所示。

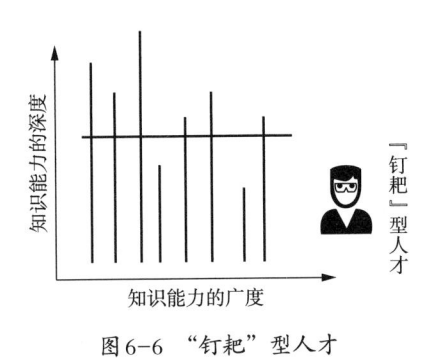

图6-6 "钉耙"型人才

第七章

基于人职匹配的高职学生职业发展指引

【生涯寄语】

社会最需要、最欢迎有实干精神、能解决实际问题的人，而最不欢迎夸夸其谈、眼高手低的"客里空"。空谈误国，实干兴邦。做新时代的奋斗者就是要有实干精神，坚持从点滴做起，持之以恒干工作。

高校毕业生要转变择业就业观念，只要有志向就会有事业，只要有本事就会有舞台。希望大家找准定位，踏踏实实实现人生理想。

【本章导图】

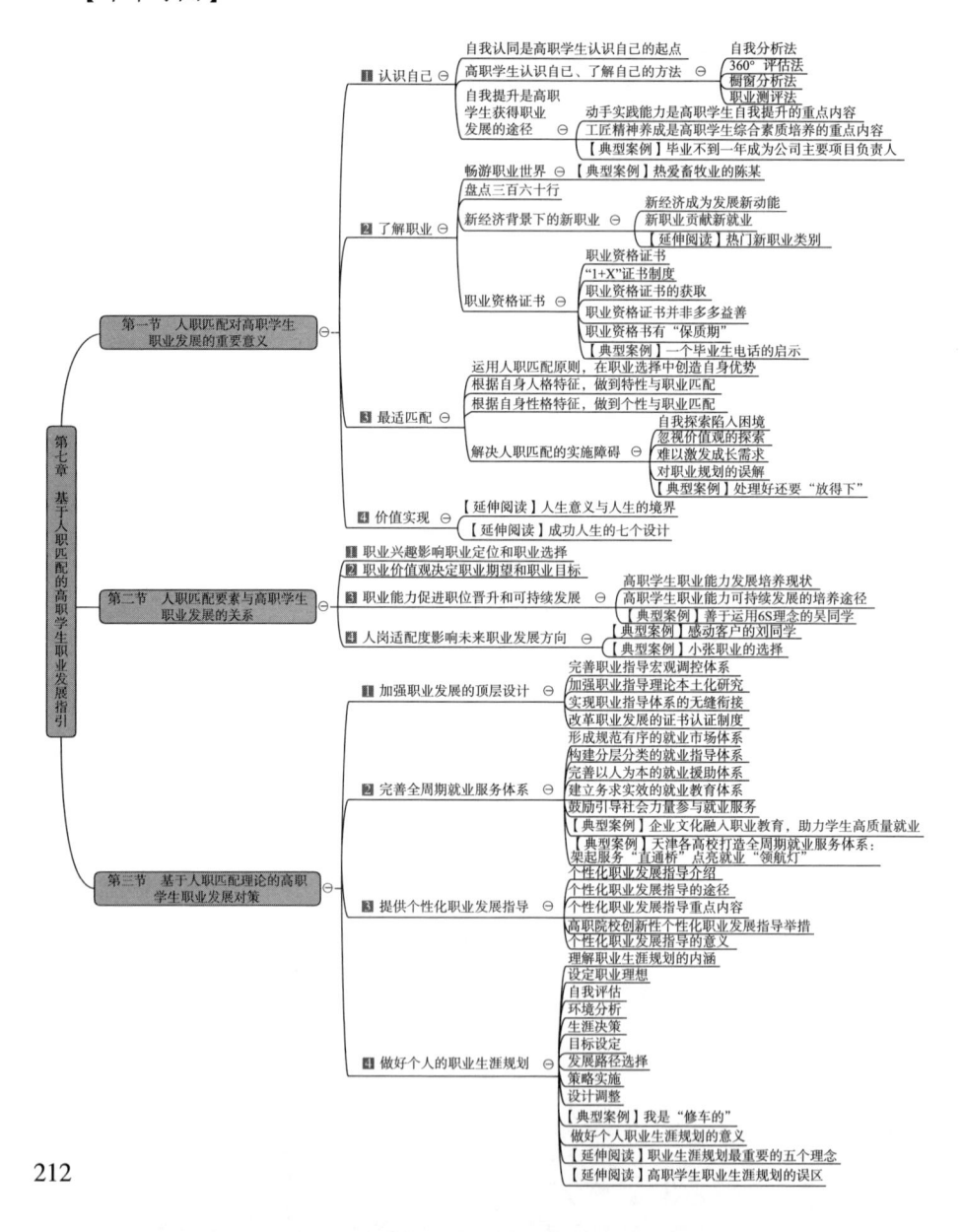

第七章 基于人职匹配的高职学生职业发展指引

第一节 人职匹配对高职学生职业发展的重要意义

① 认识自己
- 自我认同是高职学生认识自己的起点
- 高职学生认识自己、了解自己的方法
  - 自我分析法
  - 360°评估法
  - 橱窗分析法
  - 职业测评法
- 自我提升是高职学生获得职业发展的途径
  - 动手实践能力是高职学生自我提升的重点内容
  - 工匠精神养成是高职学生综合素质培养的重点内容
  - 【典型案例】毕业不到一年成为公司主要项目负责人

② 了解职业
- 畅游职业世界　【典型案例】热爱畜牧业的陈某
- 盘点三百六十行
- 新经济背景下的新职业
  - 新经济成为发展新动能
  - 新职业贡献新就业
  - 【延伸阅读】热门新职业类别
- 职业资格证书
  - 职业资格证书
  - "1+X"证书制度
  - 职业资格证书的获取
  - 职业资格证书并非多多益善
  - 职业资格书有"保质期"
  - 【典型案例】一个毕业生电话的启示

③ 最适匹配
- 运用人职匹配原则，在职业选择中创造自身优势
- 根据自身人格特征，做到特性与职业匹配
- 根据自身性格特征，做到个性与职业匹配
- 解决人职匹配的实施障碍
  - 自我探索陷入困境
  - 忽视价值观的探索
  - 难以激发成长需求
  - 对职业规划的误яснения
  - 【典型案例】处理好还要"放得下"

④ 价值实现
- 【延伸阅读】人生意义与人生的境界
- 【延伸阅读】成功人生的七个设计

第二节 人职匹配要素与高职学生职业发展的关系

① 职业兴趣影响职业定位和职业选择
② 职业价值观决定职业期望和职业目标
③ 职业能力促进职位晋升和可持续发展
- 高职学生职业能力发展培养现状
- 高职学生职业能力可持续发展的培养途径
- 【典型案例】善于运用6S理念的吴同学
④ 人岗适配度影响未来职业发展方向
- 【典型案例】感动客户的刘同学
- 【典型案例】小张职业的选择

第三节 基于人职匹配理论的高职学生职业发展对策

① 加强职业发展的顶层设计
- 完善职业指导宏观调控体系
- 加强职业指导理论本土化研究
- 实现职业指导体系的无缝衔接
- 改革职业发展的证书认证制度

② 完善全周期就业服务体系
- 形成规范有序的就业市场体系
- 构建分层分类的就业指导体系
- 完善以人为本的就业援助体系
- 建立务求实效的就业教育体系
- 鼓励引导社会力量参与就业服务
- 【典型案例】企业文化融入职业教育，助力学生高质量就业
- 【典型案例】天津各高校打造全周期就业服务体系：架起服务"直通桥"点亮就业"领航灯"

③ 提供个性化职业发展指导
- 个性化职业发展指导介绍
- 个性化职业发展指导的途径
- 个性化职业发展指导重点内容
- 高职院校创新性个性化职业发展指导举措
- 个性化职业发展指导的意义

④ 做好个人的职业生涯规划
- 理解职业生涯规划的内涵
- 设定职业理想
- 自我评估
- 环境分析
- 生涯决策
- 目标设定
- 发展路径选择
- 策略实施
- 设计调整
- 【典型案例】我是"修车的"
- 做好个人职业生涯规划的意义
- 【延伸阅读】职业生涯规划最重要的五个理念
- 【延伸阅读】高职学生职业生涯规划的误区

第一节 人职匹配对高职学生职业发展的重要意义

一、认识自己

高职学生在职业发展过程中，常常遇到"我是谁"的困惑。"我是谁"是一种意识，是高职学生对自己存在的察觉，是对自己全部身心状态，包括特长、能力、性格、价值观、社会接受性等方面的全面知觉。

认识自己对高职学生的发展有着极其重要的作用，能影响高职学生动机的激发和行为的调节，能促进高职学生社会化的发展，促进高职学生身心健康，尤其是对心理健康的影响极大。高职学生在生理发育上已经比较成熟，具备了一定的理性思维水平，正处于人生观、价值观形成的关键时期，引导高职学生积极评价自我、接纳自我，对高职学生个人的发展乃至整个高职教育都具有重要意义。

（一）自我认同是高职学生认识自己的起点

"认同"（Identity）一词在《辞海》中的解释是"承认同一"。"自我认同"即"自我同一"，此概念的最早提出者为美国心理学家埃里克森（Erikson）。他从发生学、适应性、结构、动力学特征、主观意识等不同的层面对自我认同加以分析和定义，强调人在发展过程中自我与社会以及文化环境之间的相互作用。也可以说，自我认同是个体在充分了解自身的生理、心理、能力及社会属性等方面的特征后所产生一种对自身的认可和肯定。而高职学生的自我认同就是高职学生在高职教育过程中，对高职院校、个体自我以及通过社会对高职教育的评价反馈所形成的对自我的综合认知。

对高职学生而言，自我认同能促进自己生活目标和自我价值的实现，能为自己的职业发展提供方向感，能为自己的生活提供幸福感。一个人只有当对自己的能力、兴趣、志向、人格特质、价值体系、性别角色以及所承担的社会角色有清晰地认识，才能更好地认识自己的独特性及与他人的共同性，了解自己的优点、缺点，确定自己的人生目标和前进的方向，从而在社会上开创出属于自己的发展道路。因此，高职学生要想全面了解自己，首先应做到认同自己，认可自己。

（二）高职学生认识自己、了解自己的方法

高职学生可以通过以下四种方法来客观全面地认识自己。

1. 自我分析法

自我分析就是自我认知的总结，对自身各种因素进行理性分析，得出结论，从而改进自身的缺点，增进自身的优点。自我分析的主要方法有三种：

（1）人生历程法。一个人的性格特点、心理素质以及对世界、对人生的看法，很多都是源于人生历程。高职学生可以通过记录自己的人生历程，了解自己的性格、价值观，对于人生与世界的看法；还可以通过分析过去，为自己的未来发展提供参考意见。

（2）背景分析法。高职学生可以在社会背景、学校背景、家庭背景以及个人生活背景下分析自己，来进行自我认识。这样做，除了能获得对自己有全面的认识外，还能得出在家庭、社会、学校等背景下，自己可以如何发挥，掌控并分析运用自己所拥有的所有资源。

（3）自我追问法。高职学生可以通过问自己这些问题来了解自己，获悉自己所拥有的能力：我拥有什么样独特的与生俱来的天分、技术和才能？我天生就对哪些方面的知识特别感兴趣？只有知道并正确运用自己的能力，才能获得更好的职业发展。

2. 360°评估法

360°评估法又称多渠道评估法，是指通过收集与受评者有密切关系的、来自不同层面人员的评估信息，来全方位地评估受评者。通过评估反馈，可以获得来自多层面人员对受评者素质、能力等评估意见，比较全面、客观地了解有关受评者个人特质、优缺点等信息，作为受评者进行职业生涯规划及能力发展的参考，如图7-1所示。高职学生可以请老师、学长学姐、同学或朋友、父母等，对自己进行全面评估（表7-1）。

评估的内容和标准见表7-1。

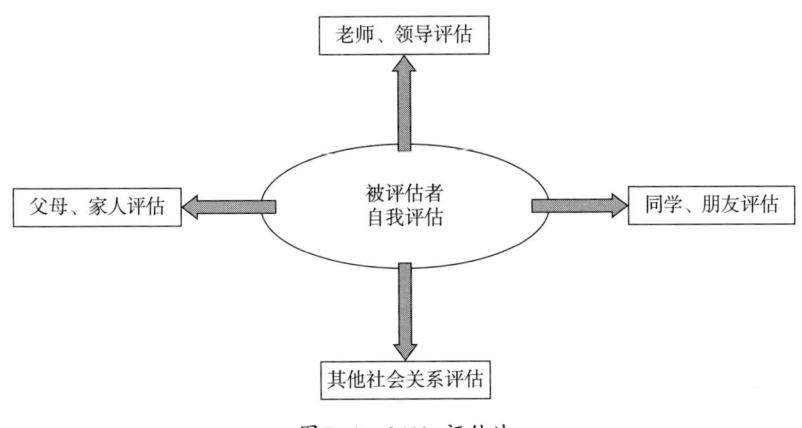

图7-1 360°评估法

表7-1 360°评估的内容与标准

方式	评价内容	评价标准
自我评估	1. 自己的才能能否充分施展？ 2. 对自己的职业发展状态是否满意？ 3. 对自己的学习、生活状态是否满意？ 4. 对处理职业生涯发展与其他人生活动的关系的结果是否满意？	根据个人的价值观念及个人的性格、兴趣、能力
家庭评估	1. 是否能够理解和肯定？ 2. 是否能够给予支持和帮助？	根据父母家人的反馈意见
老师评价	1. 是否获得老师的认可？ 2. 是否有明显的缺点？ 3. 是否获得了长足的进步？ 4. 各项能力是否都得到了提升？	根据行为表现及综合素养
同学评估	1. 是否获得同学的认可与好评？ 2. 是否在某些方面树立了榜样？ 3. 存在哪些缺点？	根据行为表现及同学感受

3.橱窗分析法

橱窗分析法也是高职学生进行自我认知的一种常用方法。所谓橱窗分析法，是一种借助直角坐标不同象限来表示人的不同部分的分析方法，它以"别人知道"或"别人不知道"为横坐标,以"自己知道"或"自己不知道"为纵坐标。坐标橱窗如图7-2所示。

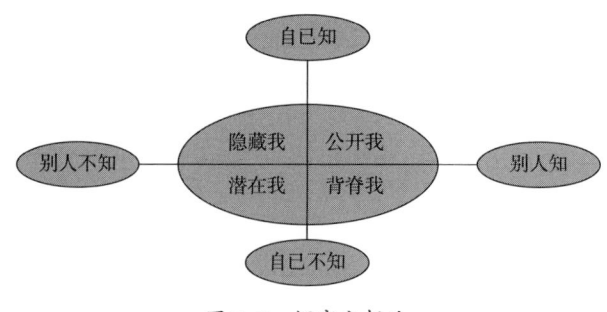

图7-2 橱窗分析法

橱窗1:"公开我"。
即自己知道、别人也知道的部分,是个人展现在外,无所隐藏的部分。
橱窗2:"隐藏我"。
即自己知道、别人不知道的部分,是属于个人内在的私有秘密,不外显。
橱窗3:"潜在我"。
即自己不知道、别人也不知道的部分,特点是开发潜力巨大。
橱窗4:"背脊我"。
即自己不知道、别人知道的部分,自己看不到、别人却看得很清楚。
高职学生在运用橱窗分析法进行自我分析,主要是要了解"潜在我"和"背脊我"。

对于"潜在我",据现代科学研究表明,人类平常只发挥了极小部分的大脑功能,95%以上的功能都没有发挥出来,所以开发的空间非常广阔。因此,了解和认识"潜在我"是认识自己的一个非常重要的内容。了解"潜在我"的主要方法有:积极性暗示法、观想技术法、光明思维法等。对于"背脊我",则要求高职学生自身具有诚恳的态度和博大的胸怀,真心实意地去征询他人的意见和看法,有则改之,无则加勉。

4.职业测评法

职业测评是客观评价自己的重要参考工具。通过科学的职业测评量表,高职学生可以对自己的职业倾向、综合能力等进行测试,根据测试的结果加深对自己的了解。常用的职业测评工具主要有以下四种,如表7-2所示。

第七章 基于人职匹配的高职学生职业发展指引

表7-2 常用职业测评工具

职业测评工具	特点
霍兰德职业兴趣测评	将兴趣与工作进行匹配，促进人尽其才，才尽其用
MBTI人格测评	综合考虑工作内容、环境等多个因素的影响，将个人性格、行为方式进行匹配，有较强的说服力
职业锚测评	由个人天赋、工作动机与需要以及人生态度与价值观融合而成，评估一个人在职业选择过程中无论如何都不会放弃的稳定的价值判断
职业能力测评	测试一般能力倾向和特殊能力倾向，帮助学生了解自己综合能力

（三）自我提升是高职学生获得职业发展的途径

1.动手实践能力是高职学生自我提升的重点内容

近年来，高等职业教育与发展迅猛，人才需求旺盛，但用人单位普遍感到高职毕业生的职业能力与实践动手能力稍有欠缺。因此，提升动手实践能力是高职学生真正理解和掌握所学基础理论，提高自身分析问题和解决问题能力的重点内容。那么，高职学生应如何提升自我动手实践能力呢？

高职学生应在职业教育的学习中，始终重视实践动手能力的培养，提高认识，积极参与，用心实践。要多进实验室，多进行实际操作。要重视和搞好每次实习，从各专业组织的认知实习到生产实习再到毕业实习，都应认真参加，积极锻炼，还应该到生产一线了解实际情况，应用所学知识解决实际问题，促进理论和实践相结合。同时，高职学生可以通过参加"挑战杯"大学生课外科技竞赛、数学建模竞赛、英语演讲比赛等活动，提升自己的实践能力和创新能力。结合专业学习，参加特色专业技能竞赛，如创新设计大赛、大学生计算机操作技能大赛、金工技能大赛、测量大赛等专业性强的特色专业技能竞赛活动，来提高自己的动手实践能力。高职学生还应该高度重视到企业的实习实践，可以利用学校资源与用人单位联系，到施工一线进行顶岗实习，将专业实习与社会实践紧密结合，从而锻炼和提高自己的动手能力。此外，高职学生还可以利用暑假，积极参加服务社会的大学生社会实践活动，参加社会调查、科技推广、法律普及、支教扫盲等活动，在深入实际的过程中增长才干，提高本领。

2.工匠精神养成是高职学生综合素质培养的重点内容

工匠精神在2016年的《政府工作报告》中首次被提出，并迅速成为激励制造业乃至各行各业广大劳动者敬业、精益、专注、创新的精神力量。

工匠精神孕育于古代，最早反映了工匠在劳动中和专业技术上精益求精的精神。在当今时代背景下，工匠精神具有新的时代内涵。"工匠精神"的内涵包括执着专注、精益求精、一丝不苟、追求卓越。其中，执着专注是精神状态，是时间上的坚持、精神上的聚焦；精益求精是品质追求，是质量上的完美、技术上的极致；一丝不苟是自身要求，是细节上的坚守、态度上的严谨；追求卓越是理想信念，是理想上的远大、信念上的高远。

在大力提倡工匠精神的社会背景下，工匠精神的养成是高职学生综合素质的重点内容。高职学生应加强劳动教育，积极参加各种校园活动项目，在活动中发现问题、分析问题、解决问题，培养专注、务实、精益、创新的学习习惯。开展职业体验活动，了解职业教育、体验职业乐趣、展望职业前景、树立职业理想，弘扬劳模精神、劳动精神和工匠精神。高职学生还应积极参加企业顶岗实习实训，与实际岗位需求衔接，探索企业模式，将职业技能的培养与工匠精神的传承进行有机结合。同时，完成"1+X"证书的考核，实现学历证书与职业技能证书的有机衔接，夯实可持续发展基础，拓展就业本领。在日常生活中，高职学生要改变重视脑力劳动、轻视体力劳动的传统思维，树立起热爱劳动、吃苦耐劳的精神，养成尊重劳动、注重劳动技能养成的习惯，主动承担在成长过程中自我劳动的义务，通过劳动锻炼，培养自己坚韧不拔的品格，形成正确的劳动观念和职业观念，为工匠精神的养成奠定基础。

【典型案例】毕业不到一年成为公司主要项目负责人

赵同学，某职业技术学院营销专业，刚踏入职场就职于一家培训公司。一年不到，她就从一个普通的职员做到了运营部组长的位置，且得到公司总经理极度的信任。就职当年年底，公司又成立了一个子公司，她成为子公司主要项目的负责人，同时也成了股东，拥有10%的技术股。是什么原因让她成为总经理最信赖的人？赵同学讲了这样一个故事：

入职不到三个月，公司遇到了很严重的问题，濒临倒闭，30个职工走掉了三分之二，很多人也劝她辞职，和她合作过的公司甚至出高薪想挖走她。她也动摇过，最后还是一一拒绝了，咬咬牙坚持下来。这次经历让她收获了很多，不仅取得了总经理对她的信任，同时也学到了很多东西。最终她留下来，一是因为做人做事的态度，人在江湖走，常怀感恩心。总经理是个好老领导，刚入职的时候，她什么都不懂，总经理亲自教会了她许多东西，人要学会感恩。二是她始终坚信一个职员对公司不够忠诚，换来换去走不了多远。三是她清楚地知道自己要什么，她看中的不是眼前的薪资，更看中的是这里有她发展的空间，她喜欢眼前的职业。至于总经理而今这么信任她，不仅仅源于她对公司的忠诚，还因为她有一颗好学之心，面对问题，她从不逃避，百折不挠。她说自己并不是很聪明，但她相信笨鸟先飞的道理，一种方法不行，就尝试第二种、第三种、第四种……办法总是比问题多。

二、了解职业

作家柳青曾经说过：人生的道路虽然漫长，但紧要处只有几步，特别是在人年轻的时候。在大学校园里挥洒青春的高职学生也渴望有一个理想的职业，能实现自己的人生理想和价值。走进五彩缤纷的职业世界，深入了解职业及其分类，现代职业发展的趋势，有助于高职学生为自己将来的职业蓝图做一个初步的准备。

（一）畅游职业世界

一个人一生的1/2甚至更多的时间是在职业生涯中度过的，职业是个人实现梦想和人生价值的平台。首先需要了解什么是职业。

我们面对的社会职业，是一个范围极广、丰富多彩的领域。对于职业的含义，不同的学者有不同的看法。美国社会学家塞尔兹认为："职业是一个人为了不断取得收入而连续从事的具有市场价值的特殊活动，这种活动决定着从事它的那个人的社会地位，只有具备了技术性、经济性与社会性三要素的社会活动方可列入职业范畴。"美国社会学家泰勒认为："职业的社会学概念，可以解释为一套成为模式的与特殊工作经验有关的人群关系，职业是用以组成一个社会的一种地位范畴。"日本著名社会学家尾高邦雄认为："所谓职业，是个性的发挥，任务的实现和维持生活的连续性的人类活动。"日本劳动问题专家保谷六郎认为："职业是有劳动能力的人为了生活所需而发挥个人能力，向社会做贡献而连续从事的活动。"

我国《辞海》解释"职业"是个人服务社会并作为主要生活来源的工作；《现

代汉语字典》定义"职业"是个人在社会中所从事的作为主要生活来源的工作，是专业的、非业余的；《中华人民共和国职业分类大典》指出"职业是从业人员为获取主要生活来源所从事的社会工作类别"。中国职业规划师协会的定义："职业是性质相近的工作的总称，通常指个人服务社会并作为主要生活来源的工作，在特定的组织内表现为职位即岗位，我们在谈某一具体的工作（职业）时，其实也就是在谈某一类职位，每一个职位都会对应着一组任务，作为任职者的岗位职责；而要完成这些任务就需要这个岗位上的人，即从事这个工作的人，具备相应的知识、技能、态度等。"

根据不同学者的论述，这里为职业下一个比较全面的定义，即职业一般是指人们在社会生活中所从事的以获得物质报酬作为自己主要生活来源并能满足自己精神需求的、在社会分工中具有专门技能的工作。它是人类文明进步、经济发展以及社会劳动分工的结果。

了解了职业的内涵，下面就一起来看看职业有哪些特征。

1.社会性

一个人从事了某种职业，也就参与了某种社会劳动，同时也承担起某种社会角色，因此要履行社会义务。例如，教师既是一种职业，又是一个社会角色，就要承担起教书育人的社会义务。社会也会在我们每一个人辛勤工作的基础上不断发展和进步。还记得小时候经常说的一句话吗？"长大了，我要为社会作贡献！"说这句话的时候所怀的激情依然在吗？如果已经成长为高职学生的我们依然能够怀着这颗热忱的心步入社会，那么社会将是怎样一派生机勃勃的景象。

2.经济性

俗话说"人以食为天"，每个人都希望有幸福的生活，这就需要有一定的物质基础，职业就是个人获得收入的主要来源。这是职业活动区别于其他劳动，如义务劳动、勤工俭学等活动的一个重要标志。每个高职学生都希望毕业后可以找到一份高薪的职业，然而对职业"经济性"的理解若是产生了扭曲，随着物欲的不断膨胀，会产生一种可怕的现象——唯利是图。唯利是图并非职业的本性，也必将不能成就真正的事业。在现今市场经济的大潮中，身为高职学生，一定不要被拜金唯利的价值取向所裹胁而误入歧途。

3.技术性

任何一种职业岗位，都有相应的职责要求和专业技术要求。无论今后从事何种职业，都需要具备相应的知识和技能。如今有些高职学生都抱着一种错误的观念，上大学是为了锻炼能力，专业知识并不那么重要。这些高职学生在找工作时才意识到自己的专业知识的贫乏，在大学学习期间对于这些专业知识不屑一顾，毕业之后才发现这些专业知识远比想象中重要，然而为时已晚。因此高职学生在校学习期间必须打好扎实的专业基础，甚至尽可能在专业领域做一些必要和深入的研究。

每一个踏入象牙塔的高职学生都希望通过在校学习来实现人生的价值和理想，这一切都与将要从事的职业紧密相连。职业将伴随每个人的一生，将塑造每个人的行为模式，标示着个人的社会地位，体现着个人的人生价值。毫不夸张地说，职业铸就个人人生。

【典型案例】热爱畜牧业的陈某

陈某是某高职院校商贸英语系的高材生。他除了学好自己的专业商贸英语外，还对畜牧业有种特别的感情。

大学毕业时，他主动放弃了到合资企业就业的机会，回到家乡，他就开始进行生猪饲养的可行性调查。通过调查，他发现现代养殖业将是朝阳产业，这也正是他实现职业理想的极好契机。

万事开头难。为建成养猪场，高职学生陈某到处跑征地，跑贷款，跑建筑材料……最终在政府的支持下，落实了建场土地和200万元贷款。经历一年多的艰苦拼搏，一座拥有猪舍400多间，办公室、仓库、车库、招待所、装猪台等配套设施齐全的现代化大型养猪场——"富乡精品猪养殖场"拔地而起。

猪场盖好了，陈某从此一天也没有离开。他挑选了国内最优良的品种，配制了专门的饲料喂养，并采用干料方法饲喂，同时采取了自动引水、水冲猪舍、定期检疫等一系列先进的喂养管理措施。经过一段时间的研究和实验，陈某创新了饲养方法，仅九十天时间就出栏几头大肥猪，重量都在125公斤以上。镇兽医站站长都看呆了，直问："这猪养了几年了？"陈某这个勤奋工作、刻苦钻研的场长，成了创造养猪场奇迹的名副其实的饲养专家。

当有人问陈某所学的专业知识能否用于养猪、是不是不对口时，他笑着说"任何知识都是相通的。饲养科学知识是一门重要的专业课，中国是一个农业大国，'吃饭'的市场是非常广阔的。干这一行是一种明智的选择。英语我也没有丢，有时间我就翻阅国外有关资料，掌握国际市场信息，学习国外饲养的先进方法。我不但要当本市的养猪状元，而且要争当全省、全国的养猪状元。既然当初选定了这条路，我就要义无反顾地沿着这条路走到底。"

当代高职学生要选择什么样的职业道路？如何追求和实现人生价值？陈某，这位大学商贸英语专业的毕业生当"猪倌"的经历说明，人生的关键是选择自己发展的目标，让青春在不断的拼搏中、在对事业理想的追求中闪光，让社会认可自己的人生价值。陈某的事迹也充分说明：职业不仅是个人谋生的需要，同时也是个人贡献社会，实现自我的舞台。对于每个人而言，职业的意义体现在以下两个方面：

第一，职业是生活的前提和基础，无论怎样描绘我们的人生，生存都是第一位的。对于绝大多数人来说，失去了职业也就失去了基本的生活条件。作为一名终将走上社会的高职学生，职业是高职学生施展才华的平台，是高职学生实现经济独立的手段。一个找不到职业的高职学生是难以在社会上有所发展的。

第二，职业是高职学生实现人生价值的有效途径。古往今来，凡是成就伟大事业者往往离不开他们在职业岗位上的不懈努力和执着追求。职业不仅为我们的生存奠定了物质基础，更为我们实现自我价值提供了宽阔的舞台。不管我们的人生追求是否崇高，都要通过职业的方式，踏着职业的阶梯去实现。

（二）盘点三百六十行

职业世界中的成员数量极多，我们不可能了解所有的职业信息，有效的方式就是对这些职业进行分类。目前，我国的职业分类有两种标准：

一种是依据在业人口本人所从事的工作性质的同一性进行分类。《中华人民共和国职业分类大典》（2022年版）将我国职业归为8个大类，79个中类，449个小类，1636个细类（职业）。下面简单介绍这8个大类。

第一大类：国家机关、党群组织、企业、事业单位负责人。

第二大类：专业技术人员。

第三大类：办事人员和有关人员。

第四大类：社会生产服务和生活服务人员。

第五大类：农、林、牧、渔业生产及辅助人员。

第六大类：生产、运输设备操作人员及有关人员。

第七大类：军人。

第八大类：不便分类的其他从业人员。

在这八大类中，第一、二类主要是脑力劳动者；第三大类包括部分脑力劳动者和部分体力劳动者；第四、五、六、七大类主要是体力劳动者；第八类是不便分类的其他劳动者。

另一种是依据企业、事业单位、机关团体和个体从业人员所从事的生产或其他社会经济活动的性质的统一性分类，即按所属行业分类。我国2017年第三次修订的《国民经济行业分类》对行业门类、大类、中类和小类进行了调整。新行业分类标准为20个行业门类，97个行业大类，473个中类，1382个小类。主要分类如下：A. 农、林、牧、渔业；B. 采矿业；C. 制造业；D. 电力、热力、燃气及水生产和供应业；E. 建筑业；F. 批发和零售业；G. 交通运输、仓储和邮政业；H. 住宿和餐饮业；I. 信息传输、软件和信息技术服务业；J. 金融业；K. 房地产业；L. 租赁和商务服务业；M. 科学研究和技术服务业；N. 水利、环境和公共设施管理业；O. 居民服务、修理和其他服务业；P. 教育；Q. 卫生和社会工作；R. 文化、体育和娱乐业；S. 公共管理、社会保障和社会组织；T. 国际组织。

世界总在变化，职业不断推陈出新，未来学家预测，21世纪人类的职业大约每过15年就要更新20%。下面，我们一起来分析我国未来职业的发展趋势。

1.打破了传统职业模式，逐步实现智能化

工业革命后，科学技术的发展逐渐出现了学校形式的职业教育。体力劳动者与脑力劳动者之间逐步形成新类型的"中间人才"，构成与社会经济发展相适应的人才类型结构。生产力发展的关键之一是增加职业岗位科技含量，改善劳动组织和生产手段，提高劳动生产率。能熟练应用信息管理方法的智能型操作人员，是今后职业岗位更新、工作内容更新需要的新型人才。

2.转变了职业时空概念，职业岗位转移更加频繁

传统职业是在时空变化不大，不需要过多考虑单位的变更和职业的前景发展。现在同一职业或职位对就业者的要求不断发生变化，使时空变化大。体力劳动脑力化和专门职业化会使部分职业或职位对就业者的某些要求发生变化。

3.第三产业的兴起，对职业技能要求更高

第三产业是伴随现代工业社会的发展而崛起的一类新兴行业，它包括交通运输业、邮电通信业、商业、服务业、金融保险业、卫生、体育、教育和文化艺

等。分布于第三产业中的职位的比重在不断增加。社会生产力的提高，解放了劳动力，人们越来越多地需要社会服务行业为他们排忧解难、提供方便。第三产业的劳动人类将迅速增加，提供各种各样服务项目的社会服务业等，将迅速发展壮大，不仅能产生大量新职业，而且是吸纳社会劳动力的主要渠道。

4.人才类型的规格要求和比例结构发生显著变化

21世纪，我国仍将保持四种人才类型，即学术型、工程型、技术型、技能型（其中后两种人才由职业技术教育培养）。技术型人才在劳动力结构中所占比重一直在上升。一方面，由于很多原来技能型人才的工作岗位实现智能化后改由技术型人才担任；另一方面，在信息技术发展后，原来由工程型人才担任的设计、管理等工作也有一部分采用信息技术，改由技术型人才担任。技能型人才可能是变化最大的一类人才。技术工人变换工作岗位的情况将越来越频繁；一部分技术工人的工作将被技术员所代替，如在钢材轧制的自动生产线上，原先的轧钢工人已被计算机前操作的技术员所代替；还有不少技术工人转向第三产业或更高的技术岗位，这些变化导致技能型人才总人数趋于减少。

5.复合型人才的需求，成为本世纪的重要特点

从目前招工、就业的情况分析，职业岗位的要求和劳动方式逐步由简单向复杂方面转化，过去单一技能就能胜任的工作，现在职业内涵发展扩大了，往往需要相关专业的许多知识和技能，更多地需要跨专业的复合型人才。

（三）新经济背景下的新职业

在疫情冲击及严峻国际形势下，新经济成为发展新动能。新经济已经成为拉动我国经济增长的重要引擎。伴随新经济的发展而不断涌现新职业。目前，政策对新职业大力支持，要求广泛开展新业态新模式从业人员技能培训，支持和规范发展新就业形态并提供财政支持，新职业已成为贡献就业核心渠道。

1.新经济成为发展新动能

面对新冠肺炎疫情的巨大冲击和严峻复杂国际形势，我国采取了以创新推动增长的策略，通过采用新技术、新模式，创造新市场，新经济逆势增长。一方面，疫情下远程办公、无接触配送等新市场被开发出来，虽然随着疫情常态化发展相应需求减弱，但部分场景及习惯得以保留。此外，疫情也起到了高效催化剂的作用，大幅促进已有的经济业态创新发展，如在线文娱、网络直播、电商直

播、在线生活服务等，相关领域公司如快手、喜马拉雅等在疫情期间仍保持逆势快速增长，电商直播从电商企业渗透到整个零售业，深刻改变了行业商品流通模式。

新经济主要包括在线新经济、网络经济和数字经济。其中，在线新经济是借助人工智能、5G、互联网、大数据、区块链等智能交互技术，与现代生产制造、商务金融、文娱消费、教育健康和流通出行等深度融合，具有在线、智能、交互特征的新业态新模式。网络经济是以互联网为基础，聚焦于消费互联网领域，依托各类信息技术整合信息资源，并通过经济主体内外部信息网络进行动态商务活动而形成的经济形态。数字经济是以数据资源作为关键生产要素，以现代信息网络作为重要载体，以信息通信技术的有效使用作为效率提升和经济结构优化的重要推动力的一系列经济活动。数字经济包含"数字产业化"和"产业数字化"两大方面。数字产业化是指为产业数字化发展提供数字技术、产品、服务、基础设施和解决方案，以及完全依赖于数字技术、数据要素的各类经济活动；产业数字化是指应用数字技术和数据资源为传统产业带来的产出增加和效率提升，是数字技术与实体经济的融合。

2.新职业贡献新就业

首先，我们需要了解什么是新职业。广义来讲，新职业泛指随着社会经济发展而诞生且已成熟发展起来的所有新职业类型，职业价值符合当代产业结构调整升级的需求，职业技能相对独立成熟甚至完全区别于传统职业，职业人才已经形成相当规模，且人才能够凭借该职业为当代社会创造物质或精神财富，并获取合理报酬。狭义地说，自2004年劳动和社会保障部建立新职业定期发布制度后，新职业一词作为概念被确定下来。国家层面给出的概念为：新职业是指经济社会发展中已经存在一定规模的从业人员，具有相对独立成熟的职业技能，《中华人民共和国职业分类大典》中未收录的职业。目前最新版国家职业分类大典净增158个新职业。

新职业不仅体现在新的职业技能和内涵，还表现为新的就业形势、雇佣关系等。新职业主要是采取向社会公开征集方式，经过专家评估论证、公示征求意见，按程序遴选确定，并向社会公布。新职业的发布对于引领产业发展、促进就业创业、提高职业教育培训针对性和有效性等具有重要意义。随着我国经济结构调整和人才需求变化，未来会涌现出更多的新职业类型。

2019年至今人社部公布的新职业见表7-3。

表7-3　2019年至今人社部公布的新职业

年份	公布的新职业
2019	人工智能工程技术人员、物联网工程技术人员、大数据工程技术人员、云计算工程技术人员、数字化管理师、建筑信息模型技术员、电子竞技运营师、电子竞技员、无人机驾驶员、农业经理人、物联网安装调试员、工业机器人系统操作员、工业机器人系统运维员
2020	区块链工程技术人员、城市管理网格员、互联网营销师、信息安全测试员、区块链应用操作员、在线学习服务师、社群健康助理员、老年人能力评估师、增材制造设备操作员
2021	集成电路工程技术人员、企业合规师、公司金融顾问、易货师、二手车经纪人、汽车救援员、调饮师、食品安全管理师、服务机器人应用技术员、电子数据取证分析师、职业培训师、密码技术应用员、建筑幕墙设计师、碳排放管理员、管廊运维员、酒体设计师、智能硬件装调员、工业视觉系统运维员
2022	机器人工程技术人员、增材制造工程技术人员、数据安全工程技术人员、退役军人事务员、数字化解决方案设计师、数据库运营管理员、信息系统适配验证师、数字孪生应用技术员、商务数据分析师、碳汇计量评估师、建筑节能减排咨询师、综合能源服务员、家庭教育指导师、研学旅行指导师、民宿管家、农业数字化技术员、煤提质工、城市轨道交通检修工

产业升级、经济结构调整叠加疫情影响，就业优先战略被写入"十四五"规划。"十四五"规划和2035年远景目标纲要提出，要深入实施职业技能提升行动和重点群体专项培训计划，广泛开展新业态新模式从业人员技能培训，缓解人才结构性矛盾，注重发展技能密集型产业，支持和规范发展新就业形态。国家及地方政府出台多项政策支持新职业人才的培养。如2020年8月，中华人民共和国国务院办公厅在《关于支持多渠道灵活就业的意见》中提出："支持发展新就业形态。加快推动网络零售、移动出行、线上教育培训、互联网医疗、在线娱乐等行业发展，为劳动者居家就业、远程办公、兼职就业创造条件。推动新职业发布和应用。密切跟踪经济社会发展，互联网技术应用和职业活动新变化，动态发布社会需要的新职业、更新职业分类。"2021年3月，中共中央在《"十四五"规划和2035年远景目标纲要》中提出："深入实施职业技能提升行动和重点群体专项培训计划，广泛开展新业态新模式从业人员技能培训；缓解人才结构性矛盾，注重发展技能密集型产业，支持和规范发展新就业形态。"2021年9月，中华人民共和国人力资源社会保障部、财政部在《关于拓宽职业技能培训资金使用范围提升使用效能的通知》中提出："结合高质量发展对技能人才的急迫需求，结合平台经济、共享经济发展形成的新就业需求和新就业形态，进一步健全新职业培训的

支持政策。大力开展新职业培训，将新职业培训及时纳入职业培训补贴范围。"

新经济的发展推动了产业结构的升级，带来了就业结构的改变，新职业催生出大量新的工作岗位和就业机会，新职业的蓬勃涌现让高职学生有了更多的选择。

新职业时代，高职学生的就业存在跨行业、职业和岗位现象，高职学生就业面临新的挑战。同时，新职业也对高职学生的职业能力提出了新的更高的要求。高职学生应顺应时代变化与能力要求，提升自己的实践动手能力与综合能力，实现自身能力与职业要求的匹配，做到热爱与现实的完美切合，自身职业更广阔地发展。

【延伸阅读】热门新职业类别

（1）会计类职业。随着经济的发展和财务管理规范化，各种企事业单位对会计的需求提高，会计将成为热门专业。该行业的从业者一般需要相关专业的学历或学位，拥有符合上岗条件的相应资格证书。

（2）计算机技术类。随着计算机技术的发展和广泛应用，各行业对计算机技术方面的专业人才的需求也越来越大，这些行业需要的专业人才一般需要获得计算机、信息技术、电子技术或相关专业的学历或学位。

（3）环境保护类。随着环境污染的加重和国家与公众环保意识的增强，社会对环境保护类专业的人才需求将呈直线上升趋势。环境保护需要环境科学、地理学、生物学、环境化学、环境工程学等方面的专业人才。

（4）中医和健康医学类。随着经济发展及人民生活水平的提高，人们对自己的生活质量和健康状况也越来越关注，健康医学也应运而生，医用保健品的市场也越来越大，中医学和健康医学成为一个受大众关注的领域。这方面职业从业者需要获得生物医学或中医学专业方面的学历或学位。

（5）咨询服务类。社会分工的精细化和专业化促进了信息咨询和相关咨询行业的发展，并成为社会发展和进步的一个热门职业。从事咨询业需要具有教育学、心理学、管理学、信息科学、经济学等方面的学历或学位。

（6）文化娱乐类。消费升级使国人的消费习惯逐渐向文化娱乐倾斜，消费人群和消费金额也越来越低龄化和增长化。伴随游戏、动漫衍生而来的二次元文化兴起，生产数字化、碎片化、娱乐化内容的自媒体大爆发，都将聚集大量新一代年轻用户，引发新的商业模式和机会。

（7）健康养老类。健康养老产业受需求迫切和政策鼓励双向驱动，将迎来十分确定的发展机会。我国政府和个人面临很大的养老压力，养老作为"健康中国"的一部分已被提升到国家战略性高度。沿着国家提出的建设以居家为基础、社区为依托、机构为补充的多层次养老服务体系，发展机会多。

（8）保险类。社会保障体系的不断完善促进了保险业的发展，保险业的发展将人们生活中不确定因素造成的损失降低到最小的限度。社会对保险类人才需求也不断提高，一般从事保险业人员需要具有保险专业、金融专业、经济类专业、管理类专业的学历或学位。

（9）法律类。随着社会的发展和进步，法律法规也不断健全和完善，律师在社会上的需求量将越来越大，从事律师行业需要具有法律类专业的学历或学位，并获得国家的律师资格证书。

（10）家庭护理和服务类。社会生活和工作节奏的加快使家庭成员的压力加大，对幼儿教师和家庭服务人员的需求量也因此大幅提高。

（11）专业公关类。公关和企业形象设计对一个公司或企业的发展是至关重要的，公关行业因此成为极有发展前景的职业，该职业的从业者一般需要获得公共关系学、社会服务类专业、经济贸易类专业、管理类专业的学历或学位。

（12）市场营销类。市场营销对企业产品销售公关是非常重要的一个环节，以经营商品或某一产品的企业或公司均需要市场营销方面的人才。从事这方面的人员一般需要具有市场营销学、管理学、经济类专业的学历或学位。

（13）生物化学和生物技术类。生物化学和生物技术是近些年科学研究与生物技术开发的一个热门领域，该领域的从业者一般需要具有生物化学、生物技术、生物医学、分子生物学等专业的学历或学位。

（14）心理学类。我国已经将心理学列为21世纪重点发展的十几个学科之一。心理科学也逐渐成为一个受国家和社会关注的专业，在社会各行业中的需求也不断提高。从事心理学方面的职业需要获得心理学专业或应用心理学专业的学历或学位。

（15）人力资源类。未来社会的竞争是人才的竞争，无论是政府机构还是企业，都建立了专门负责招聘人才的人事机构或人力资源部。在未来社会发展中，对人力资源专家的需求也将不断增大。从事这方面职业需要具有人力资源管理、心理学、管理学等方面的学历或学位。

（四）职业资格证书

当各种各样的证书像雪花一样漫天飞舞的时候，"高职院校考证热"如同一场没有硝烟的战争，早已波及大江南北。面对如火如荼的考证，不同的高职学生表现出不同的心理。

一位高职学生说："找工作时靠什么证明你的实力？显然不能单凭每人10分钟的面试以及装帧精美的求职材料。我的经验是多一张证书就比别人多一次机会。"以考证增加就业砝码，代表了相当一部分高职学生的心态。一部分高职学生认为，能给用人单位留下直观印象的，无非是毕业的院校和所持有的证书。无论能力怎样，院校有名自然会得到认可，而证书则是越多、范围越广越好。

有的高职学生则把考证当作拓展自己能力的机会。一位读国际贸易专业的高职学生表示，目前他已经获得英语六级证书，但他还打算考计算机等级证书和驾驶证。他说："为了拓展自己的能力，班里同学都在考证，各种能力具备了，才能更好地适应将来的工作。"持同样观点的学生还认为，只要时间安排得当，考证其实是给自己多设置一个目标，多添加一种动力。

有的学生是看到其他同学热衷考证才加入进来的。"总不能落在别人后面吧"，某学院信息管理专业一名高职学生起初对考证并无太多兴趣，但看到同学们纷纷报名，觉得自己不参加也会掉队，他于是报名参加计算机等级考试。

当看到身边的同学都投身于"考证大军"的时候，"别人都考，我总不能被别人落下吧？"这样的想法也让一部分高职学生参加到考证的行列中来，只是这些高职学生的行为多了一些盲从，少了一些思索。现在，就让我们撩开这些证书的神秘面纱，真实认知职业资格证书。

1. 职业资格证书

职业资格证书是表明劳动者具有从事某一职业所必备的学识和技能的证明。它是劳动者求职、任职、开业的资格凭证，是用人单位招聘、录用劳动者的主要依据，也是境外就业、对外劳务合作人员办理技能水平公证的有效证件。职业资格证书与职业劳动活动密切相连，反映特定职业的实际工作标准和规范。

职业资格证书是劳动就业制度的一项重要内容，也是一种特殊形式的国家考试制度。它是指按照国家制定的职业技能标准或任职资格条件，通过政府认定的考核鉴定机构，对劳动者的技能水平或职业资格进行客观公正、科学规范地评价和鉴定，对合格者授予相应的国家职业资格证书。拥有职业资格证书，自己的能力就可以得到社会的认可，从而可以更容易地找到适合自己地工作。

职业资格证书分为两类：

一类是准入类职业资格证书。指关涉国家安全、公共利益、人身健康、生命财产安全等，且有严格法律法规设置依据的职业（工种），由国务院劳动人事及相关业务行政主管部门通过学历认定、资格考试、专家评定、职业技能鉴定等方式进行综合评价，对合格者授予国家职业资格证书。按照相关规定，对个体而言，只有拿到证书才能进入相关行业工作岗位。也就是说，此类工作必须要持证上岗，企业不得招募无证人员上岗就业。

另一类是水平评价类职业资格证书。一般分为五个等级，从低到高依次为：五级（初级工）、四级（中级工）、三级（高级工）、二级（技师）、一级（高级技师）。不同级别代表了不同的技能等级水平。这类证书主要针对具有较强专业性和社会通用性，技术技能要求较高，行业管理和人才队伍建设确实需要的职业（工种）。

2."1+X"证书制度

2019年，国务院印发的《国家职业教育改革实施方案》中指出，深化复合型技术技能人才培养培训模式改革，借鉴国际职业教育培训普遍做法，制订工作方案和具体管理办法，启动"1+X"证书制度试点工作。从2019年开始，在职业院校、应用型本科高校启动"学历证书+若干职业技能等级证书"制度试点工作，即"1+X"证书制度，鼓励学生在获得学历证书的同时，积极取得各类职业技能等级证书。在"1+X"证书中，"1"是指学历证书，"X"是指代表某种技术技能的资格证书，不同的专业对应不同的职业技能等级证书。

（1）学历证书。学历证书指在学制系统内实施学历教育的学校或者其他教育机构，对完成一定教育阶段学习任务的受教育者颁发的文凭。全面反映了学校教育的人才培养质量，对国家人力资源开发起着不可或缺的基础性作用。

（2）职业技能等级证书。职业技能等级证书是毕业生、社会成员职业技能水平的凭证，反映职业活动和个人职业生涯发展所需要的综合能力。职业技能等级证书是学习者完成某一职业岗位关键工作领域的典型工作任务以及职业生涯发展所需要的相关职业知识、技能的学习后获得的反映其职业技能或能力水平的凭证。

3.职业资格证书的获取

获取职业资格证书，首先要掌握必要的专业知识和技能，如果还不具备条件，应先参加职业技能培训，然后到当地职业技能鉴定机构申请参加职业技能鉴定。依据国家职业（技能）标准、职业技能鉴定规范（即考试大纲）和相应教材来确定的，并通过编制试卷来进行鉴定考核。经鉴定合格的，由劳动保障部门核发相应的职业资格证书。

（1）职业技能鉴定。职业技能鉴定是一项基于职业技能水平的考核活动，属于标准参照型考试。它是由考试考核机构对劳动者从事某种职业所掌握的技术理论知识和实际操作能力做出客观的测量和评价。职业技能鉴定是国家职业资格证书制度的重要组成部分。国家实施职业技能鉴定的主要内容包括：职业知识、操作技能和职业道德三个方面。这些内容是依据国家职业标准、职业技能鉴定规范（即考试大纲）和相应教材来确定的，并通过编制试卷来进行鉴定考核。职业技能鉴定作为考试活动的特殊表现形式，与各类考试活动的重要区别在于其评价的内容是劳动者从事具体职业活动的工作能力，通常要求在工作场所进行操作技能的考核。职业技能鉴定所（站）是经劳动保障行政部门批准具体实施职业技能鉴定的考试和考核场所。一般而言，社会通用工种的鉴定活动由国家职业技能所负责实施，特有工种的鉴定活动则由行业特有工种职业技能鉴定站负责实施。

（2）职业资格证书考试。高职学生可以通过"中国人事考试网"，关注相关类别职业资格考试时间、报名通道等信息。职业资格考试报名流程为：网上注册—网上报名—网上缴费—准考证打印。

（3）职业资格认证。职业资格认证是由人力资源和社会保障部、国资委职业技能鉴定中心等各相关部委通过学历认证、资格考试、专家评定、职业技能鉴定等方式进行评价，对合格者授予国家职业资格证书。

4.职业资格证书并非多多益善

看到就业市场上烽烟四起的场面，有朝一日也将披上战袍的我们也想手持多个证书，将来能够"驰骋职场"。对此权威人士指出，证书的多少与求职的成功率是不成正比的。目前，许多用人单位对高职毕业生的专业技能的要求较高，并不单纯地看重其持有证书的数量。甚至有些单位表示，对于那些拥有多种证书的高职毕业生，反而不知道该将他们放在何种岗位上，况且有些证书含金量并但无论怎样说，职业资格证书毕竟关系到高职学生将来在就业市场上的竞争，不考取证书是不可能的，关键是怎样处理好考证引起的种种矛盾和冲突。归根结底，考职业资格证书是为了学习和掌握一种从业的技能，而高职学生在高职院校的学习却远远不止于此。通过在校学习，高职学生不仅要打下扎实的专业基础，而且要掌握学习的方法与技能，提高提出问题、分析问题、解决问题的能力，并且形成科学的世界观、人生观和正确的价值观。同时，大学的校园文化和人文精神的熏陶，对于高职学生素质的养成也至关重要。因此，高职学生要清楚地认识到考证只是为自己的求职增加一个"砝码"，不能因为考证影响了专业的学习。

5.职业资格证书有"保质期"

职业资格证书不同于古董，古董是越放越值钱，而证书则是越放越贬值。伴随社会的发展和科学技术的进步，当初费尽心思获得的证书，很有可能很快就没有用处了。特别是IT业等技术含量高、知识更新快的行业，职业资格证书的"保质期"就会更短。例如，一些著名的国际认证的有效期限都在两三年左右。所以，在知识更新越来越快的终身学习的时代里，高职学生应注意，不应该为了考证而考证，而应通过考证提高自己的学习能力，不断获取新的知识，进一步充实自己。在竞争激烈的职场上，"证书不是万能的，没有证书也是万万不能的"。因此，高职学生要理性看待职业资格证书，要根据自身情况，理智选择，正确处理好考证与学业的关系。

【典型案例】一个毕业生电话的启示

王同学，毕业于某职业技术学院工业设计专业，是在班级里一个默默无闻的男孩子，专业水平一般。一天他电话联系了学院就业指导老师，在电话里，他说自己毕业后找工作一直处于迷茫的状态，完全不知道自己要做什么工作。

学院就业指导老师先询问了王同学几个问题：自己有什么爱好；爱好是否是自己的专业或者有关联；如果关联，那么专业学得如何，是否需要补缺，如果不关联，那么应该如何开展新的专业方向的学习。

第一个问题王同学就回答得很模糊，大致意思就是说自己也没什么特别的爱好。经过探讨，学院就业指导老师发现王同学其实误解了爱好的本质。在他眼里，爱好就应该是自己已经很擅长的技能或者方向，擅长什么就爱什么（虽然从有些案例来看是如此，但不是绝对）。学院就业指导老师问王同学最真实的想法，不考虑专业水平，王同学得出的结论是"设计"，也就是说与专业相关，这也回答了第二个问题。

第三个问题，王同学的专业水平不高，这一点他毫不避讳。王同学坦言，进入学校后，他的目标一直是很模糊的，有拿证书的想法，刚开始也有想学习的想法，但是后来也没那么专注。

这时候，王同学开始意识到自己的方向和专业能力的欠缺。这件事情并不难办，但也不好办。三年的专业水平锻炼要在极短的时间内速成，本身是不合理的，但是面临工作，又不能耽误就业。于是，学院就业指导老师以行业经验给他指出几个针对短期和长期的指导方案：

（1）就业：在极短的时间内，翻阅和寻找就业信息，了解招聘单位的具体用人要求，准备作品（职业技能）。准备时间为一个月。

（2）选择就业单位时根据自己现阶段的水平，了解进入单位后自己的定位以及学习的方向，并制定下一步努力的方向（这一点需要进入单位接触业务至少一年后才能做好）。

（3）就业1~2年后，按照自己之前制定的努力方向，对自己的职业发展方向进行一个判断，可以选择留下，或者去目标企业应聘。这里要注意的问题很多，核心还是自己职业能力的提升空间和机会。

到现在，王同学按照制订的计划，按部就班地进行，且经常与就业指导老师沟通工作中遇到的情况。大学生（特别是男生）在校期间很难真实地接触和体会到就业的实际环境和心境，往往毕业后才发现自己进入社会前疏于准备。在校期间的职业意识培养和真实就业体验能给大学生以较为实在的紧迫感，以驱动他们寻求自己的发展方向，并为之努力。

三、最适匹配

高职学生择业竞争是人才合理配置的过程，理想结果是让每个人都找到一个有利于展现发挥其特长优势的职位。高职学生可以借助人职匹配理论，通过对个体特性和性格特征的认识及对职业岗位的分析，选择能发挥自己特性、适合个人性格的理想职业。

(一)运用人职匹配原则,在职业选择中创造自身优势

职业选择必须在个人和社会之间进行衡量,个人存在于社会中,在决定职业时不考虑环境要求是不现实、不理智的。但是如果完全以社会的导向为自己选择的依据,又容易忽视个性,变成附庸于职业,这样也不能达到职业选择的目的。高职学生在择业过程中,在依从自己内心选择喜欢的职业的同时,应该对自身所在的现实环境有一个清醒的了解,调整好就业期望值,实现个人职业意向与社会需要相统一。

职业选择要在个人能力与个人意愿匹配的基础上进行才有效,要充分掌握个人信息,然后根据个人的职业意向选择职业。高职学生在进行职业选择时,要充分认识自己的优势与不足,选择符合自己特长和发展能够胜任的职业。

职业选择不是短期活动,而是一个长期过程。每个人的个性和能力都会随着时间而改变。在工作之初不要苛求自己职业的社会地位、环境待遇等。特别是在自己的兴趣、利益等因素由于种种原因一时不能满足时,要善于把磨难转化为历练自己的财富,作为积蓄力量发展自己的动力。在职业选择中应不断发展自己,不断更新对自己、职业的认知。高职学生应增强竞争和学习意识,不断提高综合能力和竞争实力,积累经验,完善自己。

(二)根据自身人格特征,做到特性与职业匹配

每个人都有自己独特的人格模式,每种人格模式都有其相适应的职业类型,人人都有职业选择的机会。每个人都具有一定的潜能和可塑性,但并不是每一个人都适合干任何一种工作。这是因为人的个性千差万别,而每一种工作对人的要求也各不相同。当人的个性与工作要求相吻合时,获得职业生涯成功的可能性就大。

不少大学毕业生就是因为不了解自身人格特质,在择业过程中很盲目,海投简历。"海投"简历是一种不理性的行为,如果高职学生毕业生对自己的能力有所了解,花费一定的时间了解社会的用人需求,有针对性地对自己比较了解的专业领域的用人单位投简历,或者通过网上投简历、电话预约,这样就能做到有的放矢,找到自己合适的工作。

高职学生在选择职业时,首先要对自己进行特性分析,了解自己的心理动

机、需要、兴趣、价值取向、性格、才能、专长、不足等，才能保证职业选择的方向性，在两方面相比较的基础上才能判定人与职业的适宜性问题，真正找到适合自己的职业。要了解自己的个性，既可以通过自我总结来获取，也可以通过一些标准化、客观性的问卷进行个性心理测试，获得自己的能力倾向、兴趣爱好、性格气质、职业适应等方面的资料，进而了解自己的心理素质与特定职业的适应性程度，以便能够正确地进行职业定向和职业选择。

（三）根据自身性格特征，做到个性与职业匹配

选择一个符合自己兴趣与个性的职业，不但工作过程本身会更加愉快，而且更容易取得成功，便于职业生涯的展开。高职学生频繁跳槽现象就是对自身性格特征缺乏认识，不知道自己想干什么，会干什么，自己喜欢什么，不喜欢什么。个性浮躁是心理造成的，是缺乏诚信的表现。高职学生在毕业不久后频繁跳槽的结果往往都达不到他们的预期，跳了又后悔的也很多，甚至还会陷入频繁跳槽的恶性循环。"先就业再择业"没错，但需要认真地规划。在进行职业选择时，高职学生可利用通过量表进行自我测定，找到自己适应的职业类型领域，再选择相对应的职业，以期达到个性与职业匹配。例如，通过测定分析，了解到自身个性害羞、真诚、持久、稳定顺从、实际、缺乏社交能力，对应性格为现实型人格，则可通过量表查到与此种人格对应的职业为规则的具体劳动和需要基本技能的工作。在职业选择时，可以将"专业对口"作为考虑的中心，使自己学以致用，才会得到充分的发挥，这才能使职业生涯得到顺利发展。

（四）解决人职匹配的实施障碍

1.自我探索陷入困境

自我探索是"人职匹配"职业规划方法的第一步。如果你连自己都不了解，那你如何做出选择？而且当你面对外界众多选择时，你对自己越不了解你就越困惑。其实，个人职业生涯规划是建立在个体差异基础上的，人与人之间本就很不同，适合每个人的职业目标和发展道路自然也不同，所谓的人职匹配正是基于这样的逻辑的。再者，从自我探索开始进行职业生涯规划，还有助于职业规划者将注意力集中在自己身上，这才符合职业规划教育所倡导的"去承担和做自己命运的主人"。

然而，当学生从"自我探索"开始规划职业生涯时，却陷入了困境。"认识自己"是人一生中最大、最难的命题，但是人职匹配职业规划方法却要你在人生最开始的时候通过思考和测试做出选择，试问一个人生经验不多的高职学生如何来回答自己想要什么、适合什么、喜欢什么、擅长什么等问题？因此，有很多高职学生面对职业规划要么无从下手，要么心情澎湃开始，却发现无从执行，最终不了了之。

这种情况下，高职学生首先要明白了解自己并没有想象中的难或无从下手。了解自己其实是一个很有趣的过程，了解自己非常重要且很有必要。当陷入自我探索困境的时候，高职学生可以运用以下方法引导自己进行自我探索。

第一，从回忆自己的过去开始，对自己的过往经历进行反思以及说出自身感受。经历和回忆对了解自己很重要，但更重要的是自己对这些经历的感受和反思。通过这样的过程，高职学生能有类似这样的领悟："小时候跟许多表姐妹住在一起非常开心，以后希望能找到一个跟同事一起开心工作的职业。"

第二，使用一些心理测试题或自我盘点的练习来帮助自己了解自己。但必须注意以下三点：心理测试只是了解自己的手段，绝对不是目的，不可迷恋或盲从；所采用的心理测试题必须是证明较为准确的；心理测试的过程和结论越简单越好，不要盲目相信一些很复杂的心理测试系统。

第三，进行自我探索而不是对号入座。个性特征是一个十分复杂的心理现象，尽管存在非常多的理论和方法用于判别个性特征类型，但我们一般很难对一个人的个性特征做出完全准确的描述。想要在限定的时间内找到一个答案或者做出一些预言，从而才能够实现人职匹配是错误的想法。其实，了解自己是一个长期的过程，而且最终都必须依靠自己的自我反省和理性思考，而不是急于得出一个结论。

2.忽视价值观的探索

职业生涯规划课大都会要求学生探索性格、兴趣和天赋，但却常常忽视职业价值观的重要性。价值观与随后的工作满意度水平相关；当我们根据自己的价值观生活时，会得到最大程度的幸福感和高自尊。所以，价值观的探索十分重要，但这却不是一件容易的事情。"你想要什么，你能够舍弃什么，什么东西对你而言更重要？"这些问题并不好回答，而且你还要对你所想要的东西进行澄清和排序，因此价值观的探索是十分艰难和痛苦的。在实际进行价值观探索时，高职学生可以通过生活的一些事例，清楚而简单地阐述价值观的概念和重要性。生活中很多人在观点上和行为上的差异，反映的就是价值观的差异。价值观，简单讲，就是"你所看重的东西，你想获得的东西，或是某些你认为应该去做的事情"。价值观是一种强烈的想法和信仰，为你所自觉坚持，不受他人影响，并足以长时间引导你的行为。然后，高职学生需要运用一些工具来帮助自己探索职业价值观类型。例如，列出"经济收入、稳定性、独立自主、创造性、管理与领导、工作环境、人际关系、成就感、社会奉献、知识性、多样性，而不是单调的工作、生活方式、社会地位"等职业价值类型等选择和排序；也可以借用职业价值观测验题，或者通过游戏情景假设等方式辅助学生明确自己的价值观类型。这一过程的难点在于如何有效地依据步骤澄清价值观，并对这些价值观进行排序。值得指出的是，工作本身是具有激励性的，即从人职匹配的理念来看，做什么工作比一份工作可以带来什么更重要，这是一个重要的职业价值观。

3.难以激发成长需求

个人成长需求的缺失是当前影响高职学生合理规划自身职业生涯的重要因素。学生的成长需求跟个性、家庭背景等都有关系。有些学生较为理性，拥有内向控制点（个体充分相信自我行为主导未来而不是环境控制未来的观念），表现得比同龄人更成熟，这些学生的成长需求一般较高。在家庭背景方面，部分家庭经济条件比较好的学生的确在成长需求上比较低。但是也有部分家庭条件较差的学生可能出于自卑等心理问题，或者是因为过于现实地看待这个社会，认为求职和职业发展均取决于家庭关系网络，从而失去了努力和成长的动力。

另外，学生成长需求在性别方面也表现出差异，女性一般比男性低。社会普遍认为女性除了工作还有家庭，而且后者可能更为重要。上述因素影响了学生的成长需求，而成长需求的高低又严重影响了职业规划指导的有效性。

学生的成长需求不高在职业规划过程中往往表现为缺乏理想和目标，对自己的学习和职业生涯没有任何想法。学生应重视职业规划，要对自己的未来负起责任，并进行理性思考和自主决策。对于家庭条件优越的学生，要激发实现自我的愿望。对于家庭条件较差的学生，应正确看待自己和社会的差距，学会处理自我和世界的矛盾和不公平，正确看待努力和奋斗的人生价值。对于女性角色，应要正视和重视女性职业发展的特殊性，更多地思考如何取得家庭和职业发展的平衡以及工作对现代女性的独立和发展具有重要的价值和意义。

职业生涯规划是生涯规划的核心部分，对高职学生的学习及日后工作、生活等均具有重要的价值和意义，因此必须向学生讲明工作的意义和职业规划的重要影响。在现阶段，高职学生职业规划存在来自于家庭、组织、学校和个人等方面的诸多障碍，在家庭方面集中表现在父母意志上，在个人方面集中表现在成长需求不高，在课堂上集中表现在自我探索陷入困境和忽视价值观探索，这需要在家庭教育和实际实施过程中有针对性地加以引导，克服这些障碍以免职业发展受到影响。

4.对职业规划的误解

中国的职业规划教育虽日渐普及，甚至计划进入中小学教育课程内，同时也在高职院校获得重视，但总体而言仍处于起步阶段。学生在接受职业规划教育时仍对职业规划存在诸多质疑。这可能源于中国职业规划教育的初级性及其所表现出的在研究、教学和实践中的不成熟性。

学生认为未来不可预测，"计划跟不上变化"，质疑职业规划的可行性。这个质疑主要是因为学生对计划工作的不理解所造成的。规划是计划的一种类型，计划本身存在一定的缺陷，如缺乏灵活性、容易导致僵化等，计划工作最难的也正在于如何处理好稳定性和灵活性之间的关系。其实，也正是因为未来难以预测所以才需要制定计划，如果学生连最基本的计划都没有，那如何去应对变化。知识经济时代的到来、工作方式的改变、个人需求的多样化等内外环境的变化都说明了职业生涯规划和管理的必要性。学生还质疑职业规划的必要性，"工作真的那么重要吗""职业生涯规划和决策制定真的值得学习吗"所以，必须先让学生认识到择业和职业发展的重要性才能切实地让他们做好职业生涯规划。在实施过程中，学生提出了一系列问题，如"不同性格的人常常做着同一份工作，工作与个性真的能够匹配吗""多数工作都是乏味的，把兴趣变成工作可能吗""难道我们不能改变自己吗""很多人在不适合自己的工作岗位上成功了，这说明什么"……这些问题都指向了人职匹配理论的可行性。

"人职匹配"理论是职业生涯规划的核心理念和基本方法，通过个性特征与职业类型的匹配实现个人职业生涯的成功与满足。最后，学生的认知可能还存在一些误区，如将职业规划等同于职业选择、就业指导、创业计划、晋升计划等。这些认知误区要在实施过程中一一给予指正和耐心地加以释疑，否则就不能获得较好的职业发展。

【典型案例】处理好还要"放得下"

朱同学,某职业技术学院时装专业,她利用周末时间在福雷德商圈一楼的必胜客欢乐餐厅兼职服务员工作。必胜客欢乐餐厅吸引客人的一个主打产品就是下午茶套餐,可以以产品自由组合的形式享受到比原价更为优惠的价格。为了避开午餐的高峰时段,下午茶的时段一直定在下午2点准时开始。

一天,朱同学接待了一位和朋友一起前来用餐的女顾客。这位女顾客当时的进店时间是12点,朱同学照例送上了午餐专属的菜单,可是这位女顾客坚持要点下午茶的套餐(同款的产品价格比午餐套餐价格低一些)。朱同学耐心地跟这位女顾客解释说明餐厅的规定。这名女顾客非但不愿意接受合理的说明,还坚称曾经有过12点享用下午茶套餐的经历,执拗地认为是朱同学故意为难她,不让她享受低价。

事后朱同学表示,在整个过程中该名女顾客声音的音量非常高,她很想好好跟这位顾客理论一番,把问题说清楚。但是她联想到之前上导购销售技巧课时,老师讲过,无论发生什么情况,都不要让顾客的面子挂不住,特别是在有其他朋友在场的情况下,更要给顾客足够的尊重。

虽然朱同学觉得很委屈,但还是耐下性子,一遍又一遍耐心地跟女顾客解释。最后,女顾客虽然仍心有不甘,也只好作罢,不再吵闹。在接下来的上餐过程中,该名顾客几次三番故意将叉子掉落在地上,然后让朱同学将地上的叉子捡起换把新的,以发泄无法享用下午茶套餐的不满。

在这件事的处理上,朱同学已经尽力控制住了事态的发展,没有影响到其他用餐客人的情绪,但是她心里还是觉得很委屈,事后很长一段时间去上班内心都有阴影,很害怕再碰到这类无理取闹的顾客。

整件事情朱同学都处理得很得体,以大局为重,能够很好地控制自己的情绪,也能意识到作为服务行业,需要具备的基本职业素养是尊重顾客,不让顾客难堪,但是作为当事人,自己内心的情绪波动却久久不能平息。对于在温室中长大的大学生,在应对挫折和困难的过程中还要学会"放得下"。

四、价值实现

人生需求是有规律的,实现人生价值是人的高层次需求。美国著名人本心理学家马斯洛曾指出:"人是永远不能满足的动物。"他第一个提出了著名的人生需求理论，指出人的需求由低级层次向高级层次推进，即生理需求（饮食与性）、安全需求（生命安全与生活保障）、友爱和归属的需求（受到接纳、关怀与爱）、受尊敬的需求（受到认可和赞扬）、自我实现的需求（实现个人潜能和创造力）。

马斯洛经过几十年的研究，发现人的需求是有规律的，是分层次的，而这个层次一般是在低级需求满足之后，就会自动上升到新的更高级需求。低级需求在金字塔底层，如生理需求、安全需求。低级需求是有限的，其满足是指向自我的。而友爱、尊重、自我实现等高级需要则是无限的，而且必须通过满足他人、公众和社会的需求才能实现。个人得到满足所需要的层次越高，人的心理就越健康。当人达到自我实现的高峰时，便可获得一种特殊的"高峰体验"。

一个人要想充分发挥自己的能力，实现自己的梦想，并得到企业和社会的承认，就一定要努力工作，为企业、为社会做出贡献。个人的成功、个人的自我实现，是在满足他人的需求后，社会环境对他的回报，这是一个客观规律。

人的价值由三部分组成：人的社会价值、自我价值以及人格价值。人的社会价值是个人对社会需求的满足。一个人对社会的贡献越大，他的人生价值就越高，即人生价值大小是由人对社会的贡献多少所决定的。一个人的人生有价值，即指人作为价值客体能满足他人、集体和社会的需要，对他人、集体和社会有一定的积极作用。

我们在强调人生价值在于社会贡献时，绝不能忽视人的"自我价值"和人的"人格价值"。自我价值是个人对自身需求的满足。个人通过努力，满足自身的生理、物质和精神方面的需求，即自我贡献和自我尊重。人格价值是指社会对个人需求的满足，特指作为人的权利、地位和尊严，人格价值人人平等。

实现人生价值就是实现自我价值、人格价值和社会价值的统一，缺少任何一环都不是完整的人生价值。在市场经济的现实生活中，一个人对社会的贡献越大，提高自我价值、获得人格价值的机会就越多。一个人的物质生活需求是有限的，而精神生活享受是无限的。只有立足于高层次需求，将自我实现与社会需要结合起来，才能创造人生的最大价值。

通过人职匹配提高生命质量，实现人生价值。人职匹配能为自己的人生阶段创造最大的成就感和满足感。人职匹配对高职学生的职业发展乃至人生发展都具有重要作用。人职匹配的本质是充分认识自我需求和透析个体特征的基础上，结合社会现实，帮助自己找到最适合自己的职业，能最大限度地发挥自己能力的职业，在职业生涯中获得成功，提升自己的幸福指数，实现人生价值的最大化，进而提升生命的质量。

【延伸阅读】人生意义与人生的境界

何谓"意义"？意义发生于自觉及了解；任何事物，如果我们对它能够了解，便有意义，否则便无意义；了解越多，越有意义，了解得少，便没有多大的意义。何谓"自觉"？我们知道自己在做一种事情，便是自觉。人类与禽兽所不同的地方，就是人类能够了解，能够自觉，而禽兽则否。譬如喝水吧，我们晓得自己在喝水，并且知道喝水是怎么一回事；可是兽类喝水的时候，它却不晓得它在喝水，而且不明白喝水是一回什么事，兽类的喝水，常常是出于一种冲动。

假如我们能够了解人生，人生便有意义，倘使我们不能了解人生，人生便无意义。每个人对于人生的了解多不相同，因此，人生的境界，便有分别。境界的不同，是由于认识的互异；这，有如旅行游山一样，地质学家与诗人虽同往游山，可是地质学家的观感和诗人的观感却大不相同。

人生的境界，大体上可分为4类：自然境界——最低级的，了解的程度最少，这一类人大半是"顺才"或"顺习"；功利境界——较高级的，需要进一层地了解；道德境界——更高级的，需要更高深的理解；天地境界——最高的境界，需要最彻底的了解。

中国的所谓"圣贤"，应该有一个分别，"贤"是指道德境界的人，"圣"是指天地境界的人。至于一般的芸芸众生，不是属于自然境界，便是属于功利境界。要达到自然境界或功利境界非常容易，要想进入道德境界或天地境界却需要努力，只有努力，才能了解。

《中庸》有两句话："圣人可以赞天地之化育，可以与天地参矣。"所谓"赞天地之化育"并不是帮助天地刮风或下雨，"化育"是什么？能够在天地间生长的都是化育，能够了解这一点，则我们的生活行动都可以说是"赞天地之化育"，如果不明白这一点，那么我们的生活行动只能说是"为天地所化育"。所谓圣人，他能够了解天地的化育，所以始能顶天立地，与天地参。草木无知（不懂化育的原理），所以草木只能为天地所化育。由此看来，做圣人可以说很容易，亦可以说很难。圣人固然可以干出特别的事来，但并不是干出特别的事，只能成为圣人。所谓"迷则为凡，悟则为圣"，就是指做圣人的容易，人人可为圣贤，其原因亦在于此。

总而言之，所谓人生的意义，全凭我们对于人生的了解。

【延伸阅读】成功人生的七个设计

1. 设计你的梦想

第一个设计叫作你的梦想。到了成人的阶段，很多人觉得梦想已经与自己没有什么关联了，很多人关心的是现实生活的所有，大家在一起聊天的时候，说得最多的是财富、工作和生活，还有人不断地谈论现实的残酷、长大的烦恼、生活的无奈、自己的孤独，这些都是必要的话题，很少人会聊离现实生活稍微远一点的一些话题。人们之所以陷在现实的困惑中，是因为我们失去了想象的能力，失去了梦想的牵引，也就失去了梦想带给我们的所有的美好和期许。如果没有期许、没有理想、没有愿望，相信生活也就没有了色彩、没有了方向和追求。

理想越高远，人的进步越大，这是一个不断被证明的话题。人之所以成为伟人，首先是因为他有着崇高的理想，有着伟大的目标。人们喜欢伟人的原因不仅仅是因为他们所取得的成就，而是他们用理想激励自己的过程，为了实现这个理想，他们训练自己拥有更多的知识和技能，还要超越个人的得失，做出某些重大的牺牲。在理想指引下，你逐渐变得有超乎常人的能力，胸怀宽广，大公无私，以你独有的方式为公众、为国家、为民族，甚至为人类服务，而当你的这种服务取得成效后，自然能够得到社会和公众的认可与尊重。而公众和社会对你的认可和尊重，使你成为伟大的人。

2. 设计你的努力

第二个设计叫作你的努力。《说文解字》中"智慧"，"智"这个字，把它拆开是"日""知"，可以据此理解为每天知道多一点，就叫"智"；再看"慧"字，把它拆开，它是三个字的组合，上面两个"丰"，中间一个"雪"，下面一个"心"，也就是说：当心像雪一样洁白平静的时候，就会有双倍的丰收，能双倍地接纳别人的人，就是充满"慧"的人。所以智慧就是每天知道多一点，让你的心平静下来，不断地吸收，双倍的吸收，你就可以成为充满智慧的人了，的确如此。

大家记住，有知识不等于有智慧，知识与智慧的唯一区别：知识有一个节点，智慧没有。智慧是每一天逐步增加的。你可以说这本书我现在看完了，但是智慧没有结束这件事，就是一个不断累积的过程。有智慧跟有知识的区别，就是你是不是能够每天多一点进步，你是不是能够平静地接受所有的东西。

成功与失败没有什么差别。成功与失败之间唯一的差别就是成功比失败多那么一点努力的东西。成功真的不是太难的东西，真的是需要稍微探索多一点。你都这样做了，那你一定是会成功的，你要成功一定要比别人多付出一点。

要创造性地思考。如果你真的想探索多一点的东西，你一定要创造性地思考。那也就是说你看山一定不是山，看水一定不是水，这个时候你才是创造性地思考。现代人的基本素质只有三个词：团队、速度、韧性。也就是说，如果你不会跟人家合作，你一定不是一个现代人。如果你的速度没别人快，也无法当一个现代人。还有更重要的一点就是你要有韧性。坚韧的韧，韧性！这是现代人的三个基本要素。

3. 设计你的心态

第三个设计叫作心态的设计。这是非常非常重要的，就是怎么样才能保证大学几年能为我们的未来做一个帮助，那就是应该在大学几年里面把心态调整过来。

第一个心态是回归为零。这个心态是在大学里边培养出来的，到你出来工作的时候，你就没有时间培养你的心态，为什么？因为你那时候压力太多，比如说你要成就事业，你要成家立业，你要有所作为，你要出人头地……你的目标太多了。在大学里毕竟还是非常单纯，所以这个时候是你练心态最好的一个时期。我们很多人没有注意到这一点。

一个正确的心态应该怎么样来树立？第一个就是要学会归零。智慧的慧就是心要像雪一样平静就是这个道理，就是你要学会归零。一个能够归零的人，他的心态一定是成功的心态。当你错了的时候你就要承认错误，而且要真心实意地承认，承认了那就把它扔掉。当你对的时候，你也要真心诚意地来想我是对的。一定要有回归为零的这个心态，这是第一点。

第二个心态是学会快乐地学习。学习是一件非常快乐的事情。每取得一点点的进步、每掌握一个公式、每知道一个定理，都会发现学习是非常的快乐。说实话我们要为自己未来的人生是否快乐负责。因为未来要终身学习。

第三个心态叫作积极的心态。快乐与积极其实是一样的，就是快乐的事情我们都认真做。可能你会发牢骚，但一定要仅限于偶尔而已。你所要做的所有事都要快乐地去面对，你要去解决所有的困惑。你的积极的心态、欢乐的心态、归零的心态，它的重要性在于让你一生受益，这个你一定要在今天把它培养出来，然后你才有机会用这个心态去面对未来的生活。

4.设计时间的价值

第四个设计就是时间的价值。你一定要管好时间。大家读大学期间的生活，最感可惜的就是浪费时间。

下面从两个角度来教大家怎样把时间设计好。

第一个就叫二八定律。在你整个高职学生活里，你有20%的事情是最重要的，你要给它80%的时间，那这个应该就是学习。然后你还有80%的事情并不重要，但是你一定要做的事情，比如说你要吃饭、睡觉、洗澡、交友、花费时间做自己喜欢的事情等，这些事情你是一定要做的，你用20%的时间去把它做掉。

第二个是学会时间管理的技巧。先要学会划分时间的四个象限，任何事情在时间单位上都可以分为四种：很重要—很急迫、很重要—不急迫、不重要—很急迫、不急迫—很重要。那么一般人就先去处理很重要—很急迫、不重要—很紧迫的事情。但是对你来讲，如果你想真正发挥价值，你必须抽出时间来做那个很重要不紧迫的事情，所以这个需要大家一定要学会去做。

5.设计你的沟通模式

第五个设计叫作快乐地沟通。你学会与人沟通对你的帮助巨大。一个真正学会沟通的人，一定会得到知识和帮助。

沟通一定要"由心开始"。沟通由心开始最重要的就是想别人所想，而不是想你所想的。要去帮助别人达成目的，而不是达成自己的目的。当你可以帮助别人达成目的的时候，你的目的自然会达成。

沟通就是做听众。喜欢说话的人在人群里面大约占80%，喜欢听人说的人在人群里面大约只占15%。所以如果你真的想沟通，记住最有效的沟通就是做听众，做到这一点你就可以面对80%的人。所以你一定要学会做听众，那么做听众就是我们讲的第一个模式。

沟通就是不断地为别人提供方便。那么沟通的第二个模式，就是一定要学会怎样不断地为别人提供方便，这个沟通就会有效。所以好的沟通是你一定要为别人提供方便，然后才能把沟通做得好。还有一点，就是沟通不要形成定式，就是不能老用一个方法进行沟通。

6.设计你的生活

如果我们要把高职生活设计得好,那么一个非常关键的点就是你要怎么设法激励自己。激励自己是非常重要的,因为我们有时候会泄气,有时候会想不通,有时候会觉得好想要放弃,所以一定要学会不断地激励自己。那么要激励自己的第一个概念就是要了解自己。今天的高职学生不太了解自己,有两种同学,一种就是自我感觉良好,还有一部分正好是反的,就是完全对自己没有信心的自卑型。这两个方向都是因为大家没有认真地了解自己。而你又是一定要了解自己的。那到底怎么才算是真正的了解?

第一,自己对自己的评价;第二,别人对你的评价;第三,你认为别人对你的评价。如果这三方面是一致的你就了解了自己,如果这三样东西是不一致的,你就不了解你自己。

弥补三种欠缺。今天的学生有三样缺少的东西。第一个是缺少责任感,第二个是欠缺真正的自信,第三个是对自己定位的理解。就是你作为学生的定位到底是什么?对这个定位的理解没有非常清楚的情况下,我们就没有办法激励自己。

7.设计你的行动

做好成功的计划。大家一定要做成功的计划,每一天、每一个学期、每一个课程、每一项活动,一定要按着成功的标准去做,不要得过且过,不要不求品质。

第二节 人职匹配要素与高职学生职业发展的关系

一、职业兴趣影响职业定位和职业选择

职业兴趣是指人们对某种职业活动的关注程度以及乐于从事某种职业活动的稳定、积极而持久的心理倾向。它是一个人探究某种职业或从事某种职业活动所表现出来的特殊心理倾向，使个人对某种职业给予优先的注意，并具有向往的情感。

在职业规划中，职业定位的重要参照坐标之一就是兴趣。兴趣是个人积极探究某种事物的强烈的认知倾向，并力求认识掌握这个事物，它会促使个人经常参与和展开与之相关的实践活动。而在工作中，兴趣则能让个人最大限度地发挥主观能动性和创造性，这样工作起来才有劲头，才有成就感。

兴趣是职业选择的重要依据。兴趣是一种强大的精神力量。兴趣可以帮助人们集中精力获取他们喜欢的知识，启发他们的智慧，创造性地开展工作。当一个人对某一职业感兴趣时，会积极地关注和学习相关的职业动态、知识，并付诸实践。

兴趣是保证职业稳定、职业成功的重要因素。从事自己喜欢的职业，有利于智力开发。兴趣是推动人们全身心工作的主要动力之一。对工作内容感兴趣，人们就愿意花费时间和精力在业务上，就能促进工作能力的提升，这正是兴趣的作用。在相同条件下，人们更愿意从事自己感兴趣的工作。兴趣是职业成功的一个重要因素，它能最大限度地发挥人的潜力，让人长时间专注于某个方向，不断提升工作能力，进而取得显著的成绩。

二、职业价值观决定职业期望和职业目标

职业价值观是指人生目标和人生态度在职业选择方面的具体表现，也就是一个人对职业的认识和态度以及他对职业目标的追求和向往。

我们可以这样理解职业价值观：

第一，职业价值观是一个人对各种职业价值的基本认识和基本态度，是人们在选择职业时的一种内心尺度，反映的是人的需要与社会职业属性之间的关系，它支配着人的择业心态、行为以及信念和理解等。

第二，职业价值观在对各种职业的认知过程中起着"过滤器"的作用，它使个体的择业行为带有一定的选择性和指向性，即是判断职业的性质、确定个人在职业活动中的责任、态度及行为方向的"定向器"，又是抉择职业行为方式并进行制动的"调节器"。

第三，作为价值观的重要成分之一，职业价值观是一种复杂的心理现象，表现出内涵的丰富性、层次的多样性和个体体验的差异性等特点。也就是说，即使在相同的社会条件下，每个人的职业价值观也具有显著的差异性；并且，任何一个具体的职业价值观都是在一定的社会历史条件下形成的，具有鲜明的时代特征，必然随着社会的发展而变化。

人们的职业期望常常由几种价值取向所左右，但居主导地位的职业价值取向对职业期望起决定作用。职业价值观决定了人们的职业期望，影响着人们对职业方向和职业目标的选择，决定着人们就业后的工作态度和劳动绩效水平，从而决定了人们的职业发展情况。职业发展受很多因素影响，大的经济环境，稍小一点的行业发展环境，更小一点的公司发展情况，再小一点的公司内部环境，到个人的社交环境等。哪个职业好？哪个岗位适合自己？从事某一项具体工作的目的是什么？这些问题都是职业价值观的具体表现。

职业观是在长期的职业实践中逐步形成的，有其产生和发展的规律，它一经形成，又反过来影响甚至指导具体的职业工作和职业行为。特别是当一种职业观内化为从业人员价值体系的一部分时，往往表现出很强的自主性，据一些西方学者的研究，有时候这种自主性可能达到与职业组织力量相抗衡的程度。

第一，职业观是择业者选择职业的指导思想。社会生活中职业化程度越高、职业地位越巩固的职业，人们对其从业者的角色认定也越明确。如医护人员被称

为"白衣天使",邮递员被认作"绿衣使者",教师被视为"园丁""红烛"等。

第二,职业观是人生理想在职业问题上的反映,是人生观的重要组成部分;正确的人生观决定正确的职业观。劳动力市场上,每个择业者都是自觉不自觉地以一种就业观指导自己选择职业。

第三,职业观是对为什么要选择职业、选择什么职业、什么是好职业、个人适合从事什么职业等的不同看法。正是由于在这些问题上的看法不同,也就产生了不同的择业方向、不同的职业行为。有人择业方向正确,有人进入误区;有人在职业劳动中成绩卓著,有人毫无作为,甚至屡次在择业竞争中失败。由此可见,职业观对就业者有非常重要的意义。

三、职业能力促进职位晋升和可持续发展

(一)高职学生职业能力发展培养现状

高职学生职业能力发展是指高职学生在学习和实践中不断获取新知识、全方位提升个人综合素质来适应外界不断变化和发展的能力。但是目前我国高职院校在人才培养过程中主要重视的是某项具体技术或技能教育,对高职学生职业发展的重视度不够,因此所培养的人才存在职业能力欠佳的问题。这些人一旦面对职业发展变化以及科学技术发展与革新,就有可能面临工作危机甚至失业,从而影响自身的职业发展,不能较好地满足社会持续发展的需求。

造成高职学生职业能力欠佳的原因有很多。首先,高职学生本身的基础较为薄弱。随着招生规模的不断扩大,高职院校学生入学的"门槛"也越来越低,学生普遍存在学习兴趣不浓、学习目标不明等问题。其次,目前一些高职院校自身办学发展跟不上时代要求,培养体系不能满足我国职业教育的现实发展。最后,一些高职院校与企业联系不紧密,培养的高职学生的职业能力和企业需求的职业能力存在较大差距。这些都影响着高职学生在企业中的职位晋升和职业能力的可持续发展。

(二)高职学生职业能力可持续发展的培养途径

1.确定高职学生职业能力可持续发展的培养目标

人才培养目标是制订人才培养方案的依据和准则,只有人才培养目标明确才能制定相应的人才培养理论、技能和素质结构,确定人才培养方案。根据《中华

人民共和国职业教育法》（2022年版）的规定，高职院校人才培养目标是：培养服务区域发展的高素质技术技能人才，使受教育者具备从事某种职业或者实现职业发展所需要的职业道德、科学文化与专业知识、技术技能等职业综合素质和行动能力。

该人才培养目标虽然很好地确定了高职学生具体专业技能的培养目标，但是没有明确高职学生职业能力可持续发展培养方案。因此，应从高职院校人才培养目标入手，确定有利于高职学生职业能力可持续发展的培养方案：学生在校学习期间，除了掌握相应的专业技能外，还应具备持续学习、不断拓展自身职业能力、积极适应企业环境和岗位变化以及独立分析和解决问题的能力，才能顺利投身社会，实现自身的职业价值。

2.制定高职学生职业能力可持续发展培养体系

虽然我国高等职业教育经过了几十年的摸索，借鉴了一些国外成功的职业教育办学模式，形成了我国的校企合作办学、工学交替办学等高等职业教育模式，在一定程度上促进了高职学生职业能力的培养。但是，高职院校对学生的培养仍然停留在从事较为单一具体的职业上，使得学生职业应变能力不强，职业竞争能力较弱，缺乏职业可持续发展空间。因此，只有制定以企业岗位核心能力需求、岗位通用能力需求以及岗位职业能力需求为主体的多种办学模式，培养高职学生职业能力的可持续发展，才符合企业和社会的需求。此外，高职院校还应广泛开展与职业技能相关的，内容丰富形式多样的主题学生活动，在活动中激发学生的学习兴趣；充分利用学校资源，配备课外导师，指引学生各项活动，为学生提供各种学术理论帮助；鼓励学生利用寒暑假参加各类社会实践活动，使学生了解社会，学会处理相关问题。

3.畅通高职院校与企业的联系渠道，广泛联系企业

如果高职院校闭门办学，与社会企业脱节，那么就无法培养学生具有可持续发展的职业能力。高职院校应与企业密切联系，通过开办讲座等方式为高职学生讲授科技发展趋势以及最新动向，通过制订到相关企业锻炼计划，实地锻炼学生的职业能力，从而促进其职业能力的可持续发展以及以后的职位晋升。

【典型案例】善于运用6S理念的吴同学

吴同学，某职业技术学院精细化工专业。大学生活给了他许多锻炼的机会，

从实践中不断汲取成功的经验和失败的教训，让已经工作的他能更沉着、冷静地面对问题、分析问题、解决问题。吴同学毕业后一直在杭州某公司从事分析工作，主要与单位其他技术人员合作优化了部分颜料检测方法，缩短了检测时间，提高了检测结果精确度。他还作为培训教师，培训新入职员工。

吴同学对公司的6S管理内容理解非常深刻，并在公司6S管理评比中获得了第二名。目前他已经被提升为分析班班长，在班组评比中名列前茅。那么他是如何进步，并取得今天的成绩的呢？他的领导周女士给我们讲了其中的一件事。

一天，分析部门接到一个新分析样品，看分析规程后发现需要的一种化学试剂手头没有，于是班长让人到二级库房去寻找，在试剂柜里找半天也没找到，班长只好让材料员去领取。三天后材料员从公司领回试剂，才进行分析。可若干天后，班长在找别的化学试剂时又找到了该试剂，班长不免埋怨当事人没有好好找。吴同学当时还在实习期，他从这件小事中发现了很多问题：首先库存管理不善，没有执行6S管理；其次公司没有实行看板管理，找东西很花时间，这会造成寻找的损失、再购的成本损失、等待时间的损失以及库房空间的损失。他向周女士表达了他对这件小事的理解，并提出了很实用的解决办法。领导听了觉得非常有道理，马上让吴同学负责这个项目的具体操作，吴同学最终非常完美地完成了任务。

吴同学就是通过工作中的小事，发现问题并完善它们，他的个人能力也在这个过程中得到了提高。

四、人岗适配度影响未来职业发展方向

人岗匹配是指人和岗位的对应关系。每一个工作岗位都对任职者的素质有各方面的要求。只有当任职者具备多于这些要求的素质并达到规定的水平，才能最好地胜任这项工作，获得最大绩效。"人岗匹配"一方面对人的职业发展有莫大的好处，另一方面对公司而言，把人才的作用最大化，公司也会得到相应的回报，企业和个人才能实现真正的双赢。

在了解求职者的特性和职业的各项指标的基础上，进行比较分析，以便选择一种适合其个人特点又有可能得到并能在职业上取得成功的职业。人岗匹配分为两种类型：因素匹配（职业找人）。例如，需要有专门技术和专业知识的职业与掌握该种技能和专业知识的择业者相匹配；脏、累、苦等职业，需要有吃苦耐

劳、体格健壮的劳动者与之匹配。特性匹配（人找职业）。例如，具有敏感、易动感情、不守常规、个性强、理想主义等人格特性的人，宜于从事审美性、自我情感表达的艺术创作类型的职业。

特性因素论强调个人所具有的特性与职业所需要的素质与技能之间的协调和匹配。为了对个体的特性进行深入详细地了解与掌握，特性因素论十分重视人才测评的作用，可以说，特性因素论进行职业指导是以对人的特性的测评为基本前提，它首先提出了在职业决策中进行人职匹配的思想，奠定了人才测评的理论基础，推动了人才测评在职业选拔与指导中的运用和发展。

该理论是职业指导理论中最早而且最有影响的一派，在美国的普通中学最为盛行，在日本、英国、加拿大等国也广为流行。近年，我国职业指导的实践也多以这一流派为理论基础。该理论旨在帮助学生寻求个人的"特性"和具体职业要求之间最佳程度的匹配，理论上说，它能够给需要完成的工作和需要工作的人之间提供巧妙的匹配，使适当的人承担适当的职业，充分发挥每个人的作用，最大限度地提高工作效率，这正是职业指导所努力追求的目标，该理论强调运用心理测验，通过测试的结果考查学生已有水平，然后引导学生根据测试的结果判定今后发展的规划，从而避免了职业指导过程中的盲目性。

高职院校学生进行"人岗匹配"，正确选择适合自己发展的职业，需要从四个方面进行匹配，主要包括：职业兴趣与职业的匹配、职业性格与职业的匹配、气质类型和职业的匹配、职业价值观与职业的匹配。做到以上四个方面的匹配，就能找到一份"自己想做、适合自己做、自己能做又做得好"的工作，从而影响到未来的职业发展方向。

【典型案例】感动客户的刘同学

刘同学，某职业技术学院电子商务专业，学习过程中刘同学等10位同学在专业老师的指导下开了一个网店。由于客服工作时间长、技术难度不大，而且每天都会遇到各种难缠的买家，学生不喜欢这个岗位。但是刘同学认为客服不但是个基础性工作，而且在网店运营过程中发挥着重要作用。她工作态度很积极，用心体会为顾客服务的技巧，为网店的声誉打下了坚实的基础。

曾经有个要求退货的买家写了这么一段评价："这是我网购经历中遇到的最好卖家，非常耐心，多次来电解决问题，我要求的超出服务范围的改装服务已经完成。"这是个难缠的买家，售前服务过程中已经有值班学生反映过，后来他又提出一些不合理的想法，客服已经准备做退货处理，但是店长刘同学完美地处理了这件事情。刘同学多次打电话和买家沟通，刚开始买家以为不肯退货，说话极其难听。刘同学秉着帮助买家解决问题的态度，积极与买家沟通。最后，买家提出改装车子。可是，厂家都是标准化生产，不提供改装服务。刘同学为了解决问题，又多次联系厂家售后服务师傅让他帮忙解决，跟师傅解释新店开张的不容易以及新店多次退货对店铺的影响。在她多次的积极协调下，厂家满足了买家的改装要求，从而使退货变成了好评。很多学生对客服工作充满牢骚和不满，但像刘同学这样能把客户的要求当作是自己的事情，通过改变自己的工作方式来增添工作的价值和乐趣的不多。这也让刘同学获得了企业的青睐，直接被企业招聘为运营总监，接管两家淘宝店铺、一家天猫商城和一家京东商城。

【典型案例】小张的职业选择

小张是某职业院校建筑类专业的毕业生，毕业时他拿到了三家企业的录用通知，一个是在上海的某高新技术企业，薪资很高，但是专业不对口；一个是在重庆的城市发展研究所，专业对口，待遇也不错；还有一个在经济发展相对缓慢的家乡，需要去一线的建筑公司，专业对口，最关键的是小张的家乡近几年发展迅速，需要大量的建筑类人才，政府制定了相关的人才引进政策，未来的发展会很好。经过几天的思考，小张最终决定回家乡工作，因为他觉得建设家乡、到需要自己发光发热的地方去才是最重要的。

第三节 基于人职匹配理论的高职学生职业发展对策

一、加强职业发展的顶层设计

(一) 完善职业指导宏观调控体系

完善高职学生职业指导宏观调控体系是一项系统工程,需要国家、部委、省市政府人事部门多方联动,共同促进高职生就业。

国家在高职学生职业指导体系中处于领导地位,负责高职学生职业指导体系的顶层设计,为各高校高职学生职业指导体系的建立,提供科学性、向导性建议,强调其宏观调控的战略性作用。各级政府人事部门要把加强高职生就业信息服务作为重点内容,充分利用现有的人才市场信息网络,为高职生和用人单位搭建方便、快捷、覆盖面广、内容丰富的就业信息服务平台。要定期发布高职生供求信息、政策信息以及"高职生就业见习基地"岗位信息,加强供求信息的分析预测,制定信息管理制度,提高信息发布质量,确保政府人事部门所属人才服务机构发布的供求信息的真实性、准确性、时效性。依托人才区域合作机制,加强不同地区之间高职生就业供求信息的沟通。丰富网络招聘活动,完善网络服务功能,更有效地发挥网络招聘在高校毕业生求职择业中的重要作用。

首先,以高职学生的个体需求为导向,充分发挥高职学生的主观能动性。国家只有充分了解我国高职学生职业指导的发展现状,明确高职学生对职业指导的真实需求,才能宏观把握调控高职学生职业指导的发展趋势与方向。其次,以用人单位需求为导向。在设计高职学生职业指导体系之前,还应该充分了解用人单位的用人需求,据此来针对性设置对高职学生职业素质的培养要求,由上而下实现高素质人才的培养。最后，以社会需求为导向。当今社会千变万化，职业发展趋势也在随时变化。各级政府只有加强对职业发展方向的预测分析，及时调控，引导高校及高职学生群体自发向社会需求靠拢。在需求导向的职业指导体系中，应结合个人需求、用人单位需求和社会需求，为高职学生群体提供有针对性的指导，提高职业指导实效性。

（二）加强职业指导理论本土化研究

发展职业指导是一个理论和实践共同发展的动态过程，理论指导实践，实践验证理论。在借鉴西方先进职业指导理论基础上，从中国国情出发，加强对职业指导理论本土化研究，具有十分重要的意义。

尽管西方职业指导理论发源于美国，但他们仍在实践、研究、检验过程中不断地发展。要完善我国高职学生职业指导体系，就必须构建符合我国国情的职业指导理论。职业指导理论本土化研究的主体为科研院所和高等院校等，本土化研究需要建立在深入分析国外先进职业指导理论与熟识国内高职学生职业指导现状的基础上进行。职业指导理论本土化研究应由本土职业指导意识的觉醒到本土职业指导理论的肯定，再到对本土职业指导理论的开发与传承，最后上升到本土职业指导理论的创新。从研究的角度看，这符合职业指导理论本土化研究的逻辑。

我国职业指导理论受国家就业制度、经济、政治、文化因素的制约，早在1916年清华大学校长周寄梅先生以及中华职业教育社从介绍西方国家就业指导的理论与经验入手，结合我国实际开展了一系列理论和实践探索。20世纪30～40年代我国职业指导的研究和实践被迫中断，1949年后，我国实行计划经济体制，人员统包统分的配置和使用制度使职业选择和人员流动的余地极为有限，职业指导继续处于中断状态。随着社会主义市场经济体制的建立和我国高等教育从精英化教育走向大众化教育阶段，高校毕业生就业制度改革的不断深化，市场导向、政府调控、学校推荐、学生与用人单位双向选择的基本制度已经确立，职业生涯指导已经成为一种必要。近些年，国家要求高等教育开设职业指导课程，明确加强高职院校毕业生的职业指导工作，将职业指导作为高职学生思想政治教育的重要组成部分，并纳入日常教学。各地高校教育行政管理部门也都制定了相应的措施，加强职业指导课程建设，同时加大了职业指导课程与就业指导课程的权重。高职学生职业指导教育已经进入新的阶段，正在发挥着重要的作用。

加强职业指导理论本土化研究需要高等院校与科研院所的共同努力。加强职业指导理论本土化研究可以从以下方面入手：①国内外各种职业指导理论的发展史及各时期代表性理论的价值核心；②经济新常态背景下我国的就业形势；③我国高职学生的就业实际情况，包括年级、专业、家庭情况、职业能力、职业发展等。在尝试确定影响高职学生职业发展与就业质量的各种因素后，将上述因素作为变量维度，批判吸收西方职业指导理论发展的内在规律，探索我国高职学生职业指导的价值取向、目标定位、技术路线、模式选择等，从而构建并完善符合我国国情的职业指导理论，实现职业指导理论本土化。

（三）实现职业指导体系的无缝衔接

为缓解当下高职学生的就业困境，各高校基本都设置了职业指导中心，这就导致很多人片面认为职业指导就应开始于大学阶段。现实中，有些高职学生在进入大学校园后因无人管辖而丧失学习兴趣和积极性，使专业综合素质并没有得到良好发展，不利于高职学生毕业后的职业发展。根据舒伯的职业生涯发展理论，高中阶段处于职业生涯发展探索阶段中的探索期。在高中阶段学生就已经萌芽了职业意识并开始了最初的职业生涯规划。而现实问题在于高中生忙于备战高考，无暇顾虑未来发展，对社会环境、就业形势甚至是个人特质、兴趣目标都没有清晰的认知。因此，对高中生开展职业指导的意义不仅在于能够帮助高中生科学选择文理科还在于指导学生高考填报志愿、专业及高校选择。其重要性更体现于以促进学生终身发展为宗旨，以高考升学为目标，促使学生在学习基础知识的同时开始考虑自己未来的职业发展方向。并且客观评价自己的特质、兴趣能力等，为达到人职匹配的最佳职业生涯发展状态而积极主动探索。对于高职院校，则有利于实现教育与人力资源的最优化配置。

在高中阶段职业指导与大学阶段职业指导的整体衔接上：一是要形成从开始萌芽职业意识的高中阶段延伸到大学阶段，甚至拓展到大学毕业后几年之内的职业发展的连续职业指导体系；二是开展形式上，除了专门的职业指导显性课程，还可以开展专题讲座、职业指导主题班会、文理分科指导和高考志愿指导、社会实践等多种指导形式。同时，还可以利用其他学科课程为载体，形成职业指导教育的隐性课程。

此外，各高职院校还应重视高职学生的升学诉求，主动推动专升本无缝衔接。在衔接教育方面发挥具有中国特色的高等教育自学考试的优势，优化配置各种闲置的、潜在的教育资源，将个人自学、社会助学和国家考试有机结合，拓宽衔接教育渠道，从而为经济建设和社会发展培养、选拔各类专门人才。当前我国自学考试的应用型专科、专升本专业领域涉猎广泛，而且有发达的助学体系可以利用，学历文凭信誉度高。各类高职院校加强合作应与本科高等院校加强沟通合作，利用国家大力发展职业教育及职业教育学历高异化的有利契机，深入开展衔接教育，努力构建四通八达的高等教育"立交桥"，实现"双赢"或"多赢"办学目标。

积极开展推广高职—本科教育。教育部先后在不同层次的应用型本科院校和高职院校进行了多形式、多模式，全方位的"嫁接创新"和"探索试点"。大致可以归结为：

第一，技术型、应用型本科院校转型为高职—本科，试点开展专业学位硕士研究生教育，积极探索建立"高职本、硕连读"，以及技术学士、技术硕士、技术博士教育的"三士一贯制"。

第二，依托普通本科院校资源，开展招生对象为三年制高职—专科毕业生、实施两年制的高职—本科教育，即"3+2"模式。

第三，遴选部分高职院校优势专业或品牌特色专业作为高职—本科专业试点，条件成熟之后，对少部分优秀的高职院校开展升格为四年制高职本科；或者通过高职—专科与高职—本科的专升本衔接，实现高职—本科的直通车教育。

（四）改革职业发展的证书认证制度

职业资格是对从事某一职业所必备的学识、技术和能力的基本要求。1994年劳动部和人事部颁发的《职业资格证书规定》，明确了职业资格包括从业资格和执业资格。其中，从业资格是指从事某一专业（工种）学识、技术和能力的起点标准，通过学历认定或考试方法取得。执业资格是指政府对某些责任较大，社会通用性强，关系公共利益的专业（工种）实行准入控制，是依法独立开业或从事某一特定专业（工种）学识、技术和能力的必备标准，通过考试方法取得。职业资格认证，是政府转变职能的重要体现，有利于激发市场和社会活力，促进高职学生的就业创业。

2021年人社部推出的最新版《国家职业资格目录》显示：列入目录的专业技

术人员职业资格共58项，其中，准入类31项，水平评价类27项；技能人员职业资格81项，其中，准入类5项，水平评价类76项。两项合计国家职业资格共139项。而适用于高职学生的职业资格包括：教师资格、法律职业资格、船员资格、执业兽医资格、演出经纪人员资格、导游资格、护士职业资格、母婴保健技术服务人员资格、新闻记者职业资格、航空人员资格、通信专业技术人员职业资格、计算机技术与软件专业技术资格、社会工作者职业资格、会计专业技术资格、资产评估师资格、翻译专业资格等专业人员职业资格与焊工、安全保护服务人员、消防和应急救援人员、消防设施操作员、健身和娱乐场所服务人员、航空运输服务人员、轨道交通运输服务人员、危险货物、化学品运输从业人员，道路运输从业人员、特种作业从业人员、建筑施工特种作业人员、特种设备安全管理和作业人员、家畜繁殖员等技能人员职业资格。

  从人职匹配的角度上来说，职业资格认证是将高职学生的专业教育与高职学生的职业生涯发展相结合的有效策略。为更好促进高职学生实现充分、和谐就业，就必须强调职业资格认证的作用，培养高职学生的特色专业意识，培养拥有较高职业综合素质和较强技术应用能力的技能型人才。在新时代中国特色社会主义思想指引下，为了贯彻党的十九大精神和全国教育大会精神，全面贯彻落实关于教育的重要论述，推进新时代职业教育改革发展，经中央深改委第五次会议审议，2019年1月国务院印发了《国家职业教育改革实施方案》（以下简称职教20条）。把学历证书与职业技能等级证书结合起来，探索实施"1+X"证书制度，是职教20条的重要改革部署，也是重大创新。职教20条明确提出："深化复合型技术技能人才培养培训模式改革，借鉴国际职业教育培训普遍做法，制订工作方案和具体管理办法，启动"1+X"证书制度试点工作。"2019年《政府工作报告》进一步指出："要加快学历证书与职业技能等级证书的互通衔接。""1+X"证书制度体现了职业教育作为一种类型教育的重要特征，是落实立德树人根本任务、完善职业教育和培训体系、深化产教融合校企合作的一项重要制度设计。由此，高职学生可以在获得毕业证书的基础上，考取若干职业技能等级证书，还可以考取如学历证书等有高职特色的证书，以提高就业竞争力，促进自身职业发展。

  虽然我国职业发展的证书认证制度已经取得长足进步，但是为促进高职生更高质量更充分就业，还应有针对性地做出一些改革。例如，各高职院校根据学校专业特色施行"1+X"证书制度，建立与专业培养目标相适应的证书认证体系，引导高职学生在毕业前取得相关的职业资格证书；各级政府支持高职学生参加专业职业资格考试，健全高职学生职业技能评价制度，完善高技能人才职称评审制度等。

二、完善全周期就业服务体系

当前，高职学生的就业压力与年俱增，就业问题仍然十分严峻。党的二十大指出"就业是最基本的民生。强化就业优先政策，健全就业促进机制，促进高质量充分就业"，完善高职学生全周期就业服务体系，有利于实现高职毕业生充分就业，同时推动高职学生的高质量就业。

（一）形成规范有序的就业市场体系

一是充分发挥校园市场的主体作用。探索建立高职毕业生校园就业市场，帮助高职毕业生通过校园就业市场实现就业。二是多形式开展招聘活动。如"百校联动就业活动计划"，举办分主题、分层次、分类别的公益招聘活动。三是加强对社会力量举办毕业生招聘会的监管，保证正常的教育教学秩序，维护用人单位和毕业生的合法权益，确保招聘活动安全有序。四是完善优质高校信息服务，建成上下贯通的信息交互平台，及时发布毕业生生源和用人单位需求信息。五是运用信息化手段，建立就业信息线上联动体系，实现求职者和用人单位即时对接，提高劳动力市场资源配置效率。

（二）构建分层分类的就业指导体系

一是面向全体高职学生开设职业发展和就业指导课程，同时该类课程应贯穿于高职学生整个大学教育期间。二是组织优质讲师团，面向本区域内所有高职院校、教师、学生。三是提供个性化的咨询服务，如搭建高职学生职业发展与就业指导专家在线咨询台，线上解答高职学生的疑虑。

（三）完善以人为本的就业援助体系

一是构建并完善就业援助体系，把困难家庭高职院校毕业生纳入就业援助体系。对困难家庭高职院校毕业生就业给予关注、服务与就业推荐。二是建立就业困难高职院校毕业生数据库，掌握困难学生的具体情况，明晰就业帮扶需求，实施就业帮扶。

（四）建立务求实效的就业教育体系

高职院校可以通过加强就业教育教学课程的开设，做好教材自编与参编，组建就业教育优质师资团队，建设就业教育示范高校，通过示范引领，推动高校就业教育蓬勃开展的方式建立务实高效的就业教育体系。同时，高职院校还应加强就业实践平台建设，设立就业实践训练基地、学生创就业科技园等提升高职学生的就业能力，促进高职学生的高质量就业。

（五）鼓励引导社会力量参与就业服务

高职院校可以通过拓展社会力量参与高职院校就业服务，发挥社会相关机构的优势，完善高职学生就业服务体系。高职院校可以利用优质办学资源确立工作室制度，发挥校企合作的深度优势，制定学校、企业、就业的运行机制，探索专业与行业、企业合作共建、合作育人的人才培养机制。还可以通过购买社会服务的方式，支持社会力量提供专业的就业服务，参与高职院校就业服务设施建设、运营与管理，提高高职学生就业服务的质量与效率。高职院校还可以广泛吸引志愿服务组织、慈善组织和专业社会工作服务机构参与学校就业服务，拓宽就业服务供给渠道，引导高职学生就业服务的不断提高专业化、标准化和精细化水平。

【典型案例】企业文化融入职业教育，助力学生高质量就业

某职业技术学院一直秉持"校企合作、工学结合、文化育人"的办学思路，非常注重校园文化和企业文化的交融，将学生素质提升与职业能力发展紧密结合。

自2009年开始，该学院借鉴和学习企业7S管理方法，以校企合作紧密度最高的二级学院积极推进学生公寓7S建设活动，按照校企育人标准和企业经营管理的理念营造公寓文化氛围，加大企业文化在公寓文化中的渗透力和深植力，让学生在潜移默化中接受和适应企业文化，成为具有良好职业素养的高素质技术技能人才。公寓7S建设活动从整理（SEIRI）、整顿（SEITON）、清扫（SEISO）、清洁（SEIKETSU）、素养（SHITSUKE）、安全（SAFETY）、节约（SAVE）七个方面进行公寓的管理和建设。整理就是生活、工作范围内清除非必需物品，使公寓环境井然有序；整顿就是将必需的物品定位、定量摆放整齐，能迅速取出，处于

最方便、快捷、减少消耗的状态；清扫就是公寓环境内保持干净、整洁，努力清除各种垃圾死角；清洁就是保持前3S（整理、整顿、清扫）的实施，做到整洁化、规范化、常态化；素养是指每位学生依程序工作，按规范办事，并将各种规范内化为自身的要求，养成良好习惯，形成优良品格；安全是指营造一个人身、财产都安全的环境；节约指养成勤俭节约的好习惯，践行低碳生活，想方设法地把公寓内各种损失、浪费缩小到最低限度。

公寓7S管理所传递的素养、安全、节约等方面的理念，对学生起到提醒、教育、暗示的作用，使学生在日常生活中潜移默化地接受教育，在生活中提升学生自我管理自我约束的责任感，既改进了公寓环境，又推动了在校学生的行为养成和素质养成，为将来高质量就业夯实基础。

【典型案例】天津各高校打造全周期就业服务体系：架起服务"直通桥"点亮就业"领航灯"

2022年，为主动应对疫情对毕业生就业的冲击，天津大学积极打造就业工作"三朵云"，通过岗位拓展"云渠道"、暖心服务"云载体"、就业教育"云课堂"，力促学生更加充分更高质量就业。为了拓展"云渠道"，书记、校长亲自率队，面向国防军工、重要科技型企业、校友企业等学生就业的"基本盘"开展"云走访"。结合互联网时代特点，依托校园网站、公众号打出就业服务"云组合拳"，实现协议书签订、补办、报到证办理等业务申请，推进就业手续办理线上化。"我们还开设选调生招考、大学生职业素养提升等主题的'空中课堂'，甄选校园就业典型进行线上巡礼，对学生进行培训引导。"天津大学就业指导中心副主任刘超说。

为了全方位展示人才形象，提升青年自主择业创业意愿，日前，我市首个5G+校园直播基地在天津仁爱学院揭牌落成。基地揭牌后，将广泛吸收优秀人才项目，引进专业主播导师团队，与院校、实体企业、机构联合构建直播带货产业链和打造直播人才创新创业生态圈。

"我们将面向我市培育建设国际消费中心城市的实际人才需求，对接互联网企业服务平台，联合开展直播人才培养。"天津仁爱学院校长杭建民介绍，基地将专注于数字资产积累、IP孵化打造、品牌升级赋能、直播新零售产业服务等综合业态，在互联网营销、全媒体运营人才培养、师资培训、学生实习、创业、就业等领域加强政校企全方位合作，解决大学生在天津就业创业的实际需求，致力于区域经济发展。

"老师，个人简历怎样做得更漂亮、更吸睛，您帮我支支招吧！""同学们，马上又有一大波招聘信息即将来袭，请大家注意查收。"在天津现代职业技术学院，每个毕业班级的微信群总是闪烁不停，辅导员、班主任们纷纷化身"就业大管家"，为大家提供就业信息发布、简历制作指导、职场心理塑造等服务。为了推进就业精准化服务，学院还对建档立卡家庭、少数民族、身体残疾等群体毕业生，以及就业困难、慢就业、不愿就业、就业期望值过高的毕业生建立单独台账，一生一策、重点推荐，落实"一对一"的实名帮扶。

"我们坚持走出去和请进来相结合，将教室搬到企业、走进工厂，学生在校内学习一年后，采取一边在校完成部分理论、实践课程的学习和岗位教育的基础上，一边到企业继续完成其他课程的学习、实训、轮岗和顶岗实习，实现职业需求与教学的充分融合；另外，遴选部分优秀企业生产线引入学校，加速培养学生实践技能，提高就业竞争力。"据该学院就业创业指导中心相关负责人介绍，通过创办"厂中校""校中厂"，企业既得到了自己急需的人才，学校也缓解了教学资源不足，学生实现了预就业，真正达到了三方共赢。

三、提供个性化职业发展指导

个性化职业发展指导是指以培养高职学生独立人格，挖掘灵能，促进个性化就业和生涯发展为目标。在尊重个体主体性、差异性和多样化的基础上，因人而异，因材施教，为高职学生提供专业化和针对性的职业指导，引导高职学生按各自方式发展自我，完善自我，开发潜能，培养就业竞争能力，从而促进高职学生个性化就业和多元化发展。

个性化职业发展指导的目的在于引导高职学生树立远大理想，面向经济社会发展需求，到祖国最需要的地方去施展才华、成长成才，促进高职学生实现个性化职业发展，最大限度地实现自身价值。

（一）个性化职业发展指导介绍

1.个性化职业发展指导目标

在指导目标上，个性化职业发展指导强调个体独立人格的形成和潜能发挥，注重培养个体的自主性、能动性和创造性，突出个体的个性化就业和生涯发展。

2.个性化职业发展指导内容

在指导内容上，个性化职业发展指导注重引导个体自我认知和社会认知，开展职业探索，了解职业世界及其岗位要求，掌握职业选择与决策的方法、技巧，协助个体生涯定向及规划，掌握创业相关知识与技巧，开展职业训练与实践等。

3.个性化职业发展指导方法

在指导方法上，在强调指导的个别性、多样性和针对性同时，个性化职业发展指导并不排斥指导的共性、全体性和全面性，相反是在解决共性问题的基础上，开展个案指导和针对性指导，引导个体追求健康和谐的个性发展，满足个体多样化发展的要求，使个案指导和整体指导相结合，分类指导与全面指导相结合，个性指导与共性指导相结合。

4.个性化职业发展指导对象

个性化职业发展指导在指导对象上是面向全体高职学生，而不仅是个别学生或特殊群体。

5.个性化职业评价标准

个性化职业发展指导在评价标准上，着眼于个体形成稳定健康的就业个性，设计多样化发展的模式，注重个体就业竞争力的提升，在促进个体自我发展的同时，满足社会需要，实现个性化和社会化的统一。

（二）个性化职业发展指导的途径

1.开设专业化职业指导课程

个性化职业发展指导重视学生对自我职业意识与职业发展的认知与培养，所以高职院校应为学生提供专业的职业指导课程，以促进学生在职业指导教学中获得深刻感悟，学会进行自我职业规划，并在无形中提升专业学习的积极性与主动性。不过，很多高职院校的职业指导课程多以选修课的形式开设，无法引起学生的重视。同时，大多采取大班授课的方式，不同专业不同系别的学生教学的内容相同，缺乏实用性与针对性，难以激发学生的学习兴趣，教学效果甚微。为了推进高职院校个性化职业发展指导，应开设专业化的职业指导课程，以满足学生专业化的职业指导需求。

高职院校教育是与学科专业知识紧密结合的教育，专业是个人职业选择与发展的基础，离开了专业特色的职业指导势必是低效甚至是无效的。因此，个性化的职业指导课程应彰显专业性，强调职业特色与就业需要，注重结合专业特点，将职业指导与个人的职业规划与职业前景相联系，以提升职业指导的针对性、实用性，增强学生的就业信心与就业能力。如对于专业特色较为鲜明的医学类专业，在进行职业指导的过程中，可以结合一些临床类的具体生动的例子来讲解，还可以邀请临床医生对于专业要求做一些专题讲座，这样学生听课的积极性会大幅提高，接受的效果也更好。

2.指导发展性职业生涯规划

开设个性化职业发展指导课程的目的，在于帮助高职学生掌握较完善的职业理论与能力，为走上社会奠定充分的思想基础。但是，由于高职院校实行学分制，课程学习本身带有一定的功利性，而很多学生也往往重考试分数轻学习过程，严重削弱了理论教学的价值。职业生涯是一个人一生的职业工作经历，职业生涯规划则是个人根据对自身主客观环境的分析，以规划出一生中在事业发展上的战略设想与计划安排。目前，高职学生的就业形势日益严峻，很多高职学生则直到毕业阶段方才意识到社会的残酷与职场的现实，缺乏准备的结果就是影响了理想工作的获取。由于课程时间安排得不合理，一些院校只是把开展职业指导课当成一项任务，并没有真正职业指导课程的时间安排，在低年级的时候就早早把这门课上完了，很多毕业生等真正要用到相关就业知识的时候，早已回忆不起上课教授的这部分内容，导致了就业过程中遇到很多不必要的麻烦。为了协助高职学生进行理性的个性化职业选择与追求，就必须推进高职院校个性化职业发展指导，注重职业指导的全程化与发展性，指导学生进行个性化的职业生涯规划，以增强学生职业的目的性与计划性，助其实现职业目标和自我价值。

3.体验式职业指导的开展

高职学生在规划自己的职业生涯时，往往带有明显的盲目性与感性，即使参考了指导老师的意见或职业测评的结果，建立了较科学的职业生涯规划，仍无法保证其能认真地执行或实践。目前，高职学生就业难的重要原因是高职院校的人才培养模式与职业实际需求脱节，为了降低用人成本，很多用人单位都不愿意录用应届毕业生。为了帮助高职学生及早获取职业经验，培养和提高高职学生职业能力，高职院校学生管理者应推进个性化职业发展指导强制开展体验式职业指导，以助于学生更好地调整、修正、完善职业生涯，进而促进学生的职业化与社会化。

（三）个性化职业发展指导重点内容

根据霍兰德人格—类型匹配理论，通过测评工具与调查问卷、访谈相结合来了解个体的人格类型，因材施教，实施个性化职业发展指导。目前主要测评工具包括职业素质测评系统、MBTI职业性格测试、霍兰德职业兴趣测试等，见表7-4。

表7-4　六种人格类型下个性化职业发展指导重点内容

人格类型	指导重点
现实型（R）	侧重学业指导和专业技能指导，提供各种机会来促进提升专业知识和技能，以便为将来的职业发展打下坚实的专业基础
研究型（I）	鼓励此类高职学生深入钻研专业理论，发现问题，质疑，培养其开放的探索型思维；培养独立思考能力，进行心理素质训练，增强个人的毅力和意志力；建议与同行学者多交流经验，吸取教训，尽快获得职业成功
艺术型（A）	引导此类高职学生把握好自由"度"，处理好学习与休闲、自由与约束、个人与组织、努力与成果的关系。同时，安排一些独立任务，培养个人独立思考能力，并给予宽松的工作环境，注重结果，以达到良好的个人发展
社会型（S）	指导此类高职学生的服务意识、服务态度，同时鼓励其利用假期、实习实践等机会参加社会实践，尽早融入社会大环境，利于今后的发展
企业型（E）	指导此类高职学生创造各种组织管理的实践机会，如竞选担任各类学生干部，让其独立组织活动以充分锻炼其分析问题、处理问题、解决问题的能力，在实践中提高自己的管理水平和组织能力；指导此类高职学生增长管理知识、翻阅管理书籍，学习现代管理方法，提高领导水平，以便将来做好管理工作
常规型（C）	针对常规型学生特点，可提供一些安全的、挑战性小、创新程度不高的工作，如协助教师处理办公室日常事务性工作，为日后求职积累经验、奠定基础。同时，要提高其心理素质、风险意识，并鼓励其不断进取，在竞争激烈的职场谋求生存

（四）高职院校创新性个性化职业发展指导举措

高职院校可以形成由学校就业服务中心、系部就业创业协会、就业服务辅导员、班主任、班级就业信息员等组成的学校就业服务队伍及由职业指导师、人力资源管理师、心理咨询师、企业培训师、就业培训师等组成的职业指导专业队伍，共同组成学生职业发展服务工作网络，分工协作、齐抓共管，通过以下创新性有效措施指导高职学生的个性化职业发展，促进高职学生顺利就业，实现职业的高质量发展。

有效措施一：职业测评

职业测评是高职学生做好职业生涯规划和实施个性化指导的工作基础，是一种了解个人与职业相关的各种心理特征的方法。它通过一系列的科学手段对人的基本心理特征，包括能力、兴趣、性格、气质以及价值观等，进行测量和评估，帮助高职学生客观认识和评价自我特点，并结合工作岗位需求，进行职业选择。目前通用且具有较高科学性的测评手段是以心理测量、评价中心为主体的多种甄选方法的组合运用。心理测量主要包括人格测验、能力测验和职业兴趣测验，通过MBTI、霍兰德职业兴趣测试量表来组织实施。评价中心主要包括无领导小组讨论、公文筐测试、角色扮演等内容，通过情境性方式对被测评者的特定行为进行观察和评价。值得注意的是，任何测评都有其相对性，测评工具也有其局限性，即使是受过专门培训的测评咨询评估人员和职业指导师在实施测评解读时都是凭借自身的个人经验进行的。职业指导师在指导高职学生参与测评时要注意引导，让高职学生合理看待和参考测评结果和职业指导师的意见，同时结合自身特点和自身以往情况，分析规划适合自己的职业生涯。

有效措施二：专题讲座

专题讲座是针对不同专业和不同职业选择需求的人群，在不同的时间段开设针对小群体的专门讲座。有专业讲座、职业素养讲座和升学之路讲座等，方便高职学生获取信息，合理评估自身条件，提早做好相关准备。

有效措施三：职业能力训练

职业能力训练是在系统理论学习的基础上，指导高职学生积极参与职业必备能力的实践与训练，使学生获得职场体验和职业经验，逐步提升职业竞争力。职业能力训练注重提升职业必备基本素质和锻炼专业实践能力。职业必备基本素质主要通过各种职场模拟演练来实现，让学生在仿真条件下获得切实的体验和心得。专业实践能力训练主要通过专业经常性的实践实训、生产实习、企业参访等方式开展，同时开展专业、行业职业技能培训，并获得相关职业资格证书，符合高职院校培养高素质技能型人才的需要。

有效措施四：个性咨询

提供全面的、针对个体的职业指导咨询是职业指导工作必备的手段，也是最常用的手段。开展个性化职业指导咨询，可以帮助高职学生解决在素质提升、择业准备和职业选择等诸多方面的困惑和难题。在具体咨询过程中，要注意科学运用心理咨询技术，建立平等、尊重、信任的谈话氛围，通过启发教育、平等协商，以沟通交流、共同探讨的方式给学生解答疑惑，提出合理建议。通常采取小范围群体和学生个体咨询的方式，尽量满足全体学生的咨询需要。事实证明，经常与学生沟通与咨询，为学生树立正确的择业观提供了很大的帮助。

在开展个性化咨询过程中，尤其要关注处于经济困境、心理困境和学习困境等三类特殊人群。要分别从稳定收入的"安全需求"，社会认可的"尊重需求""社交需求"，以及胜任岗位的"自我实现需求"等方面加以引导。

有效措施五：创业指导

对有创业需求的人群的创业指导。首先，以培养学生创业精神和创业意识为重点，注重培训学生创新思维，将专业技能或兴趣特长与创业计划相结合，提高创业的计划性和成功率。其次，通过社会兼职、学校学生工作等途径积累社会经验并培养组织策划、人际沟通等能力，从而提升其创业所需的各种能力，并做好市场调研、行业选择、创业方案等系统指导工作。最后，充分利用学校、政府鼓励大学生自主创业的有利政策，通过创业模拟和实践，了解和掌握创业程序、优惠政策、相关法律法规等。高职学院可以设置出台创业教育实施方案，建立大学生创业园，并通过创业园对较成熟的创业团队进行创业孵化，逐步引导进入社会创业园，最终创业成功较完整的创业指导服务体系。

（五）个性化职业发展指导的意义

1.提高高职学生的就业质量

在职业指导过程中关注到了个体的差异，指导会更有针对性，一方面使就业个体找到了适合自己身心特点、能力的工作岗位，另一方面因为照顾到了个体的全面综合素质和个人优势，使每一位高职学生都能找到适合自己的工作岗位，为其一生的职业发展奠定良好的基础，在职业成长过程中少走弯路，以更快的速度取得更好的职业成绩，获得个人事业的成功。

2.促进高职学生的人格发展

个性化职业发展指导因其人性化的特点，使职业指导的氛围更加融洽，师生关系更加亲切，更能促进师生深层次的沟通，使指导教师掌握更加详细的学生信息，为职业指导提供充足的依据。学生在遇到问题时，能随时找到指导教师进行咨询，缓解就业紧张情绪。学生随时能感受到来自学校的温暖，不再孤单、茫然，更加大胆、自信。个性化职业发展指导帮助学生明确了个人优势及发展方向。即使学生第一份工作不是很理想，但学生知道自己在这份工作中应该积累什么。因此，他也会尽职尽责完成工作，不会自暴自弃，因为他相信美好的未来在前方等着自己。个性化职业发展指导不仅奠定了学生的职业发展之路，也为其健全人格的发展奠定了基础。

3.利于社会的和谐发展

职业与职业活动构成了人类社会生活，是社会存在和发展的基础。对个人而言，职业活动是人生的重要组成部分，不仅是人们赖以生存的手段，更重要的是满足人们的精神需要，促进个性的健康发展。个性化职业发展指导使更多的人做适合自己的工作。根据学生特点指导他们到适合自己的，社会需要的岗位上去工作，不仅能使个体顺利就业，更能满足社会发展的需要、企业发展的需要。以人职匹配为指导原则，指导学生的职业发展，有利于个人人生发展，人民安居乐业，社会和谐稳定发展。

四、做好个人的职业生涯规划

（一）理解职业生涯规划的内涵

职业生涯规划是指个人结合自身情况以及机遇和制约因素，为自己确立职业目标，选择职业发展路径，制订教育、培训和发展计划等，并为自己实现职业生涯目标而确定行动方案。规划的实质是选择追求的目标和实现目标的最佳方案。高职学生正处于职业生涯中的准备期和探索期，对于高职学生群体来说，职业生涯规划有着更具体、更重要的内涵：在大学阶段，应当客观、全面地认识自己的能力、兴趣、个性和价值观，了解各种职业、行业、环境的需求趋势和影响因素，确立职业生涯发展目标，选择实现这一目标的职业方向，制订出行之有效的实施方案，包括相应的学习和培训计划，并做到及时反馈和修订。

（二）设定职业理想

职业理想指人们对未来职业表现出来的一种强烈的追求和向往，是人们对未来职业生活的构想和规划。高职学生树立职业理想的过程，便是心目中进行职业生涯规划的过程，一旦在心目中有了自己认为理想的职业，就会依据职业理想的目标去规划自己的学习和实践，并为从事自己认为理想的职业而做各种准备。

（三）自我评估

职业生涯规划是一个"从内而外"的过程，因此在职业生涯规划时，要先认识自己。做好自我评估，包括自己的爱好、特长、性格、学识、专业、技能、智商、情商、思维方式等。即要弄清自己想做什么、能做什么，在众多的职业面前选择最适合自己的。高职学生职业生涯自我评估主要从成长历程、专业优势和职业倾向几个方面进行评估。其中，职业倾向主要包括以下四个问题：

（1）我的兴趣是什么？
（2）我的性格有哪些特点？
（3）我愿意在工作中使用哪些技能？
（4）我最渴望从工作中获得什么？

自我评估的结果可以通过自我剖析、职业测试以及角色建议等方法获得。

（四）环境分析

职业生涯规划不能只从自我需要出发，还得结合现实的社会需要。职业生涯规划不能脱离现实，"闭门造车""自说自话"只会让自己制定的发展目标不切实际，无法实施。职业生涯规划需要在系统的自我评估之后，进行深入的环境探索，包括了解工作世界和职业环境分析。探索工作世界主要包括建立职业的概念，探究专业与职业的关系，了解工作世界的宏观发展趋势，了解职业的分类和人才市场的需求，把握具体职业特别是自己适合的职业对人员的各种要求、条件和待遇等。职业环境分析主要包括宏观层面的社会环境分析、中观的行业与地域环境分析和微观层面的组织环境分析。

（五）生涯决策

职业生涯规划在前面"知己""知彼"的基础上，就可以做出对职业生涯发展方向的初步选择与决定了。综合考虑自我职业倾向与现实的生涯发展机会的匹配状况，结合自己的专业优势，评估生涯发展方向和机会的成功成本与概率，理性地做出生涯决策。

一般而言，进行生涯决策必须遵循以下原则：

（1）择己所爱：对生涯发展蓝图的决定和选择，必须符合自己的兴趣。

（2）择己所能：对生涯发展蓝图的决定和选择，必须依托自己的能力。

（3）择时所需：生涯决策必须遵循社会发展规律，符合社会的需求。

（4）择己所利：生涯决策必须遵循利益最大化原则，确保自身利益。

根据生涯决策的基本原则，同学们进行生涯决策时必须立足于系统思考，重点考虑自己想要什么，自己能够做什么，自己可以做什么等，在此基础上进行信息整合，选择可行的策略。

（六）目标设定

高职学生做职业规划目标设定，主要是确立初次择业的职业方向和阶段目标。目标设定是制订职业生涯规划的关键，通常目标有短期目标、中期目标、长期目标和人生终极目标之分。职业生涯目标的设立要以自己的最佳才能、最优性格、最大兴趣、最有利的环境机会等条件为依据。设立初步的生涯目标后，需要对目标进行仔细分解，以利目标的澄清和评估目标实现的可行性，并根据细分目标制订实现的具体计划方案。

（七）发展路径选择

条条大路通罗马，人与人不同，每个人都有适合其发展的路径，谁也不能完全复制别人的成功之道。职业生涯发展路径是指一个人选定职业后从什么方向上实现自己的职业目标，发展方向不同，要求就不同。因此，在制订"职业发展行动计划"之前，必须结合职业决策做出发展路径选择，以便安排今后的学习和工作，使其沿着职业生涯的路径发展。

通常职业生涯路径的选择需要考虑以下三个问题：

（1）我想往哪方面发展？

（2）我能往哪方面发展？

（3）我可以往哪方面发展？

如果你现在是一个财务人员，但你5年、10年或20年个人职业规划是希望成为一个理财规划师。那么，你应该问自己下列几个问题：

（1）我需要哪些特别的培训和学习才能有资格做一名理财规划师？

（2）为使自己的发展道路顺畅坦荡，需要排除的内部和外部障碍有哪些？

（3）我周围的人在这方面能给我帮助吗？

（4）在目前的公司工作，我最终成为理财规划师的可能性有多大？是否比在其他公司工作机会更多？

（5）理财规划师这个职位的经验水平和年龄层次是怎样的？我是否符合这方面的条件？

（八）策略实施

策略实施就是要制订实现职业生涯目标的行动方案，要有具体的行动措施来保证。没有行动，职业目标就是一种梦想。要制订周详的行动方案，更要注重去落实行动方案。按照规划的短期、中期、长远发展目标制订出阶段性的行动方案，再将阶段性的方案细化到日常可操作的层面。

职业规划成功的案例都是在有明确的职业目标后，在求职过程中不断与职业目标看齐。定下自己的目标，并有计划地不断朝这个方向努力，这一点对职业发展起着至关重要的作用。

（九）设计调整

事物都是处在运动变化中的，由于自身及外部环境条件的变化，职业生涯规划也要随着时间的推移而变化。影响职业生涯的内外因素很多，有些变化是难以预测的。在制订职业生涯规划时，由于对自身及外界环境了解不够，最初确定的职业生涯目标往往都是比较模糊或抽象的，有时甚至是错误的。经过一段时间的实践体验以后，要有意识地回顾自己的行为得失，检验自己的职业定位与职业方向是否合适。这样在实施职业生涯规划的过程中自觉地总结经验和教训，评估职业生涯规划，修正对自我的认识，通过反馈与修正，纠正最终职业目标与分阶段职业目标的偏差，保证职业生涯规划的行之有效。

【典型案例】我是"修车的"

孟同学，某职业技术学院汽检专业，他给大家留下了非常深刻的印象，源于他与众不同的自我介绍——"我就是一个修车的"。

汽车维修是一项非常辛苦的工作，可以说又脏又累。这个专业的学生谈起自己的就业意向，都不太愿意去从事这个工作。而孟同学对于这个工作岗位却有着别人没有的执着。他认真好学，努力学习汽车相关知识，并寻找各种机会来实践操作以提高自己的实际动手能力。

大一暑假，他找了一家单位去实习。与其他学生不同的是，他没有找那种传单派送员、超市促销员等容易上手的工作，而是找了一家离家不远的汽车修理厂，干起了小工的活。毕竟才学了一年的专业知识，而且实践的机会不多，这两个月左右的时间，他更多的时候只能在师傅边上看着，帮忙递递工具，洗洗车。但是通过这个假期的实习，他的专业能力有了快速的提升，在班级同学中脱颖而出，在接下去的学习中他如鱼得水，如愿获得了奖学金。

大二暑假的时候，他又到那家单位去实习了，还是做一个学徒。在之前的基础上，他可以独立做一些简单的部件拆解和汽车保养工作了。经过这个假期的实践，他的专业技能有了进一步的提高。开学之后，他也寻找各种机会来练手，譬如主动要求给老师的车子做保养，帮助老师解决一些日常用车中产生的小问题，如果暂时解决不了的，他就会带着这些问题去请教专业老师，然后回来继续解决。由于他专业知识扎实，动手能力强，大三的时候他代表学校参加了专业技能比赛，并获得了不错的成绩。

毕业后，他从实习生开始一点一点地学习，每天进步一点点，日积月累，不怕苦不怕累，在公司得到领导的表扬，提前转正，之后花了比别人少一半的时间让自己的专业技术水平达到中级工的标准，半年后直接担任小组长。之后他在不断地学习、积累期间又跟多位老师傅学艺，不断成长，从小学徒走到了能独当一面的水平。他学得不但有深度，还有宽度。他不满足对单一品牌的维修积累，同时掌握了德系、日系、美系等多种市场常见车型的维修。

（十）做好个人职业生涯规划的意义

1.树立人生发展目标

职业生涯规划理念最初起源于20世纪初的美国，直到20世纪90年代中期，职业生涯的理论才传入中国，比发达国家晚了将近100年。但中国传统文化中孕育着丰富的生涯智慧。中国教育的开山始祖、至圣先师孔子也可以看作职业生涯规划的典范。孔子的时代是春秋乱世，他的成长背景是平凡而穷困的。他不畏人生的艰难，突破社会种种不利因素的影响，激发了其生命的潜能，展现了作为一个"人"的完美形象。

《论语·为政》记载:"吾十五而有志于学,三十而立,四十而不惑,五十而知天命,六十而耳顺,七十而从心随欲,不逾矩。"这句话是孔子对自己不断成熟的一生所做的总结,同时也是中国本土化生涯发展理念的高度概括,对我们的职业生涯规划具有高屋建瓴的指导作用。人无志不立,十五有志于学是孔子最终成为圣人、到七十岁时能做到"从心随欲,不逾矩"的首要原因。十几岁正是人生读书学习的大好时节,知识的积淀能使我们站得更高、看得更远。在掌握基础知识培养基本生存技能的前提下,人生目标也在此阶段初步形成。通过职业生涯规划的学习、探索和思考,可帮助我们尽早明确人生发展的大方向或目标,并愿意为之付出长久的努力。这样,即使成不了圣人,也不至于成为"剩人"。正如古训所讲的"志当存高远",目标对人生具有巨大的导向作用,可以说,有什么样的目标就会有什么样的人生。

2.做自己时间的主人

《认知盈余》的作者克莱·舍基说,美国人一年花在看电视上的时间大约2000亿小时。如果我们将每个人的自由时间看成一个集合体,一种认知盈余,那么,这种盈余会有多大?我们已经忘记了我们的自由时间始终属于我们自己,我们可以凭自己的意愿来消费它们,创造它们和分享它们,可以通过积累将平庸变成卓越。在没有仔细规划自己的时间以前,个人的时间是"公共资源",任何人、任何事都可以随意占用,自己却没有感觉,这时自己就不是自己时间的主人,自己的时间在为别人服务或在毫无价值地流逝。在做个人职业生涯规划时,就需要思考自己时间的主人是谁,从而更好地做自己时间的主人,管理好自己的时间。

3.突破障碍,开发潜能,自我实现

《大学》开篇说:"大学之道,在明明德,在亲民,在止于至善。知止而后有定,定而后能静,静而后能安,安而后能虑,虑而后能得。物有本末,事有终始,知所先后,则近道矣。"这句话的核心就是知止而定,有了目标才能够思想坚定,思想坚定才能有所思考,有所收获。正如古语讲"人定胜天",通常理解就是人一定会胜天,其实这种解释未必对。人"定",它这个"定"就是"坚定、安定"的意思。人们有目标,有规划,才能内心坚定,内心坚定了才能宁静致远,才能处理好人与自然、人与人之间的关系。可以说,高职学生正处于人生的探索期,大学里不仅要学知识,锻炼技能,更要注重学术的交流和精神上的交往,在主体性基础上思索未来,寻求人生的奋斗目标,并向着目标去努力提升自己，最终达到自我实现。

【延伸阅读】职业生涯规划最重要的五个理念

1. 保持好奇心：问"什么"不如问"为什么"

我们习惯于接受摆在我们面前的问题——最近要完成的作业或任务、下个实践活动……生涯规划首要问题不是问"什么"，而是问"为什么"，因为把自己的时间精力和创造力倾注到对错误问题的回答和执行上非常"二"。

爱因斯坦曾说，他除了充满激情的好奇心外，再无其他真正的才能。在运用创造力解决我们的生涯发展问题之前，多花点时间找到正确的人生问题，才能事半功倍。

2. 不断体验尝试：不求完美但求完成，然后不断修正

对职业生涯的规划设计要有发展目标的"原型设计"，其实职业生涯设计的根本途径是建造、设计、尝试体验一系列的职业方向和目标……但这些可能都还不是最终的、理想的目标。这是职业生涯规划的必由之路，不能定义为"失败了"，只是说，我们的规划正在不断趋近于自己期待的、最完美理想的方向。

在进行任何重大的人生决策时都可以做这一步，它可以避免你一头冲进诱人的未知，从而毁掉你的生活，还可以避免更糟的情况——年复一年不采取任何行动，同时又感受不到幸福和快乐。

3. 重构人生问题：思考陷入停滞，就换个问法

"你什么时候看起来最充满活力？"这是重新定义"你将来要做什么"后的结果，比起原来的规划设计"版本"，具象了不止一点两点。

我们如何理解一件事情，会直接影响我们处理它的效率。"将来做什么"是一个一辈子都不会停止的追问，是最基本的哲学问题。我们可以跳出来，换一个角度看待它，就能很快走出"死胡同"，想到更多更好的解决方法。

4. 记录发展过程：随时反思人生

职业生涯规划并没有真正的终点，去寻求答案的过程，比结果更重要，这将会使你最终必有收获。而生涯规划设计最让人满意的地方就在于，它的结果是可以看得见摸得着的。你把这种思维和行动方式应用到日常生活中去，如果能把整个过程记录下来，它将是无价之宝。因为，这些记录不仅可以用在成就梳理、绩效考核和求职面试中，也可以用来反思我们的人生。

5.积极互动沟通：主动寻找导师

职业生涯规划是一个自我与外部世界互动协同的过程。我们要随时采取开放的态度，从别人的建议和自己的想法中获取新的思路，同时积极对这些回应做出反馈。对我们的生涯规划来说，通过各种途径与"过来人"讨论某些主题，主动请教某些领域学有专精的人，在社交网络上分享自己的学习成果和心得，或与各种达人互动交流……都是生涯规划必备的方法。

【延伸阅读】高职学生职业生涯规划的误区

1.职业生涯规划就是为找工作而准备的

职业生涯规划是为了找到适合自己的职业，如果在大学阶段就为自己日后的职业发展充分准备，那就可以相应地加快个人的职业发展历程。找到了适合自己的职业就可以更好地发展自己的职业生涯，职业生涯的有利发展也会促进个人生涯的发展。我们可以看到，职业就是人生最大的课题之一。所以，在大学阶段规划职业是对人生负责的一种表现。

2.职业生涯规划就是找到赚钱多的好工作

好工作，应该有个社会普遍认可的标准，个人也会有对其自身的理解，但若从最终受益者和付出者的角度上讲，高职学生本人应该更有权做出这个较主观性的价值判断。赚钱多，只是给你劳动后的报酬比较多，这表现为一个结果，但这个赚钱多的工作你喜不喜欢、适不适合自己？从这个内在的判断上显然可以明确你所做的工作是不是好工作。职业生涯规划的目的是找到适合自己的职业，这个职业不一定就是赚钱多的工作。因为职业生涯规划的出发点首先是适合自己，其次才是薪酬等其他因素。适合自身的工作才是职业生涯规划所要达到的目标，所以说，职业生涯规划的首要任务是找到适合自己的工作。

3.职业生涯规划没有变化快，还是走一步算一步好

在规划职业及规划职业生涯时，高职学生往往认为计划没有变化快，还是不要规划了，否则还要再去改变，还是走一步算一步稳稳当当地算了。有这种意识的高职学生混淆了规划与计划以及规划与变化的关系。

计划是一种较主观的思考安排，而规划则是将主客观都考虑到的一种思考统筹安排。很多计划更多的是表现为头脑一热、大腿一拍就草率确定的主观行为。以众多高职学生安排寒暑假的生活为例，一些高职学生设定的假期计划落了空，

而另外一些高职学生的计划得以落实，前者为计划，后者为规划。造成计划落空主要有两方面的原因：一方面反映了计划的不周密，另一方面也暴露了自我管理的不严格，当然还有其他因素在里面。而规划则会在事前把自律性差、环境不具备等因素考虑进去，并制定相应的应急方案。可以说，如果规划制订得不严密就会沦为计划，而缜密的计划就是规划。需要注意的是，计划和规划的区别并不仅仅是以执行的最终结果为判断依据，而是以考虑的全面周到与否和执行应对严格与否来区分的。变化本身就是在规划中要考虑的因素和步骤，即便是最坏的结果、最大的问题也能被预料到，即使预料不到也会通过修正步骤及时发现；即使不能及时发现，也会通过应急方案予以解决。所以变化是逃不过规划的，除非没有考虑变化就开始规划。而没有考虑变化的规划则不能称为规划，最多可以称为计划。

4.职业测评是可以测出自己适合什么职业的

目前在高职学生中有着这样一种认知倾向或者是迷信想法，即通过做职业测评就可以测出自己所适合的职业。测评主要是依据于一定的行为投射反映内在心理，界定影响目标行为的关键因素并确定所占影响的权重，再结合一定的真实样本，通过测评个人对关键因素的关键事件的反应来做出一定判断。测评是通过外在因素来分析内在本质特征，因此，高职学生不能迷信人才测评，更何况很多测评选取的常模不是来自中国本土案例，大大增加了测评的风险性。

国内的一些职业测评软件的可信度和有效度往往没有测评公司对外宣传的那么高。所以人才测评报告只能作为高职学生分析自我和选择职业的一个参考，仅仅凭测评软件为自己人生职业的前程做决策显然是不理智的。职业规划是一定要将理论分析和实践验证以及自我修正等手段加以综合并且通过一定时间才可以确定。否则单纯依靠理论分析，或者单纯依赖职业测评，抑或是一味地职业实践，都不能得出有效和准确的判断。

5.职业生涯规划是可以通过讲座等方式速成的

职业生涯规划是不能速成的，不可能通过几场讲座或者几次活动，甚至是几次授课就可以做出来，因为这里有几个必须由高职学生在实际情景中亲身探索才能确定的因素，而这些仅仅通过理论上的学习、课堂的讲授是无法落实的。技能、技术等操作层面的东西可以速成，只要掌握了正确有效的方法，但职业生涯规划必须要经过实际职业体验和职业能力塑造、职业潜力开发等各个过程才可以初见端倪的，自身定位是无法通过理论来速成的。

  6.职业生涯规划是毕业前才要面临的事情，大一时用不着想

  这是很多刚上大学的新生所抱定的观念。的确，高职学生的职业生涯是在毕业后才开始的，在大一时确实不用开始找工作。那这是否就说明了大一阶段与职业生涯规划没有关系呢？其实不然。首先，大一开始的生活严格意义来说是学业规划。学业规划是要在实际的专业学习和探索中选择自己最喜欢最适合的专业来学习，并且在大学期间最大限度地选择并精通一门自己最喜欢最擅长的一个细分领域。其次，学业规划所选定的专业不一定是自己所学的专业，因为很多学生在高考报专业时的轻率和盲目导致了上大学后专业与兴趣的巨大错位，这个错位只能由上大学后的大一、大二阶段来纠正和弥补。

  大学阶段本是一体的，无论怎么划分，怎么安排，其核心的、最后的目标还是实现就业，让学生找到适合自己的职业。如果以大学为半径，以职业为圆心，那么，在职业这个圆上，大一和毕业前就是一样近的，两者对职业的影响也是一样的。因此，职业生涯规划不仅仅是毕业前要面临的问题，而是整个大学阶段都要面临的。从职业生涯规划对高职学生的影响来看，职业生涯规划意识的觉醒以及职业能力与职业素质的准备，越早越好。所以，高职学生应该从大一开始花时间进一步了解自我，探索职业和社会，设计自己的职业生涯，为将来走向社会、走进职场做好准备。

参考文献

[1] 李庶泉.职业指导人职匹配理论评述[J].职业通讯,2002(8):47-49.

[2] 杨琴.浅谈职业兴趣的内涵及其培养[J].湖南科技学院学报,2006(5):261-263.

[3] 李万锦.关于人职匹配的思考[J].渭南师范学院学报,2004,19(1):38-40.

[4] 李文霞,韩卫平.人职匹配理论之"人格类型论"述评[J].牡丹江师范学报,2010(1):87-89.

[5] 李雪,杨东,耿柳娜.高职学生就业的供需匹配研究[J].科教文汇,2009(9):73-74.

[6] 赵银培,聂为明,李雨谦,等.人职匹配理论视角下高职学生就业竞争力的培养研究[J].中小企业管理与科技,2020(10):112-113.

[7] 吴美子.人职匹配理论下的高职学生职业生涯发展问题研究[J].科教文汇,2019(33):2.

[8] 司伟森,邰攀峰.人职匹配与大学毕业生择业[J].出国与就业(就业版),2010(9):19-21.

[9] 严雪怡.按照"人职匹配原理"培养高技能人才[J].职教论坛,2011(1):2.

[10] 史文利,杨卫东.人职匹配理念在高职学生就业中的应用[J].现代教育管理,2010(2):3.

[11] 王亚丰,李尚群.人职匹配的意义与局限[J].职教通讯,2013(1):5.

[12] 刘增,徐涌斐,惠长虹."人职匹配"理论下的职业指导实践探析[J].北京教育:德育,2010(Z1):3.

[13] 宋剑英,张晓明."人职匹配"式就业指导工作的设计与实现[J].价值工程,2013(31):328-329.

[14] 邓红旭.基于人职匹配理论浅析高职学生就业问题[J].人力资源管理,2012(1):2.

[15] 曾艳敏."人职匹配"理论在大学毕业生中的应用[J].中小企业管理与科技,

2013（4）：2.

[16] 司伟森,郜攀峰.人职匹配与大学毕业生择业[J].出国与就业:就业教育,2010（17）：3.

[17] 王亚丰.生涯决策的理论观照与教育关怀[D].长沙:湖南农业大学,2013.

[18] 马敏.中等职业学校旅游专业职业指导教育研究[D].大连:辽宁师范大学,2011.

[19] 陈曼道.高职学生职业生涯规划的研究[D].长沙:湖南师范大学,2005.

[20] 引龙潜.大学毕业生的人职匹配性研究[D].长沙:湖南师范大学,2015.

[21] 崔智涛.大学就业指导的理论选择与模式构建[D].上海:华东师范大学,2002.

[22] 罗丽丽.我国高职院校高职学生就业管理部门职能研究[D].沈阳:东北大学,2010.

[23] 刘伟.职业生涯规划教育在高中历史教学中的渗透[D].武汉:华中师范大学,2015.

[24] 张华胜.中英职业资格证书制度比较研究[D].武汉:华中师范大学,2007.

[25] 王彩霞.人职匹配理念下的高职学生职业指导研究[D].江西:东华理工大学,2017.

附 录

一、测测你最适合哪些行业

1.你觉得自己的性格属于哪种?

A.比较安静

B.比较爱动

C.介于两者之间

2.以下几种文学作品你更喜欢哪一种?

A.诗歌

B.小说

C.哲理散文

3.在圆形、三角形、S形3种图形中,你更喜欢哪一种?

A.圆形

B.三角形

C.S形

4.你上学的时候,哪一门功课学得最好?

A.数学

B.语文

C.外语

5.你在衣着化妆方面是否很有天赋?

A.是

B.不是

C.说不上

6.你对学习演奏一种乐器是否有兴趣?

A.没有

B.非常希望有机会能学习

C.说不上

7.公司组织的晚会需要学生演节目,你会怎么做?

A.我可不擅长

B.我非常乐意有机会让学生见识我这方面的才艺

C.虽然不很擅长,也会尽力

8.你做事情条理性强吗?

A.很差,乱透了

B.我做事总是井井有条

C.不算很好

9.周末如果有空闲,你会选择哪种休闲方式?

A.看书

B.逛街购物

C.动手做些小饰品

10.外出旅行,你更喜欢去哪些地方?

A.风景优美的人间仙境

B.充满文化气息的名胜古迹

C.不为人知的山野小景

11.朋友在一起讨论问题,通常情况下,你的见解是?

A.总能令人耳目一新

B.与他人大致相同

C.偶尔也有一番见地

12.如果某件事吸引了你,你会?

A.通常都是被事物的表象或者有趣的地方所吸引

B.如果被吸引,我就一定要对它探个究竟

C.如果可能的话,我也会参与其中

13.你喜欢陶艺吗?

A.似乎很时尚,我也想把它作为一种休闲方式

B.不是很喜欢,但我想了解人们为什么喜欢陶艺

C.非常喜欢,自己动手做些陶艺品会独具特色

14.下面的场景你更喜欢哪个?

A.静谧深邃的森林

B.蓝天白云下的草场

C.怪石林立的高山峭壁

15.如果能力许可,在人事经理、记者和自由画家3种职业中,你会选择哪一种?

A.善于处理人际关系的人事经理

B.能言善辩、可能接触社会各色人等的记者

C.尽管有可能非常清贫,但是可以自在生活的自由画家

每题的得分见表1。

表1 得分表

题目号	1	2	3	4	5	6	7	8	9	10	11	12	13	14	15
A项得分	2	0	2	2	0	2	2	0	2	1	0	0	1	2	2
B项得分	0	1	1	1	2	0	0	2	1	2	2	2	2	0	1
C项得分	1	2	0	0	1	1	1	1	0	0	1	1	0	1	0

测试结果说明:

0~8分:你比较适合从事时装设计、歌唱演艺、绘画、舞蹈等艺术类职业,你具有某些艺术技能,喜欢创造性的工作,富于想象力,通常喜欢与观念而不是事物打交道,比较开放、独立、有创造性。如果你不能成为艺术家,仍然可以选择那些能发挥你的艺术能力或者创造性的工作。

9~22分:你比较适合从事行政管理、秘书、会计、金融、人事经理等事务性工作。你可能没有很强的创造力或艺术天分,也没有很强的目的性去探究客观世界,但是你为人随和,善于处理琐碎事务,凡事都会考虑客观效果,愿意适应周围环境,这些都是从事事务性工作必不可少的品质。

23~30分:你比较适合从事实验室研究员、医生、理论家、编辑、发明创造、工程技术等需要充分脑力劳动的工作。你具有安静、理性、善于思考的性格,逻辑性强、好奇、聪明、仔细、独立、安详,喜欢独立解决问题,不是特别擅长同人打交道。

二、人际沟通能力测试

善于交谈的人,能够左右逢源,不善于表达的人,总是很被动。如果你想知道自己与他人的交谈能力,就请进行以下测试。请将你选好的答案代号填入小括

号内。

测试题：

1.你是否时常避免表达自己的真实感受，因为你认为别人根本不会理解你？（   ）

  A.肯定

  B.有时

  C.否定

2.你是否觉得需要自己的时间、空间，一个人静静地独处才能保持头脑清醒？（   ）

  A.肯定

  B.有时

  C.否定

3.与一大群人或朋友在一起时，你是否时常感到孤寂或失落？（   ）

  A.肯定

  B.有时

  C.否定

4.当一些你与之交往不深的人对你倾诉他的生平遭遇以求同情时，你是否会觉得厌烦甚至直接表现出这种情绪？（   ）

  A.肯定

  B.有时

  C.否定

5.当有人与你交谈或对你讲解一些事情时，你是否时常觉得百无聊赖，很难聚精会神地听下去？（   ）

  A.肯定

  B.有时

  C.否定

6.你是否只会对那些相处长久，认为绝对可靠的朋友才吐露自己的心事与秘密？（   ）

  A.肯定

  B.有时

C.否定

7.在与一群人交谈时,你是否经常发现自己驾驭不住自己的思路,常常表现得注意力涣散,不断走神?（　　）

A.肯定

B.有时

C.否定

8.别人问你一些复杂的事,你是否时常觉得跟他多谈简直是对牛弹琴?（　　）

A.肯定

B.有时

C.否定

9.你是否觉得那些过于喜爱出风头的人是肤浅的和不诚恳的?（　　）

A.肯定

B.有时

C.否定

评分标准：

选A记3分；选B记2分；选C记1分。

测试结果说明：

9~14分：你很善于与人交谈,因为你是一个爱交际的人。

15~21分：你比较喜欢与人交朋友。假如你与对方不太熟,刚开始可能比较少言寡语,可一旦你们熟起来,你的话匣子就再也关不上了。

22~27分：你一般情况下不愿与人交谈,只有在非常必要的情况下,才会与人交谈。你更喜欢一个人的世界。

三、工作价值观测试

第一步：

下面有60道题,请在题目后面（　　）内打分。最低分1分,最高分5分,分数越高代表该项内容对你来说越重要。通过测验,你可以大致了解自己的职业价值倾向,为将来择业提供参考依据。

1.能参与救灾济贫工作（　　）

2. 能经常欣赏完美的工艺作品（   ）

3. 能经常尝试新的构想（   ）

4. 必须花精力去深入思考（   ）

5. 在职责范围内有充分自由（   ）

6. 可以经常看到自己的工作成果（   ）

7. 能在社会扮演更重要的角色（   ）

8. 能知道别人如何处理事务（   ）

9. 收入能比相同条件的人高（   ）

10. 能有稳定的收入（   ）

11. 能有清静的工作场所（   ）

12. 主管善解人意（   ）

13. 能经常和同事一起休闲（   ）

14. 能经常变换职务（   ）

15. 能成为你想成为的人（   ）

16. 能帮助贫困和不幸的人（   ）

17. 能增添社会的文化气息（   ）

18. 可以自由地提出新颖的想法（   ）

19. 必须不断学习才能胜任（   ）

20. 工作不受他人干涉（   ）

21. 我觉得自己的辛苦没有白费（   ）

22. 能使你更有社会地位（   ）

23. 能够分配调整他人的工作（   ）

24. 能常常加薪（   ）

25. 生病时能有妥善照顾（   ）

26. 工作地点光线通风好（   ）

27. 有一个公正的主管（   ）

28. 能与同事建立深厚的友谊（   ）

29. 工作性质常会变化（   ）

30. 能实现自己的理想（   ）

31. 能够减少别人的苦难（   ）

32. 能运用自己的鉴赏力（   ）

33. 常需构思新的解决方法（   ）

34. 必须不断地解决新的难题（   ）

35. 能自行决定工作方式（   ）

36. 能知道自己的工作绩效（   ）

37. 能让你觉得出人头地（   ）

38. 可以发挥自己的领导能力（   ）

39. 可使你存下许多钱（   ）

40. 好的保险和福利制度（   ）

41. 工作场所有现代化设备（   ）

42. 主管能采取民主领导方式（   ）

43. 不必和同事有利益冲突（   ）

44. 可以经常变换工作场所（   ）

45. 常让你觉得如鱼得水（   ）

46. 能常帮助他人解决困难（   ）

47. 能创作优美的作品（   ）

48. 常需提出不同的处理方案（   ）

49. 需对事情深入分析研究（   ）

50. 可以自行调整工作进度（   ）

51. 工作结果受到他人肯定（   ）

52. 能自豪地介绍自己的工作（   ）

53. 能为团体拟订工作计划（   ）

54. 收入高于其他行业（   ）

55. 不会轻易地被解雇或裁员（   ）

56. 工作场所整洁卫生（   ）

57. 主管的学识和品德让你钦佩（   ）

58. 能够认识很多风趣的伙伴（   ）

59. 工作内容随时间变化（   ）

60. 能充分发挥自己的专长（   ）

第二步：

算算各项分数，看看你的职业价值观是什么类型。画个横向的柱形图更直观（表2）。

表2 得分表

职业价值观	对应题目	得分	柱形图
利他主义	1、16、31、46		
美的追求	2、17、32、47		
创造发明	3、18、33、48		
智力激发	4、19、34、49		
独立自主	5、20、35、50		
成就满足	6、21、36、51		
声望地位	7、22、37、52		
管理权力	8、23、38、53		
经济报酬	9、24、39、54		
安全稳定	10、25、40、55		
工作环境	11、26、41、56		
上司关系	12、27、42、57		
同事关系	13、28、43、58		
多样变化	14、29、44、59		
生活方式	15、30、45、60		

第三步：

澄清了自己的价值观，你发现了什么？真心祝福你找到一份心仪的工作。

如果你有好多个高分项，这表示你对工作的期待值很高。有时候想要的太多可能带来困扰：为什么总是找不到称心如意的工作？

为了将来求职不困扰，我们接下来要进一步澄清一下：什么对你来说最重要，这可以帮助你抓大放小，找到你的价值观，你可以把它作为将来求职的指南针。

现在请你从高分项中认真地选择三项你最为看重的，并且做一个排序，你会如何取舍？

请好好想想看，这是一个发现自己的过程（表3）。

表3 职业价值观表

重要程度	职业价值观	说说你选择的理由
最重要		
其次		
再次		

后　　记

2022年中共中央办公厅、国务院办公厅颁布《关于加强新时代高技能人才队伍建设的意见》中明确指出，技能人才是支撑中国制造、中国创造的重要力量。加强高级工以上的高技能人才队伍建设，对巩固和发展工人阶级先进性，增强国家核心竞争力和科技创新能力，缓解就业结构性矛盾，推动高质量发展具有重要意义。高职学生是高技能人才的重要生力军，提高高职学生的就业质量，促进高职学生更高质量更充分就业是国家、社会及各高职院校的重要使命。

新时代，技术技能创新已经成为促进国家经济社会发展的重要驱动力。深入实施人才强国战略，以服务发展、稳定就业为导向，大力弘扬劳模精神、劳动精神、工匠精神，健全技能人才培养，加强新时代技能人才队伍建设，打造一支爱党报国、敬业奉献、技艺精湛、素质优良、规模宏大、结构合理的高技能人才队伍是国家发展和民族复兴的关键。而能否实现新时代高技能型人才的培养，积极缓解高职学生的就业困境，提高高职学生的就业质量，对新时代高技能型人才队伍的建设至关重要。

人职匹配程度是评价高职学生就业质量，促进高职学生职业发展的重要指标。"人职匹配"犹如高职学生获取职业地位、选择职业类型的指南针和风向标，指引着高职生了解自己，了解工作，积极追求自己与工作之间最理想最合适的匹配方式，有利于提高高职学生的就业质量，促进国家新时代高技能型人才的建设。

本书在人职匹配的理念下研究分析高职学生职业发展问题，给出在职业发展中高职学生应如何结合发挥人职匹配的指引作用，以此希望提高高职学生就业质量，助力国家新技能型人才的培养。本书以新的视角，将"人职匹配"作为研究高职学生职业发展实践的理论基础，与以往的同领域研究相比，是一种较为新颖的研究视角，希望能为高职学生的职业发展问题研究上提供更好的借鉴。

经过前期积累和努力，本书即将定稿与付梓。整个撰写过程得到了学校领导的高度重视，也得到了其他相关部门同事及领域专家的大力支持。由于作者自身

后 记

限制，本书的部分补充知识是基于实践的感性理解，部分理论知识摘引了相关参考文献、书籍。在此，一并表示感谢！

因时间与水平有限，书中难免有不足之处，存在值得改进的地方，欢迎广大读者提出宝贵意见。

江平

2022年10月